Turkologie und Türkeikunde · Bd. 1

Herausgegeben von Klaus Kreiser

Nuran Tezcan

Elementarwortschatz
Türkisch−Deutsch

1988

Otto Harrassowitz · Wiesbaden

Nuran Tezcan

Elementarwortschatz
Türkisch−Deutsch

1988

Otto Harrassowitz · Wiesbaden

CIP-Titelaufnahme der Deutschen Bibliothek

Tezcan, Nuran:
Elementarwortschatz Türkisch−Deutsch / Nuran Tezcan. −
Wiesbaden : Harrassowitz, 1988
  (Turkologie und Türkeikunde ; Bd. 1)
  ISBN: 3-447-02782-7
NE: HST; GT

ISSN 0934-4403

© Otto Harrassowitz, Wiesbaden 1988. Alle Rechte vorbehalten. Photographische und photomechanische Wiedergabe nur mit ausdrücklicher Genehmigung des Verlages. Gesamtherstellung: Allgäuer Zeitungsverlag, Kempten. Printed in Germany.

Vorwort

Der vorliegende ELEMENTARWORTSCHATZ Türkisch ist in der Absicht geschrieben worden, dem Türkisch-Lernenden ein Hilfsmittel an die Hand zu geben, das ihm zeigt, welche Wörter er in erster Linie lernen sollte. Auf diesem Gebiet kann man bisher nur auf wenige Vorarbeiten zurückgreifen; daher muß dieses Buch als ein Versuch bewertet werden, als ein Versuch, der zu verbessern sein wird.

Der ELEMENTARWORTSCHATZ umfaßt ungefähr 2100 Haupteinträge; diesen wurden etwa 6000 abgeleitete Wörter, Redewendungen und Beispielsätze untergeordnet.

Bei der Erstellung eines Elementarwortschatzes kommen zwei Auswahlprinzipien in Frage. Das eine stützt sich auf die Untersuchung der Häufigkeit von Wörtern, welche an einer großen Anzahl von Texten breitest gestreuter Inhalte und verschiedenster stilistischer Ausrichtung auszuführen ist. Das andere Auswahlprinzip beruht auf Beobachtung und subjektivem Urteil darüber, was notwendig und was überflüssig ist. Für den ELEMENTARWORTSCHATZ TÜRKISCH sind beide Grundsätze fruchtbar gemacht worden.

Im Zuge der Vorarbeiten zum ELEMENTARWORTSCHATZ kann auf zwei Studien zur Worthäufigkeit im Türkischen hingewiesen werden: Joe E. Pierce, *A frequency count of Turkish words.* (Ankara 1964 – Manuskript), und eine ebenfalls unveröffentlichte Studie, die vom Amt für Planung, Forschung und Koordination des Türkischen Erziehungsministeriums im Jahre 1975 für Zwecke des Stenographieunterrichts erstellt wurde. Beide Arbeiten konnten für den Elementarwortschatz allerdings nur begrenzt nutzbar gemacht werden, da ja keine von ihnen als Hilfsmittel für den Türkischunterricht konzipiert ist.

Gesellschaften mit verschiedener Sprache, die in der gleichen Zeit und unter nicht grundsätzlich verschiedenen Existenzbedingungen leben, haben im Bereich des elementaren Wortschatzes sehr vieles gemeinsam. Gerade im Anfangsstadium des Spracherwerbs hat sich der Lernende also in diesen Sprachen weitgehend ähnliche Begriffe anzueignen; daher konnten und mußten bei der Erstellung des ELEMENTARWORTSCHATZES Werke mit ähnlicher Zielsetzung zu Vergleich und Kontrolle herangezogen werden. Insbesondere hat die Verfasserin aus den Arbeiten *Deutsche Grundsprache. Wort- und Satzlexikon* von Heinrich Mattutat (Stuttgart 1969), *Grund- und Aufbauwortschatz Deutsch* von Heinz Oehler, dessen türkischer Teil von Ahmet Aktaş und Johann Meyer-Ingwersen bearbeitet wurde (Stuttgart 1983), *Grund- und Aufbauwortschatz Englisch,* bearbeitet von Erich Weis (Stuttgart 1964) und *Der englische Grundwortschatz* von Martin Lehnert (Leipzig 1979) Gewinn gezogen.

In die Vorarbeiten eingeflossen sind die Erfahrungen, die die Verfasserin im Zuge ihrer Mitarbeit an der 6. und 7. Auflage des Wörterbuchs der Türkischen Sprachgesellschaft (Türkçe Sözlük) gesammelt hat. Mit den praktischen Bedürfnissen und Problemen des Türkischlernens ist die Verfasserin durch lange Jahre Türkischunterricht für Ausländer in Ankara und einige Jahre Türkischunterricht für deutsche Studenten an einer Universität in der Bundesrepublik vertraut.

Bei der Auswahl des elementaren Wortschatzes hat das subjektive Moment eine wichtige Rolle gespielt. Zwei subjektive Kriterien bedürfen besonderer Erwähnung:

Zum einen sind Wörter und Wendungen, die die spezielle Lebensweise der türkischen Gesellschaft im Gegensatz zur deutschen widerspiegeln, in den ELEMENTARWORTSCHATZ nur in sehr beschränktem Umfang aufgenommen worden, da eine hinlängliche Erklärung in diesem Rahmen nicht gegeben werden könnte.

Zum anderen ist der Wortschatz, der hier vermittelt werden soll, nicht der des imaginären Durchschnittssprechers ohne subjektive Präferenzen; vielmehr dachte die Verfasserin bei der Wortauswahl an die urbane, besser gebildete Schicht der türkischen Gesellschaft.

Ich möchte allen Freunden danken, die durch ihren Beitrag den Elementarwortschatz Türkisch verbessern geholfen haben, insbesondere Herrn Dr. Peter Zieme sowie Frau Dr. Ingeborg Baldauf, die mir stets ermutigend zur Seite gestanden und das Manuskript durchgesehen hat, Herrn Professor Dr. Klaus Kreiser, der mir die Gelegenheit gegeben hat, mein Buch in der Reihe TURKOLOGIE UND TÜRKEIKUNDE zu veröffentlichen, und dem Verlag Otto Harrassowitz für die sorgfältige herstellerische Betreuung des Werkes.

Hinweise für den Benutzer

Es versteht sich von selbst, daß die Art und Weise der Präsentation des Wortschatzes in diesem Buch von der gewohnten Wörterbuch-Zitation relativ stark abweicht; nur so kann der Lernende über das passive Leseverständnis hinaus zum aktiven Gebrauch des Türkischen hingeführt werden. Dem didaktischen Prinzip dieses Buchs sind andere Prinzipien geopfert worden, die sich in Wörterbüchern im allgemeinen als unumgänglich erweisen, etwa das der Durchgängigkeit einer gewählten Art und Weise der Anordnung oder auch das der größtmöglichen Vollständigkeit in der Angabe der deutschen Äquivalente.

Letzteres mag fallweise als Mangel empfunden werden, ist jedoch durch die Beschränkung auf die wirklich elementaren Bedeutungen unumgänglich. Ersteres wird der Benutzer beim Nachschlagen gelegentlich als Erschwernis empfinden, weil er ein gesuchtes Wort nicht an der Stelle finden wird, an der sie gemäß streng alphabetischer Reihenfolge stehen müßte, sondern als Nebeneintrag zu einem wurzelverwandten Haupteintrag (der aber immerhin von dieser Stelle nicht weit entfernt sein wird). Dieser Nachteil wird durch die Tatsache hinlänglich aufgewogen, daß der Lernende auf diese Weise Einblick in sprachliche Zusammenhänge gewinnt und das so gewonnene Wissen um die türkische Wortbildung aktiv umsetzen kann.

Die türkische Gegenwartssprache konfrontiert den Lernenden mit einem großen Problem: Für ein und denselben Begriff existieren in vielen Fällen ein „neutürkisches" und ein „osmanisches" Wort nebeneinander. Diese Situation hat sich durch die türkische Sprachreform und die dadurch ausgelöste Entwicklung und Veränderung der Hochsprache innerhalb der letzten fünfzig Jahre ergeben. Der Elementarwortschatz muß der Tatsache, daß solche Parallelwörter existieren, Rechnung tragen, zumal die jetzige Situation wohl noch länger Bestand haben wird. Ein Erlernen beider Parallelwörter ist immer dann unumgänglich, wenn eine größere Häufigkeit des Vorkommens eines der beiden Wörter nicht eindeutig festgestellt werden kann oder wenn sich die beiden Wörter durch Nuancen der Bedeutung oder durch ihre Verwendung unterscheiden. In solchen Fällen nennt der Elementarwortschatz konsequent beide Parallelwörter und verweist auf das jeweils andere. Eben so konsequent wurde auf die Aufnahme von Wörtern immer dann verzichtet, wenn sie (wie im Falle mancher „neuer" Wörter) nicht in den Grundwortschatz breiterer Schichten Eingang gefunden haben oder aber (wie im Falle so mancher „alter" Wörter) heute nur mehr von älteren Menschen aktiv verwendet werden und langsam aus der Sprache verdrängt werden.

Die Stichwörter sind durch Fettdruck hervorgehoben und alphabetisch angeordnet.

Werden einem Stichwort mehrere Grundbedeutungen zugeordnet, so sind diese durch arabische Ziffern getrennt. Semikolon trennt Bedeutungen, die einander näher-stehen, und solche, die im Deutschen durch ihre Funktion als Adjektiv bzw. Substantiv zu unterscheiden sind. Bedeutungen, die sich geringfügig unterscheiden, sind durch Komma getrennt.

ağaç, -cı	Tritt bei ein- und mehrsilbigen Nomina bei Anfügen eines vokalisch anlautenden Suffixes Sonorisierung des Auslautkonsonanten ein, so wird dies angegeben (auch: *çok, -ğu; aşık, -ğı; mikrop, -bu* usw.).
burun, -rnu	Desgleichen wird angegeben, wenn bei Antritt eines vokalisch anlautenden Suffixes an ein zweisilbiges Nomen der Vokal der Mittelsilbe schwindet (auch: *oğul, -ğlu; sabır, -brı* usw.).
kayıp, -ybı	Bei zweisilbigen Nomina können beide dieser Erscheinungen gleichzeitig eintreten (auch: *kayıt, -ydı* usw.).
çıkmak, -ar	Der Aoristvokal ist bei allen einsilbigen Verbalstämmen angegeben (auch: *gelmek, -ir* usw.).
ceza (.−)	Enthält ein Wort Langvokale, so sind diese gekennzeichnet worden; in diesem Fall repräsentiert ein Punkt die Silbe mit Kurzvokal, ein Strich die Silbe mit Langvokal; der ganze Ausdruck ist von einer Klammer umschlossen (auch: *hastane* (.−.); *tatil* (−.) usw.).
karar ((.−))	Das Wort, dem ein derartiger Ausdruck folgt, enthält nur Silben mit Kurzvokal; es geht allerdings auf ein Fremdwort zurück, das ursprünglich in der geschlossenen letzten Silbe Langvokal enthielt. Wird das Wort durch ein vokalisch anlautendes Suffix erweitert oder mit dem vokalisch anlautenden Hilfsverb *etmek* verbunden (seltener mit *olmak*), so taucht die Vokallänge wieder auf. Diese „bedingte Vokallänge" ist durch Strich in doppelter Klammer gekennzeichnet (auch: *tekrar* ((.−)) wegen *tekrar etmek;* usw.).
telaş *(l)*	Geht das *l* im Türkischen den Vokalen *a, ı, u* oder *o* voran, so wird es velar (hart) ausgesprochen. Einige Wörter entziehen sich diesem Prinzip; man erkennt sie daran, daß dem Vokal, der auf das betroffene *l* folgt, ein Zirkumflex aufgesetzt wird (z.B. *hâlâ*). Einige solche Wörter sind auch dadurch kenntlich gemacht, daß angezeigt wird, daß der Vokal eines anzuhängenden Suffixes helle Qualität hat (z.B. *kabul, -lü*). Muß das *l* vor a/ı/u/o palatal (hell) ausgesprochen werden, obwohl keine der beiden genannten Aussprachehilfen geboten wird, so ist dies durch kursives *l* in Klammer angegeben (auch: *layık* (−.) *(l)* usw.).
hakikat (.−'.)	Im allgemeinen wurde auf die Angabe der Betonung verzichtet. Bei Wörtern, in denen die Betonung sehr auffällig ist oder den deutschen Betonungsgewohnheiten besonders widerstrebt − vor allem dann, wenn in einem Wort mit langvokalischer Silbe die Betonung dennoch auf einer kurzen Silbe liegt − oder die unterschiedliche Betonung zweier gleichgeschriebener Wörter Bedeutungsverschiedenheit bewirkt, ist die Betonung durch Apostroph vor dem Symbol für die betonte Silbe markiert worden (auch: *benzin* ('..), *benim* ('..) und *benim* (.'.), *yalnız* (.'.) und *yalnız* ('..) usw.).
dost *pe.*	Wörter, die aus anderen Sprachen ins Türkische übernommen wurden, sind als solche gekennzeichnet, indem die unmittelbare Herkunftssprache angegeben wird. Dies kann für Aussprache und grammatikalische Fragen hilfreich sein. Bei sehr alten Entlehnungen bringt

	das Wissen um die Herkunft des Wortes dem Lernenden allerdings keinen Vorteil, und dementsprechend ist in solchen Fällen von der Angabe der Herkunftssprache abgesehen worden.
-i birisine (-den)	Wo immer sich die Rektion eines türkischen Verbs von der des gegebenen deutschen Pendants unterscheidet, ist die türkische Rektion ausdrücklich angegeben worden. Dabei steht *-i* für Akkusativ, *-e* für Dativ, *-de* für Lokativ, *-den* für Ablativ sowie *-in* für Genitiv immer dann, wenn das Bezugsobjekt gleichermaßen eine Person oder eine Sache sein kann. Kommt als Bezugsobjekt nur eine Person in Frage, so sind die Rektionen durch *birisini, birisine, birisinde, birisinden* bzw. *birisinin* kenntlich gemacht. Kann das fragliche Verb auch ohne Nennung des Bezugsobjekts verwendet werden, so finden sich die Rektionssigel in Klammer gesetzt.
yazın (→ ede- biyat)	Der Verweis auf Parallelwörter findet sich in der Zeile des Haupteintrags und wird durch einen kleinen Pfeil markiert.
analyış (2. → zih- niyet)	Sind für einen Eintrag mehrere Bedeutungen angegeben, von denen nicht alle auch dem genannten Parallelwort zukommen, so wird durch die Nummer(n) vor dem Pfeil die Gültigkeit des Verweises eingeschränkt (auch: *dayanmak* (2. → *tahammül etmek*) usw.).
büyük :küçük	Auf Antonyme wird in der Zeile unterhalb des Eintrags verwiesen; der Verweis ist durch Doppelpunkt markiert.
„Sigara içilmez!"	Feste phraseologische Verbindungen in Satz- und satzähnlicher Form sowie feste Bildungen mit Aufschriftcharakter u. ä. sind zwecks auffälliger Kennzeichnung in beiden Sprachen durch Anführungsstriche markiert (auch: „Teşekkür ederim." „Danke."; „Tehlikeli madde" „Gefährliche Ladung" usw.).

Abkürzungen

abk.	Abkürzung	jmd.	jemand
abl.	Ablativ	jmdm.	jemandem
adj.	Adjektiv, adjektivisch	jmdn.	jemanden
adv.	Adverb, adverbial	jmds.	jemandes
akk.	Akkusativ	neg.	negativ
ar.	arabisch	nom.	Nominativ
attr.	Attribut, attributiv	pe.	persisch
cond.	Konditional	pers.	personal
dat.	Dativ	pl.	Plural
engl.	englisch	pos.	positiv
etw.	etwas	postp.	Postposition
fr.	französisch	pr.	Präsens
gen.	Genitiv	pron.	Pronomen
gr.	griechisch	sn.	Singular
imper.	Imperativ	subs.	Substantiv
intr.	intransitiv	tr.	transitiv
it.	italienisch	tü.	türkisch

Zahlen

Asıl sayılar – Grundzahlen

0	sıfır		
1	bir	11	on bir
2	iki	12	on iki
3	üç	13	on üç
4	dört	14	on dört
5	beş	15	on beş
6	altı	16	on altı
7	yedi	17	on yedi
8	sekiz	18	on sekiz
9	dokuz	19	on dokuz
10	on	20	yirmi
30	otuz	33	otuz üç
40	kırk	44	kırk dört
50	elli	55	elli beş
60	altmış	66	altmış altı
70	yetmiş	77	yetmiş yedi
80	seksen	88	seksen sekiz
90	doksan	99	doksan dokuz
100	yüz	200	iki yüz
101	yüz bir	202	iki yüz iki
123	yüz yirmi üç	234	iki yüz otuz dört
1000	bin	2000	iki bin
1001	bin bir	2002	iki bin iki
1987	bin dokuz yüz seksen yedi	2999	iki bin dokuz yüz doksan dokuz

10 000	on bin
10 001	on bin bir
100 000	yüz bin
100 001	yüz bin bir
1 000 000	bir milyon
1 000 001	bir milyon bir
1 000 000 000	bir milyar
1 000 000 001	bir milyar bir
∞	sonsuz

Sıra sayıları – Ordnungszahlen

birinci[1]
ikinci
üçüncü
dördüncü
beşinci
altıncı
yedinci
sekizinci
dokuzuncu
onuncu
on birinci
yirminci
yirmi birinci

birincisi[2]
ikincisi
üçüncüsü
dördüncüsü
beşincisi
altıncısı
yedincisi
sekizincisi
dokuzuncusu
onuncusu
on birincisi
yirmincisi
yirmi birincisi

Üleştirme sayıları – Distributivzahlen

birer[3]
ikişer
üçer
dörder
beşer
altışar
yedişer
sekizer
dokuzar

onar
yirmişer
otuzar
kırkar
ellişer
altmışar
yetmişer
seksener
doksanar

on birer
yirmi ikişer
yüzer
iki yüzer, ikişer yüz
üç yüzer, üçer yüz
dört yüzer, dörder yüz
biner
iki biner, ikişer bin
on biner, onar bin

---

[1] „erster", „der erste ..."
[2] „der erste", „erstens"
[3] „je eins", „je ein ..."

Kesirli sayılar − Bruchzahlen

½   bir bölü iki, ikide bir
⅓   bir bölü üç, üçte bir
⅖   iki bölü beş, beşte iki

% 5   yüzde beş
‰ 5   binde beş

0,5   sıfır onda beş, sıfır virgül beş
0,55   sıfır virgül elli beş
0,555   sıfır virgül beş yüz elli beş
1,055   bir virgül sıfır elli beş

Aylar − Monate

ocak	Januar
şubat	Februar
mart	März
nisan	April
mayıs	Mai
haziran	Juni
temmuz	Juli
ağustos	August
eylül	September
ekim	Oktober
kasım	November
aralık	Dezember

Haftanın günleri − Wochentage

pazartesi	Montag
salı	Dienstag
çarşamba	Mittwoch
perşembe	Donnerstag
cuma	Freitag
cumartesi	Samstag
pazar	Sonntag

Bugün 22 (yirmi iki) Ekim 1987.   Heute ist der 22. Oktober 1987.
Bugün 23 (yirmi üç) Kasım 1987, Pazartesi.   Heute ist der 23. Oktober 1987, Montag.
24 (yirmi dört) Aralık 1987, Perşembe günü   am Donnerstag, dem 24. Dezember 1987
pazarları / pazar günleri   sonntags
ocakta, ocak ayında   im Januar

A

abece (→ alfabe)	Alphabet
abi (→ ağabey)	1. älterer Bruder, 2. *Anrede an etwas ältere männliche Personen*
abla	1. ältere Schwester, 2. *Anrede an etwas ältere weibliche Personen*
abone *fr.*	Abonnement
-e abone olmak	... abonnieren
İki gazeteye abone oldum.	Ich habe zwei Zeitungen abonniert.
acaba *ar.* (..−)	ob wohl; wohl
Acaba gelecek mi?	Ob er wohl kommen wird?
Acaba mümkün mü?	Ist das wohl möglich?
acayip *ar.* (.−.)	merkwürdig, sonderbar, seltsam
acele *ar.*	1. Eile, 2. eilig, dringend
Acelem var.	Ich habe es eilig.
Acelesi yok.	Es hat keine Eile.
acele etmek	sich beeilen
Acele et!	Beeile dich!
Acele etmeliyiz.	Wir müssen uns beeilen.
Acele etmeyin!	Nur keine Eile! Sie brauchen sich nicht zu beeilen.
aceleyle	in aller Eile
acı	1. bitter, 2. scharf, 3. Leid, Schmerz
1., 2.: tatlı	
derin bir acı	ein tiefer Schmerz
acı bir olay	ein schmerzliches Ereignis
acı duymak	Schmerz empfinden
-in acısını çekmek	unter ... (seelisch) leiden
acıkmak	hungrig werden
Acıktım.	Ich habe Hunger.
Karnım acıktı.	Ich habe Hunger.
acımak	schmerzen, wehtun (*intr.*)
Elim acıdı.	Die Hand tat mir weh.
birisine acımak (→ merhamet etmek)	... bemitleiden, Mitleid haben (mit ...)
acıma (→ merhamet)	Mitleid
acıtmak	wehtun (*tr.*)
aç	hungrig
: tok	

Açım.	Ich bin hungrig.
Karnım aç.	Ich habe Hunger.
aç karnına	auf nüchternen Magen
açlık	Hunger; Hungersnot
açlıktan ölmek	verhungern
açık, -ğı	1. offen, geöffnet, 2. öffentlich, 3. halb-
1, 2, 3.: kapalı, 4.: koyu	nackt, obszön, 4. hell, klar
saat sekizden on ikiye kadar açık	geöffnet von 8 bis 12 Uhr
Kapıyı açık bırak!	Laß die Tür auf!
yarı açık	halb offen
açık oturum	Podiumsdiskussion, Teach-in
açık bir insan	ein offener Mensch
açık konuşmak	offen sprechen
açık bir cevap	eine klare Antwort
Bu gayet açık.	Das ist ganz klar.
açık seçik	deutlich und klar
açık havaya çıkmak	hinaus (ins Freie) gehen
Hava açık.	Das Wetter ist heiter.
açık saçık	halbnackt, obszön
açık renk	hellfarben, hellfarbig
açık mavi	hellblau
açıkça (*adv.*)	ganz offen
açıkça söylemek	ganz offen sagen
açıkçası	offen gestanden, auf gut Deutsch
açıksözlü	freimütig
açıkgöz	schlau
açıklık	Klarheit
-i **açıklamak** (→ izah etmek)	erklären, darlegen
açıklama	Erklärung
bir konuda açıklama yapmak	zu einem Thema Näheres sagen
açılış	Eröffnung
: kapanış	
açılış töreni	Eröffnungszeremonie
açılmak	geöffnet werden, sich öffnen
: kapanmak	
Okullar açıldı.	Die Schule hat angefangen.
açmak, -ar	1. öffnen, aufmachen, 2. einschalten
: kapamak, kapatmak	
Kapıyı aç!	Öffne die Tür!
delik açmak	ein Loch reißen
ad (→ isim)	1. Name, 2. Vorname
adı: ... soyadı: ...	Vorname: ... Familienname: ...
Adınız ne(dir)?	Wie heißen Sie?
Adınız?	Wie ist Ihr Name?

Adım ...		Mein Name ist ...
Bunun adı ne(dir)?		Wie heißt das?
birisinin adına		im Namen von ..., im Auftrag von ...
adlandırmak		benennen
... diye adlandırılır.		Das wird ... genannt. Man nennt es ...
... adlı / adında		namens ...
Ahmet adlı bir çocuk		ein Junge namens Ahmet
ada		Insel
yarımada		Halbinsel
adalet *ar.* (.−.)		Gerechtigkeit
Adalet Bakanlığı		Justizministerium
adaletsizlik		Ungerechtigkeit
adam *ar.*		1. Mann, 2. Mensch
adam olmak		ein anständiger Mensch werden
âdet *ar.* (−.)		Gewohnheit; Sitte
âdet edinmek		eine Gewohnheit annehmen
adım		Schritt
adım adım		Schritt für Schritt
adım adım ilerlemek		Schritt für Schritt fortschreiten
adım başına / başında		auf Schritt und Tritt
adım atmak		schreiten
hızlı adımlarla		mit schnellen Schritten
âdi *ar.* (−−)		gemein, gewöhnlich
çok âdi bir insan		ein sehr gewöhnlicher Mensch
adres *fr.*		Adresse
zarfa adres yazmak		den Umschlag mit der Adresse versehen
„**Aferin!**" *pe.* (−..)		„Bravo!"
affetmek *ar. tü.*		entschuldigen, verzeihen
„Affedersiniz!"		„Entschuldigen Sie bitte!"
„**Afiyet olsun!**" *ar. tü.* (−..)		1. „Guten Appetit!" 2. „Wohl bekomm's!" (Wunsch des Gastgebers u.ä. an den Gast während und nach der Mahlzeit)
ağabey (→ abi)		älterer Bruder
ağaç, -cı		Baum
ağaca çıkmak / tırmanmak		auf den Baum klettern
ağaçlık bir yer		ein baumbestandener Ort
ağır		schwer
: hafif		
ağır hasta		schwerkrank
ağır yaralı		schwerverletzt
ağır sanayi		Schwerindustrie
ağır (bir işte) çalışmak		schwer arbeiten
-e ağır gelmek		schwerfallen
Bu ona ağır geldi.		Es fiel ihm schwer.

ağırlaşmak	schwerer werden
ağırlık	Gewicht
yirmi kilo ağırlığında	20 Kilo schwer
ağırlamak	bewirten
konuk / misafir ağırlamak	einen Gast bewirten
ağız, -ğzı	1. Mund, 2. Mundart
ağzına kadar dolu	randvoll
ağzını açmamak	nichts sagen, keinen Ton von sich geben
ağzını tutmak	den Mund halten
ağlamak	weinen
: gülmek	
ağlaya ağlaya	weinend
hüngür hüngür ağlamak	laut weinen
ağrı	Schmerz (körperlich)
Ağrınız var mı?	Haben Sie Schmerzen?
baş ağrısı	Kopfschmerzen
diş ağrısı	Zahnschmerzen
şiddetli / hafif ağrı	heftiger / leichter Schmerz
ağrımak	schmerzen, wehtun *(intr.)*
Başım ağrıyor.	Ich habe Kopfschmerzen.
ahlak *ar. (l)* ((·−))	Moral
ahlaklı	mit festem Charakter
ahlaksız	unmoralisch, von verdorbenem Charakter
ahlaksızlık etmek	sich unmoralisch und sittenlos benehmen
aile *ar.* (−..)	Familie
aile çevresi	Familienkreis
iyi bir aile çocuğu	Sohn / Tochter aus guter Familie
ailece	mit der ganzen Familie
-e **ait olmak** *ar. tü.* (−.)	1. zu ... gehören, 2. auf ... bezogen sein
O buraya ait(tir).	Das gehört hierher.
Bu bana ait(tir).	Das bezieht sich auf mich.
akıl, -klı *ar.*	1. Vernunft, Verstand, 2. Sinn. 3. Rat
akıldan hesaplamak	im Kopf rechnen
akıl danışmak	jmdn. um Rat fragen
akıl vermek	jmdm. (einen) guten Rat geben
aklı karışmak	verwirrt werden, durcheinander sein
aklına gelmek	in den Sinn kommen, einfallen; sich erinnern
aklında kalmak	jmdm. im Gedächtnis bleiben
aklında tutmak	im Gedächtnis behalten, sich merken
akıllı	klug, vernünftig, intelligent
akıllıca	klug, auf kluge Weise
akıllılık	Vernünftigkeit, Klugheit
akılsız	unvernünftig, dumm

akılsızlık etmek	sich unvernünftig benehmen
akmak, -ar	fließen
akarsu (→ nehir)	fließendes Gewässer, Fluß, Bach
akraba *ar.* (..−)	Verwandte(r)
aksine *ar. tü.* (→ tersine)	im Gegenteil, gerade umgekehrt
akşam	1. Abend, 2. am Abend
akşama kadar	bis zum Abend
akşama doğru	gegen Abend
akşamları	abends, immer abends
akşamleyin	am Abend, um die Abendzeit
akşamki	abendlich
akşamüzeri / akşamüstü	gegen Abend, um die Abendzeit
akşam yemeği	Abendessen
bir akşam	eines Abends
bu akşam	heute abend
yarın akşam	morgen abend
dün akşam	gestern abend
sabahtan akşama kadar	von morgens bis abends
„İyi akşamlar!"	„Guten Abend!"
aktarma	Umsteigen
aktarma etmek / yapmak	umsteigen
aktarmalı	mit Umsteigen
aktarmasız	ohne Umsteigen
alan	1. Feld, Gebiet, 2. Fachgebiet
bu alanda	auf diesem Fachgebiet
alarm *fr.*	Alarm
(-e) alarm vermek	... alarmieren
-le **alay etmek**	sich über ... lustig machen, ... verspotten
alaylı bir ifadeyle	mit spöttischem Ausdruck
alçak, -ğı	1. niedrig, flach, 2. gemein
: yüksek	
alçak sesle konuşmak	leise sprechen
alçakgönüllü	schlicht, bescheiden
-i **aldatmak**	betrügen, irreführen
Beni aldattı.	Er hat mich betrogen.
-e **aldırmamak**	... keine Bedeutung beimessen, sich durch ... nicht stören lassen
„Aldırma, boş ver!"	„Ach was! Nimm es nicht so tragisch!"
aldırış etmemek	so tun, als ob es einen nichts anginge
alet *ar.* (−.) (→ araç)	Apparat, Werkzeug, Instrument
Bu alet ne işe yarıyor?	Wofür verwendet man diesen Apparat?
alet kullanmak	Geräte verwenden
alfabe *fr.* (→ abece)	Alphabet
alın, -lnı	Stirn

alınyazısı (→ kader)	Schicksal
alışkanlık	Gewohnheit
sigara alışkanlığı	die Gewohnheit zu rauchen
alışkanlıkla / alışkanlıktan	aus Gewohnheit
alışkın	gewöhnt
-e alışkın olmak	an / zu … gewöhnt sein
-e **alışmak**	sich (an …) gewöhnen
alıştırma	Übung
alıştırma yapmak	üben *(intr.)*
alışveriş	Einkaufen
alışverişe çıkmak / gitmek	einkaufen gehen
alışveriş yapmak	einkaufen
alkış	Beifall, Applaus
-i alkışlamak	für … Beifall klatschen / … applaudieren
alkol, -lü *fr.*	Alkohol
alkollü içki	alkoholisches Getränk
Allah *ar.* (→ Tanrı)	Gott
„Hay Allah!"	„Mein Gott! Donnerwetter!"
„Aman Allahım!"	„Oh Gott!"
„Allah korusun / saklasın!"	„Gott behüte!"
„Allaha şükür!"	„Gott sei Dank"
„Allah rahatlık versin!"	„Schlafen Sie gut! Schlaf gut!"
„Allahaısmarladık!"	„Auf Wiedersehen!"
almak, -ır	1. nehmen, 2. bekommen, erhalten, 3. kaufen
1., 2.: vermek, 3.: satmak	
„Buyrun alın!"	„Bitte nehmen Sie!"
„Biraz daha alır mısınız?"	„Möchten Sie noch ein wenig?"
ilaç almak	ein Medikament einnehmen
Bu salon bin kişi alır.	Dieser Saal faßt tausend Personen.
alıcı	1. Käufer, 2. Empfänger
Alman	Deutscher
Alman usulü	auf deutsche Art *(d. h. auf getrennte Rechnung)*
Almanlar	die Deutschen
Almanca	Deutsch
Almanca bilmek	Deutsch sprechen / können
Almanca biliyor musunuz?	Sprechen Sie Deutsch? Können Sie Deutsch?
Almanca konuşmak	Deutsch sprechen
Almanca öğrenmek	Deutsch lernen
Almancaya çevirmek	ins Deutsche übersetzen
Almancadan çevirmek	aus dem Deutschen übersetzen
Almancada buna ne denir?	Wie sagt man dazu auf Deutsch?
Almanya	Deutschland

alt		unterer Teil (von etwas), Unterseite
: üst		
alt alta		untereinander
alt alta yazmak		untereinander schreiben
-in altında		unter …
alttaki		der unten befindliche, der untere
alt kat		das untere Stockwerk, Erdgeschoß
altüst		das oberste zu unterst gekehrt, wirr, durcheinander
-i altüst etmek		… durcheinander bringen
altüst olmak		durcheinander kommen
ama *ar.* (→ fakat)		aber, jedoch
amaç, -cı (→ hedef)		Ziel
amacına varmak / ulaşmak		sein Ziel erreichen
aman *ar.*		Ach, um Gottes willen!
„Aman yapma!"		„Nicht doch!"
„Aman Allahım!"		„Um Gottes willen!"
amca *ar. tü.*		1. Onkel *(Bruder des Vaters)*, 2. *Anrede an alte Männer*
ameliyat *ar.*		Operation
birisini ameliyat etmek		… operieren
ameliyat olmak		operiert werden
Geçen yıl midemden ameliyat oldum.		Letztes Jahr wurde ich am Magen operiert.
ameliyat geçirmek		operiert werden
Kardeşi kalp ameliyatı geçirdi.		Sein Bruder wurde am Herz operiert.
Amerika		Amerika
Amerikalı		Amerikaner
Amerikan		amerikanisch
ampul, -lü *fr.*		Glühbirne
an *ar.*		Augenblick, Moment
her an		jeden Augenblick
bu / şu anda		im Augenblick, jetzt gerade
tam o anda		gerade in dem Augenblick
anında		pünktlich
ana		1. Mutter, 2. Haupt-, Ur-, Grund-, Stamm-, Leit-
anadili		Muttersprache
anavatan		Vaterland
anaokulu		Vorschule
anacadde		Hauptstraße
anayasa		Grundgesetz, Verfassung
anahtar *gr.*		Schlüssel
anahtarla açmak		aufschließen

anahtarlık	Schlüsselbund
ancak	nur; allein, lediglich; jedoch, aber
anı (→ hatıra)	Erinnerung
birisinin anısına	zur Erinnerung an ..., zum Gedenken an ...
-i **anımsamak** (→ hatırlamak) : unutmak	sich erinnern (an ...)
anıt	Denkmal, Moment
aniden *ar. tü.* (– –.) (→ ansızın, birdenbire)	plötzlich, auf einmal, unerwartet
anket *fr.* (→ sormaca)	Befragung, Umfrage
anket yapmak	eine Befragung durchführen
anlam (→ mana)	Bedeutung, Sinn
Bunun anlamı ne(dir)?	Was bedeutet das?
... anlamına gelmek	... bedeuten
Bu sözcük burada ne anlama geliyor?	Was bedeutet dieses Wort hier?
anlamlı	sinnvoll, bedeutungsvoll
anlamsız	sinnlos
anlamak	verstehen, begreifen, erfahren, erkennen
Bu sözcüğü anlamadım.	Dieses Wort habe ich nicht verstanden.
Türkçe(yi) anlıyor.	Er versteht Türkisch.
anladığıma göre	wie ich verstehe / verstanden habe
anladığım kadarıyla	soweit ich verstanden habe
Bunu hiç anlayamıyorum.	Das kann ich überhaupt nicht verstehen.
Bunu anlamak zor.	Das ist schwer zu verstehen.
yanlış anlamak	falsch verstehen
-den anlamak	von ... etwas verstehen
Müzikten biraz anlar.	Er versteht etwas von Musik.
Bundan hiçbir şey anlamadım.	Davon habe ich nichts verstanden.
-le **anlaşmak**	sich (mit ...) einigen
„Anlaştık mı?"	„Einverstanden?"
„Tamam, anlaştık."	„In Ordnung! O.K., einverstanden!"
Bu konuda onunla anlaşamadık.	Wir konnten uns in dieser Sache mit ihm nicht einigen.
Biz onunla iyi anlaşıyoruz.	Wir verstehen uns gut mit ihm.
anlaşma	Abmachung, Abkommen; Vertrag, Konvention
(-de birisiyle) anlaşma yapmak	(über ... mit jmd.) einen Vertrag schließen
(-de birisiyle) anlaşmaya varmak	(in Sachen ... mit jmd.) eine Abmachung treffen
anlaşılmak	klar werden; sich herausstellen
Bundan bir şey anlaşılmıyor.	Das ist nicht zu verstehen. Das kann man nicht verstehen.

anlaşılır		verständlich, begreiflich

anlaşılır — verständlich, begreiflich
Anlaşılır şey değil. — Es ist nicht zu fassen.
anlaşılmaz — unverständlich
anlaşılan — offenbar, wohl
anlatım (→ ifade) — Ausdruck; Ausdrucksweise
açık bir anlatım — eine klare Ausdrucksweise
anlatmak — erzählen; erklären, darlegen
Anlat bakalım, ne oldu? — Nun berichte einmal, was sich zugetragen hat!

bir öykü anlatmak — eine Geschichte erzählen
Ona meseleyi anlattım. — Ich habe ihm die Sache erklärt.
anlayış (2. → zihniyet) — 1. Verstehen, Verständnis; Klugheit, 2. Mentalität

anlayış göstermek — Verständnis zeigen
-i anlayışla karşılamak — ... Verständnis entgegen bringen
anlayışlı — verständnisvoll
birisine karşı anlayışlı davranmak — jmdn. verständnisvoll behandeln
anlayışsız — verständnislos, unverständig
-i **anmak**, -ar — sich ... ins Gedächtnis zurückrufen, sich an ... erinnern, an ... denken, ...s gedenken

anne (→ ana) — Mutter; Mama, Mutti
anne baba — Vater und Mutter, Eltern
Annen baban neredeler? — Wo sind deine Eltern?
anneciğim — liebe Mutter, Mami
anneanne — Großmutter *(Mutter der Mutter)*
anormal, -li *fr.* — anormal; außergewöhnlich
Bu bana biraz anormal geliyor. — Das kommt mir etwas seltsam vor.
Bunda hiçbir anormallik yok. — Das ist doch völlig normal.
ansızın (→ aniden, birdenbire) — plötzlich, unvermittelt
apartman *fr.* — Wohnblock
apartman dairesi — Etagenwohnung, Appartement
aptal *ar.* — dumm, Dummkopf
  : akıllı
birisini aptal yerine koymak — jmdn. für dumm halten, jmdn. dumm verkaufen

aptallık — Dummheit
aptallık etmek — eine Dummheit machen
ara — 1. Zwischenraum, Abstand, 2. Zwischenzeit, Pause

iki evin arasında — zwischen den beiden Häusern
Aradan zaman geçti. — Danach verging eine gewisse Zeit.
arada bir — ab und zu
bu arada — unterdessen, inzwischen

ara sıra	ab und zu, hin und wieder, manchmal
ara vermek	Pause machen
Şimdi (işe) ara verelim.	Machen wir jetzt eine Arbeitspause.
-arası	inter-
şehirlerarası	zwischenstädtisch
uluslararası	international
arasında	unter
arkadaşları arasında	unter seinen Freunden
... ile ... -nin arasından	zwischen ... und ... hindurch
aracı	Vermittler
aracılık	Vermittlung
-nin aracılığıyla	durch Vermittlung von ..., mittels ...
araba	Wagen, Auto
araba kullanmak / sürmek	Auto fahren
arabayla gitmek	mit dem Wagen fahren
araç, -cı (1., 2. → vasıta 3. → alet)	1. Mittel, 2. Verkehrsmittel, Fahrzeug, 3. Gerät
araç gereç	Geräte und Materialien
aramak	suchen
Kimi arıyorsunuz?	Wen suchen Sie?
telefonla aramak	telefonisch zu erreichen versuchen
araştırmak	1. wissenschaftlich untersuchen, erforschen, 2. Nachforschungen anstellen, ermitteln
araştırma	Untersuchung, Forschung
bir konuda araştırma yapmak	zu einem Thema Untersuchungen durchführen
arazi *ar.* (.– –)	Gelände, Terrain
arıza *ar.* (–..)	Panne, Maschinenschaden
Arabamız arıza yaptı.	Unser Wagen hat eine Panne.
arızalanmak	defekt werden
arızalı	defekt, beschädigt
arka (→ art)	Rücken; Hinterseite, der Raum hinter ...
: ön	
arkada	hinten
arka arkaya	hintereinander
-in arkasından	hinter ... her, hinter ... drein
-in arkasından gitmek	hinter ... hergehen
arkaya doğru	nach hinten
arka taraf	Rückseite
arka plan	Hintergrund
„Arkası var."	„Fortsetzung folgt."
arkadaş	Freund, Gefährte
eski bir arkadaş	ein alter Freund

okul arkadaşı	Schulkamerad
iş arkadaşı	Arbeitskollege
yol arkadaşı	Reisegefährte
arkadaş çevresi	Freundeskreis
arkadaş edinmek	Freunde finden
-le arkadaş olmak	mit ... Freundschaft schließen, sich mit ... befreunden
-le arkadaşlık kurmak	sich mit ... befreunden
armağan (→ hediye)	Geschenk, Gabe
birisine armağan etmek	jmdm. schenken, zum Geschenk machen
art, -dı (→ arka)	Hinterseite
: ön	
ardarda	hintereinander, nacheinander
-in ardından	hinter ... her
artı	1. plus, 2. Pluszeichen
: eksi	
Üç artı dört, eşittir yedi.	Drei plus vier ist gleich sieben.
artık	schon, nunmehr, endlich
„Artık tamam!"	„Jetzt ist alles in Ordnung." „Jetzt ist es aber fertig."
„Artık yeter!"	„Nun reicht es aber."
„Sus artık!"	„Sei endlich still!"
artmak, -ar	1. zunehmen; sich erhöhen; sich vermehren, 2. übrigbleiben
1.: azalmak	
Bu yıl öğrenci sayısı arttı.	Die Zahl der Studenten hat sich dieses Jahr erhöht.
Biraz para arttı.	Etwas Geld ist übrig geblieben.
arzu pe. (.−) (→ istek, dilek)	Wunsch
(-i) arzu etmek	... wünschen, Lust auf ... haben
Ne arzu edersiniz?	Was möchten Sie bitte?
Bir şey arzu eder misiniz?	Möchten Sie etwas?
asıl, -slı ar.	1. Basis; Original, 2. grundlegender, Haupt-
-ın aslı	das Original von ...
asıl sorun	Hauptproblem, Hauptsache
asıl önemli olan	das eigentlich Wichtige
aslında	eigentlich, im Grunde genommen
asılı	aufgehängt, hängend
Resim duvarda asılı.	Das Bild hängt an der Wand.
asker ar. (1. → er)	1. Soldat, 2. Militär
askere gitmek	zum Militär einrücken
askerlik	Militärdienst, Wehrdienst
askerlik yapmak	den Militärdienst ableisten
askeri (..−)	militärisch, Militär-

askı		Haken; Kleiderbügel
askıya asmak		aufhängen, auf den Kleiderbügel hängen
asla *ar.* (.−)		niemals, nicht im geringsten, keinesfalls
Asla olmaz!		Das geht überhaupt nicht!
asmak, -ar		aufhängen
duvara asmak		an die Wand hängen
askıya asmak		auf den Kleiderbügel / an den Haken hängen
resim asmak		ein Bild aufhängen
aşağı		hinunter, herunter
: yukarı		
aşağı doğru		abwärts
aşağıdaki gibi		wie folgt
aşağı yukarı		etwa, ungefähr
bir aşağı, bir yukarı		auf und ab
aşağıya		hinunter, herunter
aşağıya inmek		hinuntergehen
aşağıya gelmek		herunterkommen
âşık, -ğı *ar.* (−.)		Verliebter, Liebhaber; verliebt
birisine âşık olmak		sich in ... verlieben, in ... verliebt sein
aşırı		zu weit gehend, extrem, extremistisch
aşırı derecede		über alle Maßen, höchst
aşk *ar.*		Liebe
aşk mektubu		Liebesbrief
aşmak, -ar		überschreiten
süreyi aşmak		die Zeit überschreiten
sınırı aşmak		die Grenze überschreiten
at		Pferd
ata binmek		reiten; ein Pferd besteigen
atlı		Reiter
ata		Ahn, Vorfahr
atasözü, -nü		Sprichwort
ateş *pe.*		1. Feuer, 2. Fieber
Ateş!		Feuer! *(mil. Kommando)*
Ateşiniz var mı?		Haben Sie Feuer / Fieber?
-e ateş etmek		auf ... feuern
ateş yakmak		Feuer anzünden
ateş(i) söndürmek		das Feuer auslöschen
Hastanın ateşi yükseldi / düştü.		Die Temperatur des Patienten ist gestiegen / gesunken.
ateşlenmek		fiebern
atlamak		springen
atmak, -ar		1. werfen, 2. wegwerfen
-e imza atmak		... unterschreiben

atom *gr.*	Atom
atom enerjisi	Atomkraft
atom savaşı	Atomkrieg
av	Jagd
ava çıkmak	auf die Jagd gehen
avlamak	jagen
avcı	Jäger
Avrupa	Europa
Avrupa ülkeleri	europäische Länder
Avrupalı	Europäer
avukat *fr.*	Rechtsanwalt
(bir konuda) avukata danışmak	sich (in einer Sache) mit einem Rechtsanwalt beraten
avukat tutmak	einen Rechtsanwalt nehmen
ay	1. Mond, 2. Monat
Ay doğuyor.	Der Mond geht auf.
ay tutulması	Mondfinsternis
ocak ayı	der Monat Januar
ocak ayında	im Januar
her ay	jeden Monat
ay başı	Monatsanfang
ay başında	am Monatsanfang
ayın birinde	am Ersten des Monats
ay sonunda	am Monatsende
aylarca	monatelang
aylık	1. monatlich, 2. Monatsgehalt
ayak, -ğı	Fuß
ayağa kalkmak	aufstehen
ayakta durmak	stehen
ayakta kalmak	keinen Sitzplatz finden, stehen bleiben müssen
ayakkabı	Schuh
bir çift ayakkabı	ein Paar Schuhe
ayakkabı giymek / çıkarmak	Schuhe anziehen / ausziehen
ayakkabıcı	1. Schuhmacher, 2. Schuhgeschäft, -verkäufer
aydın	1. hell, 2. Intellektueller, Gebildeter
aydınlanmak	hell / beleuchtet werden / sein
Hava aydınlanıyor.	Es wird hell.
aydınlatmak	1. beleuchten, 2. erklären, aufklären
aydınlatıcı bilgi	Erläuterungen
aydınlık	1. hell, 2. Helligkeit
: karanlık	
aydınlık bir oda	ein helles Zimmer

ayıp, -bı *ar.*	1. Schande, 2. Ungehörigkeit
Çok ayıp!	Das gehört sich nicht! Das ist eine Schande!
Ona karşı çok ayıp oldu.	Das war ihm gegenüber sehr ungehörig.
Ayıp olur.	Das gehört sich nicht.
ayıplamak	mißbilligen, als schändlich bezeichnen
ayırmak	1. trennen, 2. reservieren
birbirinden ayırmak	voneinander trennen
yer ayırmak	einen Platz reservieren
ayırtmak	reservieren lassen
yer ayırtmak	einen Platz bestellen
aykırı	entgegengesetzt, -widrig
kurallara aykırı	ordnungswidrig, regelwidrig
yasaya / kanuna aykırı	gesetzwidrig
ayna *pe.*	Spiegel
aynaya bakmak	in den Spiegel schauen
aynen *ar.*	ohne jede Änderung, genauso
aynı *ar.*	1. gleich, 2. dasselbe, derselbe
İkisi birbirinin aynı.	Die beiden sind völlig gleich.
aynı biçimde / şekilde	in der gleichen Weise, ebenso
-le aynı büyüklükte	gleich groß wie …
-le aynı yaşta	gleich alt wie …
aynı miktarda	ebenso viel
aynı zamanda	zur gleichen Zeit; zugleich, indessen
ayrı	1. getrennt; einzeln; separat, 2. anders (als)
Senden ayrı yaşayamam.	Von dir getrennt kann ich nicht leben.
ayrı ayrı	einzeln, getrennt *(adv.)*
ayrıca	außerdem, übrigens; eigens, extra
ayrılmak	1. sich absondern, sich entfernen, abreisen, Abschied nehmen, 2. sich trennen, sich scheiden lassen
ayrım (→ fark)	Unterschied; Verschiedenheit
ayrıntı (→ teferruat)	Einzelheit, Detail
bütün ayrıntılarıyla	in allen Einzelheiten
ayrıntılı bilgi	detaillierte Information
ayrıntıya girmek	ins Detail gehen
az	wenig
: çok	
pek az	ganz wenig, nur ein bißchen
çok az	sehr wenig, kaum
az çok	mehr oder weniger
az önce	kurz zuvor
az bulunur	selten *(attr.)*

az sayıda / miktarda		in geringer Zahl / Menge
az kalsın		beinahe, fast
Az kalsın düşecektim.		Beinahe wäre ich gefallen.
-i az bulmak		... als unzureichend ansehen
az gelmek		zu wenig sein, nicht ausreichen
az gelişmiş ülke		Entwicklungsland
azar azar		in kleinen Portionen; nach und nach
azıcık		nur wenig, ein bißchen
azalmak		sich verringern, nachlassen, abnehmen
: çoğalmak, artmak		
azaltmak		reduzieren, vermindern
azar *pe.*		Verweis, Tadel
azar işitmek		getadelt werden
birisini azarlamak		jmd. tadeln, rügen

B

baba	Vater
babaanne	Großmutter *(Mutter des Vaters)*
bacak, -ğı	Bein
bagaj *fr.*	1. Gepäck, 2. Kofferraum
bağ	Binde, Band
bağlı	gebunden, zugeschnürt
-e bağlı olmak	von ... abhängig sein
İkisi birbirine bağlı.	Die beiden sind aneinander gebunden. Das ist voneinander abhängig.
Bu duruma bağlı.	Das hängt von den Umständen ab. Das kommt ganz darauf an.
bağlamak	1. binden, festmachen, 2. verbinden, vereinigen
bağlantı	Verbindung
-le bağlantı kurmak	mit ... Verbindung aufnehmen, eine Verbindung anknüpfen
-le bağlantı sağlamak	eine Verbindung mit ... herstellen
bağımlı	abhängig
-e bağımlı olmak	von ... abhängig sein
bağımsız	unabhängig, selbständig
bağımsızlık	Unabhängigkeit, Selbständigkeit
-den bağımsız olmak	von ... unabhängig sein
bağırmak	schreien, brüllen
bağırıp çağırmak	losschreien, losbrüllen
bahar *pe.* (→ ilkbahar)	Frühling

bahçe *pe.*	Garten
bahçeli ev	ein Haus mit Garten
-den **bahsetmek** *ar. tü.*	von ... sprechen, ... erwähnen
Neden bahsediyorsunuz?	Wovon reden Sie?
bahşiş *pe.*	Trinkgeld
bahşiş vermek	Trinkgeld geben
bakan	Minister
başbakan	Ministerpräsident
bakanlık	Ministerium
bakım	1. Pflege, 2. Gesichts-, Standpunkt, Hinblick, Hinsicht
bu bakımdan	in dieser Hinsicht
yalnız bu bakımdan değil (...)	nicht nur unter diesem Gesichtspunkt (...)
her bakımdan	in jeder Beziehung
sağlık bakımından	hinsichtlich der Gesundheit
bakımlı	gepflegt
bakımsız	ungepflegt, verwahrlost
bakış	Blick
bir bakışta	auf einen Blick
ilk bakışta	auf den ersten Blick
bakış açısı	Blickwinkel
bakkal *ar.*	1. Krämer, 2. Gemischtwarenhandlung
-e **bakmak,** -ar	1. schauen, ... anschauen, blicken, 2. für ... sorgen, pflegen
„Bak!"	„Guck mal!"
„Bir dakika bakar mısınız lütfen!"	„Bitte!" *(Anrede an Bedienungspersonal u. ä., mit der man auf sich aufmerksam macht)*
„Baksana!"	„Schau mal her!"
„Bana bak!"	„Paß mal auf!"
„Bak, gördün mü?"	„Da, siehst du?" „Da, hast du es gesehen?"
„Bakalım!"	„Mal sehen!"
„Gel bakalım!"	„Komm mal hierher!"
„Söyle bakalım!"	„Erzähl schon!"
„Bil bakalım!"	„Rate mal!"
ailesine bakmak	für die Familie sorgen
hasta(ya) bakmak	einen Kranken pflegen
çocuk bakmak	das Kind pflegen
çocuğa bakmak	auf ein Kind aufpassen
bal	Honig
bal gibi	zuckersüß
Bu iş bal gibi olur.	Die Sache ist doch ganz unproblematisch.
balık, -ğı	Fisch

balık tutmak		fischen, angeln
balıkçı		Fischer
bana		mir
„Bana ne!"		„Was geht es mich an?"
banka *it.*		Bank, Geldinstitut
bant, -dı *fr.*		Band; Tonband
banda almak		auf Band nehmen
bant doldurmak		ein Tonband bespielen
banyo *it.*		Bad, Badezimmer
banyo yapmak		baden, ein Bad nehmen
bardak, -ğı		Glas, Becher
bir bardak çay		ein Glas Tee
çay bardağı		Teeglas
bira bardağı		Bierkrug, -glas
barış		Frieden
: savaş		
basamak		Stufe
basılı (→ matbu)		gedruckt
„basılı kâğıt"		„Drucksache"
basımevi, -ni (→ matbaa)		Druckerei
basın		Presse(wesen)
basın toplantısı		Pressekonferenz
basın sözcüsü		Pressesprecher
basınç		Druck *(techn.)*
hava basıncı		Luftdruck
basit *ar.*		einfach, unkompliziert
basit bir iş		eine einfache Sache
baskı		1. Druck, Zwang, 2. Druck, Auflage
baskı altında		unter Druck, unter Zwang
birisine baskı yapmak		jmdn. unter Druck setzen
basmak, -ar		1. drücken, 2. auftreten, betreten. 3. drucken
„Düğmeye basınız!"		„Knopf drücken!"
zile basmak		den Klingelknopf drücken
Altı yaşına bastı.		Er ist fünf Jahre alt. *(D. h. er hat das 6. Lebensjahr begonnen.)*
„Çimlere basmayınız!"		„Betreten des Rasens verboten!"
kitap basmak		drucken
bastırmak		1. (hinein)pressen, drücken, 2. drucken lassen
kitap / kart(vizit) bastırmak		ein Buch / Visitenkarten drucken lassen
baş		1. Kopf, 2. Chef, 3. Anfang
baş ağrısı		Kopfschmerzen
Başım ağrıyor.		Ich habe Kopfschmerzen.

baş dönmesi	Schwindel
Başım dönüyor.	Mir ist schwindlig.
baş aşağı	den obersten Teil nach unten gekehrt, kopfabwärts
baş başa	unter vier Augen
baş göstermek	sich herausstellen, sich zeigen; ausbrechen (*Krankheit*)
-le başa çıkmak	1. etw. fertigbringen, vollbringen, 2. mit ... fertig werden, gegen ... aufkommen
başına gelmek	zustoßen, widerfahren
Bugün başıma şöyle bir olay geldi: ...	Heute ist mir folgendes passiert: ...
„Baş üstüne!"	„Geht in Ordnung!" „Zu Befehl!"
başbakan	Ministerpräsident
başhekim	Chefarzt
başkomutan	Oberbefehlshaber
en başta	an erster Stelle
baştan	1. von Anfang an, 2. von neuem
baştan başlamak	von Anfang anfangen
baştan beri	von Anfang an, seit dem ersten Anfang
yeni baştan	von neuem
baştan başa	von Anfang bis Ende
baştan sona	von einem Ende zum anderen
baştan aşağı	von Kopf bis Fuß, von oben bis unten
başında	anfangs
eylül başında	Anfang September
yaz başında / başlarında	am Anfang des Sommers
... başına	pro ...
kişi başına	pro Kopf
kendi başına	ganz allein
Kendi başına yaşıyor.	Sie lebt ganz allein.
başlı başına	ganz eigener Art
Bu başlı başına bir sorun.	Das ist ein Problem für sich.
başarı	Erfolg
-de başarı göstermek	bei / in ... gute Leistungen zeigen
başarı kazanmak	Erfolg haben
Başarılar dilerim!	Ich wünsche viel Erfolg!
„Başarılar!"	„Viel Erfolg!"
başarılı	erfolgreich
başarısız	ohne Erfolg, erfolglos; nicht geglückt, mißglückt
başarısızlık	Erfolglosigkeit
başarısızlığa uğramak	nicht zum Erfolg kommen, erfolglos sein
-i **başarmak**	... erfolgreich durchführen, fertigbringen; ... bestehen, schaffen

Başaramadım.	Ich habe es nicht geschafft. Es ist mir nicht gelungen.
sınavı başarmak	die Prüfung bestehen
başka (3.: *postp. + abl.*)	1. anderer, 2. sonst, außerdem. 3. außer
başka birisi	ein anderer, jemand anders
başka bir şey	etwas anderes
Başka bir şey içer misiniz?	Möchten Sie etwas anderes trinken?
Bunlar başka başka şeyler.	Das sind ganz andere Dinge.
Başka ne var?	Was gibt es sonst noch?
başka türlü *(attr., adv.)*	andersartig
büsbütün başka	ganz anders, ein ganz anderer
senden başka	außer dir
-den başka her şey	alles außer …
Başka içer misiniz?	Möchten Sie noch etwas trinken?
Başka bir şey yiyemeyeceğim.	Ich würde lieber nichts mehr essen.
bundan başka	außerdem
daha başka	sonst noch (etwas); wieder etwas anderes
başkası	ein anderer
bir başkası	jemand anderer, ein anderer
başkaları	die anderen, die anderen Leute
başkan	Präsident, Vorsitzender
-e başkanlık etmek	bei … den Vorsitz haben, präsidieren
toplantıya başkanlık etmek	bei der Versammlung den Vorsitz führen
başkent/başşehir	Hauptstadt
başlamak	beginnen, anfangen *(intr.)*
: bitmek	
Toplantı saat beşte başlıyor.	Die Sitzung beginnt um 17 Uhr.
-e başlamak	… beginnen, anfangen zu … *(tr.)*
: bitirmek	
Çalışmaya başlıyoruz.	Wir beginnen zu arbeiten.
işe başlamak	mit der Arbeit beginnen
başlangıç, -cı	Anfang
başlangıçta	anfangs, zu Beginn
başlangıçtan beri	von Anfang an, seit dem Anfang
başlıca	hauptsächlich, wesentlich
başlıca sorun / mesele	Hauptsache, Grundproblem
-e **başvurmak** (→ müracaat etmek)	sich an … wenden
başvuru (→ müracaat 2.)	Anfrage, Ersuchen
batı	Westen; *(übertr.)* Europa und Amerika
: doğu	
batıya doğru	nach Westen
batı yönünde	in westlicher Richtung
-in batısında	westlich von …

batılı	westlich, zum Westen gehörend
batılılaşmak	sich verwestlichen, sich europäisieren
batmak, -ar	versinken, einsinken; untergehen
Gemi battı.	Das Schiff ist gesunken.
Güneş batıyor.	Die Sonne geht unter.
Elime iğne battı.	Ich habe mich mit der Nadel in die Hand gestochen.
battaniye *ar.* (.−..)	Wolldecke
bavul *it.*	Koffer
bavul hazırlamak	den Koffer packen
bay	Herr
Bay Ahmet Alkan	Herr Ahmet Alkan
Sayın Bay ...	Sehr geehrter Herr ...
Sayın Bayanlar, Baylar!	Sehr geehrte Damen und Herren!
bayağı	1. ordinär, minderwertig, 2. recht, gehörig, ziemlich
bayağı bir insan	ein ordinärer Mensch
bayağı zor bir iş	eine recht schwierige Sache
bayan	Dame, Frau, Fräulein
Bayan Yıldız Özkan	Frau / Fräulein Yıldız Özkan
Sayın Bayan ...	Sehr geehrte Frau ...
bayat *ar.*	altbacken
: taze	
bayat ekmek	altes Brot
bayılmak	in Ohnmacht fallen
-e bayılmak	ganz vernarrt sein in ..., ganz begeistert sein von ...
Bu manzaraya bayıldım.	Ich bin begeistert von diesem Ausblick.
-den bayılmak	wegen ... das Bewußtsein verlieren, vor ... ohnmächtig werden
Uykusuzluktan bayılıyorum.	Ich bin total übermüdet.
bayrak, -ğı	Fahne, Flagge
bayram	Fest, Feiertag
şeker bayramı	Ramadanfest
kurban bayramı	Opferfest
cumhuriyet bayramı	Tag der Republik
bayram tatili	Festtage, arbeitsfreie Festtage
bayramın birinci günü	der erste Tag des mehrtägigen Festes
güzel bir bayram geçirmek	ein frohes Fest verbringen
bayramlaşmak	einander frohe Feiertage wünschen
-nin bayramını kutlamak	jmdn. zum Fest beglückwünschen
„Bayramınızı en iyi dileklerimle kutlarım."	„Ich wünsche ein gesegnetes Fest."
„Bayramınız kutlu olsun!"	„Gesegnetes Fest!"

„İyi bayramlar!"	„Fröhliche Feiertage!"
bazen *ar.* (−.)	manchmal, ab und zu
bazı *ar.* (−.) (→ kimi)	manche
bazıları	manche / so gewisse Leute
bazısı	manche *(subst.)*
bebek, -ği	1. Baby, Säugling, 2. Puppe
becerikli	geschickt, gewandt
beceriksiz	ungeschickt
bedava *pe.* (.−.) (→ parasız)	kostenlos, gratis
beden *ar.*	1. Körper, 2. Körpergröße, Kleidergröße
beden ölçüsü	Körpergröße, Kleidergröße
Kaç beden giyiyorsunuz?	Welche Größe tragen Sie?
beden eğitimi	Leibeserziehung
beğeni (→ zevk)	Geschmack *(den man hat / findet u. dgl.)*
-i **beğenmek**	an ... gefallen finden, ... gern haben, ... gern mögen
Bunu çok beğendim.	Das gefällt mir sehr.
bekâr *pe.*	ledig, unverheiratet
: evli	
bekçi	Wächter, Wärter
gece bekçisi	Nachtwächter
beklemek	auf ... warten, ... erwarten, erhoffen
Bunu hiç beklemiyordum.	Das hatte ich nicht erwartet.
bekletmek	warten lassen
Sizi çok beklettim.	Ich habe Sie lange warten lassen.
bel	Taille
belediye *ar.*	1. Rathaus, 2. Stadtverwaltung
belediye başkanı	Bürgermeister
belge	Dokument; Unterlage, Formular
belgesel	dokumentarisch
belirgin	augenfällig, bezeichnend
belirgin bir özellik	eine bezeichnende Eigenschaft
belirlemek (→ tespit etmek)	genau bestimmen, festlegen
-in tarihini belirlemek	den Termin für ... festlegen
belirli (→ muayyen)	bestimmt, genau umrissen, gewiß *(attr.)*
belirli bir tarihte	zu einem bestimmten Termin
belirli zamanlarda	zu bestimmten Zeiten
belirsiz	unbestimmt, ungewiß, unklar
belirtmek	bestimmen, klarstellen; hervorheben
Şunu özellikle belirtmek istiyorum:	Folgendes möchte ich besonders hervorheben:
belki *pe.*	vielleicht
belki de	vielleicht sogar; möglicherweise auch
belli	klar, deutlich

Böyle olacağı belliydi.	Es war klar, daß es so kommen würde.
Açıkça belli.	Das ist ganz klar.
Daha belli değil.	Es ist noch nicht klar.
-i belli etmek	erkennen lassen
-i belli etmemek	nicht erkennen lassen, sich ... nicht anmerken lassen
Belli olmaz!	Vielleicht! Man kann nie wissen!
belli bir tarihte	zu einem bestimmten Termin
bellibaşlı	hauptsächlich (*attr.*)
ben	ich
Benim! ('..)	Ich bin's!
Benim. (.'.)	Es gehört mir.
Benim (.'.) için fark etmez.	Das macht mir nichts aus. Das ist mir schon recht.
benim yüzümden	meinetwegen
ben kendim	ich selbst
bencil	egoistisch
bencillik	Egoismus
bencillik etmek	sich egoistisch benehmen
-i **benimsemek**	sich ... aneignen, zu eigen machen, (*eine Meinung, ein Gehabe u. ä.*) annehmen
-e **benzemek**	mit ... Ähnlichkeit haben, ... ähneln
İkisi birbirine benziyor.	Die beiden ähneln einander.
benzer	ähnlich
buna benzer şeyler	dergleichen, dergleichen Dinge
benzeri	dergleichen (*subst.*)
-in benzeri	etwas ähnliches wie ...
benzerlik	Ähnlichkeit
benzin *fr.* ('..)	Benzin
benzin istasyonu	Tankstelle
benzinci	Tankstelle; Tankwart
beraber *pe.* (.–.) (→ birlikte)	gemeinsam, zusammen
beraberinde getirmek	mit sich bringen
beraberinde götürmek	mit sich führen
berber *it.*	Friseur
kadın / erkek berberi	Damen / Herren-Friseur
beri (*postp.* + *abl.*)	seit ..., von ... an
bir yıldan beri	seit einem Jahr
dünden beri	seit gestern
çoktan beri	seit langem
o zamandan beri	seit damals; von da an
uzun zamandan beri	seit langem
Ne zamandan beri?	Seit wann?
besin (→ gıda)	Nahrung, Nahrungsmittel

besin maddesi	Nahrungsmittel
beslemek	ernähren
beslenmek	sich ernähren
beslenme	Ernährung
bey	Herr
Ahmet Bey	Herr Ahmet
Ahmet Bey geldi mi?	Ist Herr Ahmet gekommen?
Buyrun Ahmet Bey!	Bitte schön, Herr Ahmet!
Doktor bey!	Herr Doktor!
beyefendi	gnädiger Herr
beyaz *ar.*	weiß
beyazpeynir	Schafskäse
beyin, -yni	Gehirn, Hirn
bez	Lappen; Tuch
bıçak, -ğı	Messer
-den **bıkmak**, -ar	*(einer Sache oder Person)* überdrüssig werden, *(einer Sache)* müde sein
Bıktım artık.	Mir reicht's endlich.
-i **bırakmak**	lassen, ... sein lassen; weglassen; liegenlassen
„Bırak onu!"	„Laß das! Laß das sein!"
„Bırak ben yapayım."	„Laß mich nur machen."
„Beni rahat bırak."	„Laß mich in Ruhe."
sigarayı bırakmak	das Rauchen aufgeben
biber	Paprika
karabiber	Pfeffer
dolmalık biber	Paprikaschote
biçim (→ şekil)	Form; Art und Weise, Typ
bu biçimde	auf diese Art und Weise
... biçiminde	in Gestalt von ...
güzel bir biçimde	in schöner Form
bilakis *ar.* (*l*) (→ tersine)	ganz im Gegenteil, vielmehr
bildirmek	mitteilen, melden; berichten
bile	*(+ pos.:)* sogar, selbst; schon; *(+ neg.:)* nicht einmal
Ali bile biliyor.	Sogar Ali weiß es.
Onun için canımı bile veririm.	Für ihn opfere ich selbst mein Leben.
Arkadaşınız gitti bile.	Ihr Freund ist schon fortgegangen.
Bakmadı bile.	Er hat nicht einmal zugeschaut.
Bir kuruş bile etmez.	Es ist keinen Pfennig wert.
bilet *fr.*	Fahrkarte, Eintrittskarte
gidiş-dönüş bileti	Rückfahrkarte
bilet almak	eine Karte lösen
biletçi	Schaffner

bilgi	Kunde, Kenntnis; Auskunft, Information
Bu konuda bilginiz var mı?	Wissen Sie in dieser Sache Bescheid?
Hiçbir bilgim yok.	Ich habe keine Ahnung.
-den bilgi almak / edinmek	sich über … informieren
bilgili	gelehrt, kenntnisreich
bilgisayar	Computer
bilhassa *ar.* (→ özellikle)	besonders, vor allem
bilim (→ ilim)	Wissenschaft
bilim adamı	Wissenschaftler
bilimsel	wissenschaftlich
bilimsel araştırma	wissenschaftliche Untersuchung
bilimsel çalışma	wissenschaftliche Arbeit
bilinç, -ci	Bewußtsein
bilinçli	bewußt; selbstbewußt
bilinçsiz	unbewußt
bilinçaltı, -nı	Unterbewußtsein
bilinçlenmek	Selbstbewußtsein gewinnen, sich bewußt werden
bilmece	Rätsel, Scherzfrage
-i **bilmek**, -ir	wissen; kennen
Ne olduğunu bilmiyorum.	Ich weiß nicht, was geschehen ist.
Bunu biliyor musun?	Weißt du es?
Bunu nereden biliyorsun?	Woher weißt du das?
Bu şehri iyi bilirim.	Ich kenne diese Stadt gut.
Yüzme bilmiyor.	Er kann nicht schwimmen.
İyi Türkçe bilir.	Er kann gut Türkisch.
„Siz bilirsiniz."	„Wie Sie wünschen."
bildiğime göre	meines Wissens
bildiğim kadarıyla	soweit ich weiß
bilindiği gibi / üzere	bekanntlich
bilerek / bile bile (→ kasten)	absichtlich
bilmeden / bilmeyerek	ohne zu bemerken, unwissentlich
bilinmeyen (→ meçhul)	unbekannt
-a/-ebilmek *(nur pos.)*	… können
Gelebilir misin?	Kannst du kommen?
Gelebilirim.	Ich kann kommen.
Olabilir.	Das kann sein.
bina *ar.* (.−) (→ yapı)	Bau, Gebäude
-e **binmek**, -er	einsteigen, aufsteigen
: inmek	
bisiklete binmek	Fahrrad fahren; aufs Rad steigen
trene binmek	in den Zug einsteigen
taksiye binmek	ins Taxi steigen, ein Taxi nehmen
ata binmek	reiten

bir		1. eins, 2. ein, 3. einmal, 4. nur, allein, einzig und allein, 5. zusammen, gemeinsam
bir parça		ein Stück, etwas, ein wenig
bir ara		irgendwann einmal
bir defa / kez / kere		einmal, ein Mal
bir daha		noch einmal
bir arada		zusammen
bir araya gelmek		zusammenkommen
bir bakıma		in gewisser Hinsicht, gewissermaßen
bir de		und auch, außerdem, übrigens
bir hayli		recht viel
bir iki		ein paar, einige, wenige
bir sürü		eine Menge
bir miktar ...		eine kleine Menge ...
bir süre		eine Zeitlang, für einige Zeit, eine Weile
bir an önce		sobald wie möglich, möglichst rasch, umgehend
bir şey		etwas
Bir şey mi dedin?		Hast du was gesagt?
Bir şey daha var.		Es gibt noch etwas.
„Bir şey değil."		„Nichts zu danken."
başka bir şey		etwas anderes; noch etwas
böyle bir şey		so etwas
iyi bir şey		etwas Gutes
bir varmış, bir yokmuş		es war einmal
bir tür		eine Art
bir türlü (+ *neg.*)		auf keine Weise
Bir türlü anlamıyor.		Er versteht es einfach nicht.
bir tane		ein Stück
-i bir tarafa / yana bırakmak		... beiseite lassen
birinci sınıf		die erste Klasse; erstklassig
İkisi bir.		Beide sind gleich.
biri, -ni / **birisi**, -ni		irgendwer, irgendeiner, jemand
Birisi sizi arıyor.		Jemand sucht Sie.
Çocuklardan biri gelsin.		Eines von den Kindern soll kommen.
başka birisi		jemand anders
-den birisi		einer von ...
birimiz		einer von uns
birileri		irgendwelche Leute
bira *it*.		Bier
biraz		etwas, ein wenig, ein bißchen
biraz daha		noch etwas, noch ein bißchen, ein bißchen mehr

Biraz daha istiyorum.	Ich möchte noch etwas mehr.
Biraz daha bekle!	Warte noch ein wenig!
biraz önce	ganz kurze Zeit vorher; gerade eben
biraz sonra	bald; bald danach, ein wenig später
birazdan	gleich, sofort
biraz ileride	etwas weiter vorn
birazcık	ein bißchen
birbiri, ni	einander
birbirine çok yakın	dicht beieinander, einander sehr nahe
İkisi birbirinin aynı / aynısı.	Die beiden sind genau gleich.
birbiriyle ilgili	miteinander in Zusammenhang, zusammenhängend
birbirinin ardından / arkasından	hintereinander
birçok, -ğu	recht viele, sehr viele
birçok insan	recht viele Leute
birçoğu / birçokları	viele von denen
birden / birdenbire (→ aniden)	plötzlich; ganz unerwartet (*adv.*)
birikmek	sich ansammeln, sich anhäufen
biriktirmek	ansammeln, sammeln
para biriktirmek	Geld sparen
birkaç	einige, mehrere
birkaç kez / kere / defa	einige Male, mehrmals
birkaç tane	ein paar Stück, einige
birkaç gün önce	vor ein paar Tagen; einige Tage zuvor
birleşmek	sich vereinigen, sich verbinden
birleştirmek	vereinigen, verbinden
birlik, -ği	1. Einheit, 2. Einigkeit, 3. Vereinigung, Verein
aile birliği	Familiengemeinschaft
işbirliği	Zusammenarbeit
birlik sağlamak	Einigkeit schaffen
-le birlikte (→ beraber)	zusammen mit, gemeinsam
-le birlikte olmak	mit ... zusammensein
birtakım (+ *pl.*)	manche, einige; so gewisse
birtakım insanlar	einige / bestimmte Leute
bisiklet *fr.*	Fahrrad
bisiklete binmek	radfahren; aufs Rad steigen
bisikletli	Radfahrer
bitki	Pflanze
bitki yetiştirmek	Pflanzen züchten
bitkisel	Pflanzen-, pflanzlich
bitmek, -er	zu Ende gehen, enden, aufhören
: başlamak	
Bitti.	Fertig. Aus. Punktum.

Oyun berabere bitti.		Das Spiel endete unentschieden.
bitirmek		beenden, zu Ende führen, aufhören lassen
: başlamak		
İşlerimizi bugün bitirelim.		Wir wollen unsere Angelegenheiten heute erledigen.
İşimi bitirdim.		Ich bin fertig mit meiner Arbeit.
biz		wir
biz hepimiz		wir alle
bluz *fr.*		Bluse
boğaz		1. Hals, 2. Meerenge
İstanbul Boğazı / Boğaziçi		Bosporus
Çanakkale Boğazı		Dardanellen
bol		1. reichlich, in großer Menge, 2. weit, lose *(Kleidung)*
1.: az 2.: dar		
„Bol şanslar!"		„Viel Glück!"
bol bol		überreichlich
borç, -cu		Schulden; Anleihe, Darlehen
Borcum ne kadar?		Wieviel schulde ich (Ihnen)?
-den borç almak		bei ... Schulden machen, ein Darlehen aufnehmen
-e borç vermek		jmdm. ein Darlehen geben, Geld borgen
borcunu ödemek		seine Schulden zurückzahlen
borçlu		schuldig, Schuldner
boş		1. leer, 2. frei, unbesetzt
: dolu		
Burası boş mu?		Ist dieser Platz frei?
Boş yeriniz var mı?		Haben Sie noch freie Plätze?
Bugün boşum.		Heute habe ich frei.
boş zaman / vakit		Freizeit
Boş zamanlarınızda ne yaparsınız?		Was machen Sie in Ihrer Freizeit?
boş yere		unnütz, vergebens
Boş ver!		Laß doch! Nimm es nicht so tragisch!
boşuna		umsonst
boşuna uğraşmak		sich vergeblich abmühen
boşalmak		1. leer werden, 2. frei werden
: dolmak		
boşaltmak		aus-, entleeren, ausräumen, entladen
: doldurmak		
yük boşaltmak		entladen, ausladen *(intr.)*
boy		1. Gestalt, 2. Größe, Länge
2.: en		
Boyunuz kaç?		Wie groß sind Sie?
kısa / uzun boylu		klein / groß gewachsen
boyuna		ständig, ununterbrochen *(adv.)*

boyunca	*(eine Strecke)* entlang, *(eine Zeit)* hindurch
yol boyunca	auf dem ganzen Weg
bütün yıl boyunca	das ganze Jahr hindurch
boya	Farbe, Farbstoff, Anstrich
boya kalemi / boyalı kalem	Farbstift
suluboya	Wasserfarbe, Aquarellfarbe
yağlıboya	Ölfarbe
boyacı	1. Anstreicher, Maler, 2. Schuhputzer
boyalı	gefärbt, gestrichen
„Dikkat, boyalıdır."	„Frisch gestrichen"
boyamak	malen, färben, (an)streichen
ayakkabı boyamak	Schuhe putzen
boyanmak	sich schminken
boyun, -ynu	Hals
birisine boyun eğmek	jmdm. gehorchen
bozmak, -ar	kaputtmachen, zerstören, ruinieren
para bozmak	Geld wechseln
para bozdurmak	Geld wechseln lassen
bozulmak	1. kaputtgehen, 2. verdorben werden
bozuk, -ğu	1. kaputt, defekt, ruiniert, 2. verdorben, schlecht
bozuk para	Kleingeld, Wechselgeld
böcek, -ği	Insekt, Käfer
bölge	Gebiet, Gegend, Raum, Zone
Akdeniz Bölgesi	Mittelmeergebiet (der Türkei)
Karadeniz Bölgesi	Schwarzmeergebiet (der Türkei)
orman bölgesi	Waldgebiet
dağlık bölge	Bergland
yaya bölgesi	Fußgängerzone
bölmek, -er	spalten, teilen; dividieren
ikiye bölmek	durch zwei teilen, in zwei Teile teilen, halbieren
10'u 2'ye bölmek	10 durch 2 teilen
On bölü iki, eşittir beş.	10 geteilt durch 2 ist gleich fünf
bölme (işlemi)	Teilung, Division
bölüm (→ kısım)	Abteilung; Abschnitt, Sektor
börek, -ği	Pastete
böyle	1. so, 2. ein solcher, so ein
Hep böyle yaparsın!	So machst du es immer!
Ne yapalım, böyle oldu!	Was kann man tun, es ist nun mal so!
Böyle olmaz.	So geht es nicht.
„İşte böyle!"	„So ist es!"
böyle bir şey	so etwas
böyle bir insan	ein solcher Mensch

böyle insanlar	solche Menschen
böylece	dadurch, auf diese Weise
şöyle böyle	nicht besonders, so so
bu, -nu	1. dies, 2. dieser
Bu kadar!	Das ist alles! Genug damit!
Hepsi bu kadar.	Das ist alles.
buna göre	dementsprechend
buna karşı / karşılık	demgegenüber, dagegen
buna karşın	demgegenüber; trotzdem
bundan	davon, daraus
bundan başka	außerdem
bundan sonra	danach; ab jetzt
bunun dışında	außerdem, darüber hinaus
bunun yerine	statt dessen
bunun üzerine	1. darüber, 2. daraufhin, hierauf, 3. danach, dann
bunun için	1. dafür, 2. deshalb
bunun gibi	1. so, 2. solcher
bununla birlikte / beraber	jedoch, aber, indessen
bunun yanısıra	daneben, damit einhergehend
bu sabah	heute morgen
bu akşam	heute abend
bu gece	heute nacht
bu arada	währenddessen, inzwischen, indessen
bu kez / defa	diesmal
bu defalık	(nur) für dieses Mal
buçuk, -ğu	-einhalb
bir buçuk	eineinhalb
bir buçuk saat	anderthalb Stunden
Saat dokuz buçuk.	Es ist halb zehn.
bugün	heute
bugün öğleden önce / sonra	heute vormittag / nachmittag
bugün öğleyin	heute mittag
bugün akşamüzeri	heute gegen abend
hemen bugün	noch heute
bugüne kadar / değin	bis heute
bugünden itibaren	von heute an
haftaya bugün	heute in einer Woche
Bugün günlerden ne?	Welchen Wochentag haben wir heute?
Bugün ayın kaçı?	Der Wievielte ist heute?
Bugün ayın yirmisi.	Heute haben wir den 20.
bugünlerde	zur Zeit, in diesen Tagen
bugünkü	heutig
bugünkü gazete	die heutige Zeitung

bugünkü dünya	die Welt von heute
bugünkü Türkiye	die Türkei von heute
buhar *ar.*	Dampf
buharlı	Dampf-
buharlı ütü	Dampfbügeleisen
buharlaşmak	verdampfen
bulaşık, -ğı	benutztes / schmutziges Geschirr
bulaşık yıkamak	Geschirr spülen
bulaşmak	übertragen werden *(Krankheit)*
bulaşıcı	ansteckend
bulaşıcı hastalık	ansteckende Krankheit
bulmaca	Rätsel
bulmak, -ur (2. → keşfetmek, 3. → icat etmek)	1. finden, 2. entdecken, 3. erfinden
1.: kaybetmek	
Kitabı buldum.	Ich habe das Buch gefunden.
iyi / kötü / doğru / yanlış / güzel / çirkin bulmak	gut / schlecht / richtig / falsch / schön / häßlich finden
çözüm / çare bulmak	eine Lösung / Mittel und Wege finden
Bu düşüncemi nasıl buluyorsunuz?	Wie finden Sie meine Idee?
Evi çok kolay buldum.	Ich habe das Haus leicht gefunden.
Aradığım mutluluğu buldum.	Ich habe das Glück gefunden, das ich suchte.
O, suçu bende buluyor.	Er will die Schuld mir zuschieben.
O, beni haklı buluyor.	Er findet, daß ich Recht habe.
Amerika'yı kim buldu?	Wer hat Amerika entdeckt?
Ampulü kim buldu?	Wer hat die Glühbirne erfunden?
-de **bulunmak**	sich bei ... befinden
Sizde Türkçe kitap bulunur mu?	Gibt es bei Ihnen türkische Bücher?
bulunmuş eşya	Fundsachen
buluş (→ icat)	Erfindung
-le **buluşmak**	sich mit ... treffen, mit ... zusammenkommen
bulut	Wolke
bulutlu	wolkig, bewölkt
Bugün hava bulutlu.	Heute ist es bewölkt.
bulutsuz	heiter, wolkenlos
bulutlanmak	sich bewölken
Hava bulutlandı.	Es ist trüb geworden.
bulvar *fr.*	Boulevard
***bura-**	*(In der Hochsprache sind nur Formen mit Suffix gebräuchlich.)*
burada	hier
„Buradayım."	„Ich bin hier."

Burada değil.	Er ist nicht hier.
„İşte burada."	„Da ist es ja."
buradan	von hier
„Buradan açınız."	„Hier öffnen."
buraya	hierher
„Buraya gel!"	„Komm her!"
buraya kadar	bis hierher
buranın en iyi lokantası	das schönste Restaurant hier, das schönste hiesige Restaurant
burası	dieser Ort hier
Burası neresi?	Wie heißt der Ort hier? Wo sind wir hier?
buralı	hier einheimisch, von hier stammend
Buralı mısınız?	Sind Sie von hier?
burun, -rnu	Nase
Burnum akıyor.	Mir läuft die Nase.
burnunu silmek / temizlemek	sich die Nase putzen
buruşmak	Falten bilden, sich runzeln
buruşuk	runzlig, faltig
buyruk, -ğu (→ emir)	Befehl
buyurmak (→ emretmek)	1. befehlen, 2. *(in höflicher Anrede)* zu ... geruhen
„Buyrun!"	„Bitte sehr!"; „Bedienen Sie sich, bitte!" „Bitte, treten Sie ein!"
„Buyrun oturun."	Bitte nehmen Sie Platz.
„İçeriye buyrun!"	Kommen Sie bitte herein! Treten Sie bitte ein.
„Bize de buyrun."	Besuchen Sie auch uns.
„Bize buyurmaz mısınız?"	Wollen Sie nicht einmal zu uns kommen?
buz	Eis
buz gibi	eiskalt
buzdolabı	Kühlschrank
büro *fr.*	Büro
bütçe *fr.*	Budget, Etat
bütün	1. *(+ sn.)* ein ganzer, 2. *(+ pl.)* sämtliche, alle
bütün gün	der ganze Tag, den ganzen Tag
bütün insanlar	alle Leute
büsbütün	gänzlich
bütünüyle (→ tamamen)	ganz und gar
büyük, -ğü	1. groß, 2. älter
: küçük	
büyük bir başarı	ein großer Erfolg
büyük bir kalabalık	eine große Menschenmenge

büyük kızım	meine ältere Tochter
O benden beş yaş daha büyük.	Er ist 5 Jahre älter als ich.
büyükler	die älteren Leute; die Großen
büyüklük	Größe
bu büyüklükte	in dieser Größe
aynı büyüklükte	gleich groß
Büyüklüğü ne kadar?	Wie groß ist es?
büyümek	1. groß werden; große Ausmaße annehmen, 2. aufwachsen; wachsen
Delik gittikçe büyüyor.	Das Loch wird immer größer.
Biz birlikte büyüdük.	Wir sind zusammen aufgewachsen.
büyütmek	1. vergrößern, erweitern. 2. erziehen
çocuk büyütmek	Kinder aufziehen
sorunu büyütmek	das Problem übertreiben
İşimizi büyütmek istiyoruz.	Wir wollen unsere Geschäfte ausweiten. Wir wollen uns vergrößern.

C

cadde *ar.*	Straße
İstiklâl Caddesi	İstiklâl-Straße
caddeyi / caddeden geçmek	über die Straße gehen, die Straße überqueren
cahil *ar.* (−.)	unwissend, dumm; ungebildet
cahillik	Unwissenheit
cam *pe.*	1. (das Material) Glas, 2. Glasscheibe, Fensterscheibe
camdan	aus Glas
cam eşya	Glaswaren
cami *ar.* (−.)	Moschee
Sultan Ahmet Camisi / Camii	Sultan Ahmet Moschee
can *pe.*	Seele; Leben; Herz *(übertr.)*
candan	von Herzen
„Candan teşekkürler."	„Mit aufrichtigem Dank."
„Sizi candan kutlarım."	„Ich gratuliere Ihnen herzlich."
Canım acıdı.	Es hat mir sehr weh getan.
-den canı çıkmak	todmüde werden durch ...
Çalışmaktan canım çıktı.	Ich bin vom Arbeiten ganz kaputt.
(-i) canı istemek	wollen, auf ... Lust haben
Bugün canım evde kalmak istiyor.	Heute will ich zu Hause bleiben.
Canım istemiyor.	Ich habe keine Lust.
Canı isterse bizimle gelsin.	Wenn er Lust hat, soll er mit uns kommen.
Canı isterse!	Wenn er nicht will, dann nicht!

canı sıkılmak	sich langweilen
Canım sıkılıyor.	Ich langweile mich.
-e canı sıkılmak	wegen ... bedrückt sein
Bu işe çok canım sıkıldı.	Diese Angelegenheit bedrückt mich sehr. Diese Angelegenheit macht mir schwer zu schaffen.
can sıkıcı	1. langweilig, 2. ärgerlich
can sıkıntısı	Langweile; Beklemmung
canlı	1. Lebewesen, 2. lebendig, 3. lebhaft, energisch
cankurtaran	Ambulanz; Lebensretter; Rettungsring
ceket *fr.*	Jacke
cemiyet *ar.* (→ dernek)	Gesellschaft
cep, -bi *ar.*	Tasche eines Kleidungsstücks
cebine koymak	in die Tasche stecken
elini cebine sokmak	die Hände in die Taschen stecken
cebinden çıkarmak	aus der Tasche herausnehmen
cep defteri	Notizbuch
cesaret *ar.* (.−.)	Mut
-e cesaret etmek	... wagen, zu ... wagen
Buna cesaret edemem.	Das wage ich nicht.
-e cesareti olmak	Mut haben zu ...
Ona gerçeği söylemeye cesaret etmişti.	Er hatte den Mut, ihm die Wahrheit zu sagen.
cesaret vermek	Mut machen
cesaretini kaybetmek	den Mut verlieren, den Mut sinken lassen
cesaretli	mutig
cesaretsiz	mutlos, feige
cesaretlenmek	Mut fassen
cesur *ar.*	mutig
Cesur ol!	Nur Mut!
cetvel *ar.*	Lineal
cevap, -bı *ar.* (→ yanıt) : soru	Antwort
-e cevap vermek	beantworten
-i cevaplandırmak	beantworten
ceza *ar.* (.−)	Strafe, Bestrafung
-e ceza vermek	jmdn. bestrafen
-e ceza kesmek / yazmak	jmdm. eine Geldstrafe auferlegen
ceza ödemek	Strafe zahlen
cezalandırmak	bestrafen
cezaevi (→ hapishane)	Strafanstalt
ciddi *ar.* (.−)	ernst, ernsthaft; seriös
ciddi bir adam	ein seriöser Mann

ciddi bir durum	eine ernste Situation
ciddi olarak	im Ernst
ciddi söylemek	es ernst meinen
Ciddi mi söylüyorsun?	Ist das wirklich dein Ernst?
cilt, -di *ar.*	Einband; Band
birinci cilt	erster Band
ciltli	gebunden
ciltsiz	ungebunden
iki ciltli / ciltlik	zweibändig
cinayet *ar.* (.−.)	Mord
cinayet işlemek	einen Mord begehen
cins *ar.*	1. Gattung, 2. Geschlecht, 3. Kategorie, Art; Qualitäts-
iyi cins	Qualitätssorte, von guter Sorte
cinsiyet *ar.*	Geschlecht
cisim, -smi *ar.*	1. Gegenstand, 2. Körper *(phys.)*
coğrafya *ar. gr.*	Geographie
coşku (→ heyecan)	leidenschaftliche Erregung
coşmak, -ar	begeistert sein / werden, aufgeregt werden
cumhurbaşkanı	Präsident der Republik
cumhuriyet *ar.* (.−.'.)	Republik
Türkiye Cumhuriyeti	Republik Türkei
cümle *ar.* (→ tümce)	Satz
cümle kurmak	einen Satz bilden

Ç

çaba	Bemühung, Fleiß
-e çaba göstermek / harcamak	sich um … / in Sachen … bemühen, auf … Mühe verwenden
çabuk, -ğu	schnell
: yavaş	
„Çabuk!" / „Çabuk ol!"	„Schnell!" „Beeile dich!"
çabuk çabuk	ganz schnell, sehr rasch
mümkün olduğu kadar çabuk	so schnell wie möglich
çağ	Epoche
eskiçağ	Altertum
ortaçağ	Mittelalter
yeniçağ	Neuzeit
yakınçağ	Industriezeitalter
atom çağı	Atomzeitalter

uzay çağı	Weltraumzeitalter
çağdaş	Zeitgenosse, zeitgenössisch; modern
-i **çağırmak**	1. rufen, ausrufen, 2. einladen
polis çağırmak	die Polizei rufen
yardıma çağırmak	zu Hilfe rufen
çaya / yemeğe çağırmak	zum Tee / Essen einladen
çağrı (→ davet)	Einladung
çakmak, -ar	einschlagen
çivi çakmak	einen Nagel einschlagen
çakmak	Feuerzeug
çalgı	Musikinstrument
çalgı çalmak	ein Musikinstrument spielen
çalışkan	fleißig
: tembel	
çalışmak	1. arbeiten, 2. in Betrieb sein, funktionieren
-meye çalışmak	sich bemühen zu …
Asansör çalışmıyor.	Der Aufzug ist außer Betrieb
ders çalışmak	für den Unterricht lernen, Hausaufgaben machen
çalışma	Arbeit, Werk; Studie
çalışma saatleri	Arbeitsstunden
çalışma süresi	Arbeitszeit
çalıştırmak	1. beschäftigen, 2. in Betrieb setzen
çalkalamak	ausspülen
çalmak, -ar	1. läuten, klingeln, 2. ein Instrument spielen, 3. stehlen
kapıyı çalmak	an die Tür klopfen
zili çalmak	klingeln
piyano çalmak	Klavier spielen
plak çalmak	eine Schallplatte spielen
çalar saat	Wecker
çam / çam ağacı	Nadelbaum; Kiefer
çamaşır *pe.*	Wäsche
temiz / kirli çamaşır	saubere / schmutzige Wäsche
çamaşır makinesi	Waschmaschine
çamaşır değiştirmek	die Wäsche wechseln
çamaşır yıkamak	Wäsche waschen
çamur	Schlamm, Straßenschmutz, Matsch
çamurlu	schmutzig, mit Schlamm bedeckt / besudelt
çanta	Handtasche, Tragetasche
evrak çantası	Aktentasche
para çantası	Geldbeutel
seyahat çantası	Reisetasche
çare *pe.* (−.)	Ausweg; Abhilfe; Heilmittel

-e çare aramak	für … Mittel und Wege suchen
-e çare bulmak	für … Abhilfe schaffen
-in çaresine bakmak	in Sachen … nach Abhilfe trachten
Hiç çaresi yok.	Dagegen läßt sich nichts machen.
çaresiz	1. hilflos, wehrlos, 2. unheilbar
çaresiz kalmak	keinen Ausweg finden
çaresizlik	Ausweglosigkeit, Notlage
çarpı	1. Multiplikation, 2. mal
çarpı (işareti)	Multiplikationszeichen
İki çarpı beş, eşittir on.	2 mal 5 ist gleich 10.
çarpışmak	zusammenstoßen
Otobüsle tren çarpıştı.	Der Bus und der Zug sind zusammengestoßen.
çarpmak, -ar	1. stoßen, schlagen, niederstoßen, 2. multiplizieren
üçle ikiyi çarpmak	3 mit 2 multiplizieren
-e çarpmak	anstoßen
Güneş çarptı.	(Er) hat einen Sonnenstich bekommen. (Ihn) hat die Sonne erwischt.
çarşaf *pe.*	Bettuch, Bettlaken
çarşaf değiştirmek	die Bettwäsche wechseln
çarşı *pe.*	Markt, Basar, Ladenstraße
çarşıya gitmek	zum Einkaufen gehen
çatal	Gabel
çatı	Dach, Giebeldach
çatlak, -ğı	Riß, Spalte
çatlamak	einen Riß / Sprung bekommen, platzen
çay	Tee
bir bardak çay	ein Glas Tee
çay pişirmek	Tee kochen
çay koymak	Tee einschenken
çaya çağırmak	zum Tee einladen
çay saati	Teestunde
çaydanlık	Teekännchen, Wasserkessel; Set aus kleinem Teekännchen und Wasserkessel
çayır	Weide, Wiese
çekingen	zurückhaltend, zögernd; schüchtern
-den **çekinmek**	1. sich vor … genieren, 2. … vermeiden, sich zurückziehen, sich zurückhalten
çekmece	Schublade
çekmek, -er	1. ziehen, 2. erleiden
1.: itmek	
dikkati çekmek	die Aufmerksamkeit auf sich ziehen
para çekmek	Geld abheben

-in fotoğrafını / fotokopisini çekmek	... fotografieren / fotokopieren
kopya çekmek	abschreiben, spicken
-e telgraf çekmek	jmdm. telegraphieren
sıkıntı çekmek	in Not leben
-de sıkıntı çekmek	in Sachen ... Schwierigkeiten haben
çelik, -ği	Stahl
çelikten	aus Stahl
çelişki	Widerspruch
çelişkili	widersprüchlich
çene *pe.*	Kinn
çenesi düşük	geschwätzig, schwatzhaft
çene çalmak	schwatzen
çenesini tutmak	den Mund halten
çerçeve *pe.*	Rahmen, Tür-, Fensterrahmen
... çerçevesinde	im Rahmen von ...
resim çerçevesi	Bilderrahmen
gözlük çerçevesi	Brillengestell
çeşit, -di (→ tür)	Art, Sorte
bu çeşit	ein solcher
her çeşit	aller Art
her çeşit şey	Waren aller Art
çeşit çeşit	von verschiedener Art, allerlei
çeşitli (→ türlü, muhtelif)	verschiedene
çeşitli şeyler	verschiedene Sachen
çeviri (→ tercüme)	Übersetzung
-den çeviri yapmak	aus ... übersetzen
çevirmek (2. → tercüme etmek)	1. wenden; drehen, 2. übersetzen
arkasını çevirmek	den Rücken zuwenden
sayfayı çevirmek	umblättern
Türkçeye çevirmek	ins Türkische übersetzen
Türkçeden Almancaya çevirmek	aus dem Türkischen ins Deutsche übersetzen
film çevirmek	einen Film drehen
geri çevirmek	zurückweisen, zur Umkehr veranlassen
çevirmen (→ tercüman)	Übersetzer, Dolmetscher
çevre (→ etraf)	Umkreis, Umgebung; Umwelt
İstanbul çevresinde	in der Umgebung von İstanbul
-in çevresinde	um ... herum
evin çevresinde	rund um das Haus
arkadaş çevresi	Freundeskreis
çevre kirlenmesi	Umweltverschmutzung
çeyrek, -ği *pe.*	Viertel; Viertelstunde
bir çeyrek saat	eine Viertelstunde
üç çeyrek saat	drei Viertelstunden

Saat on ikiye çeyrek var.	Es ist Viertel vor zwölf.
Saat onu çeyrek geçiyor.	Es ist Viertel nach zehn.
saat bire çeyrek kala	um Viertel vor eins
saat on biri çeyrek geçe	um Viertel nach elf
çıkar (→ menfaat)	Vorteil, Gewinn
-den çıkarı olmak	bei ... Gewinn machen, an ... profitieren
çıkarcı	nur auf seinen eigenen Vorteil bedacht, Profitgeier
çıkarmak 1.: sokmak 2.: giymek 3.: toplamak	1. herausnehmen, 2. ausziehen; abnehmen, absetzen *(Hut u. dgl.)*, 3. subtrahieren
dışarı çıkarmak	hinausschaffen
Paltonuzu / mantonuzu çıkarmaz mısınız?	Wollen Sie nicht Ihren Mantel ablegen?
Cebinden bir fotoğraf çıkardı.	Er zog ein Foto aus seiner Tasche.
birisine zorluk çıkarmak	jmdm. Schwierigkeiten machen
sorun / mesele çıkarmak	Schwierigkeiten bereiten
Bundan şu anlam çıkar: ...	Das bedeutet: ...
çıkarma (işlemi)	Subtraktion
çıkış : giriş	Ausgang, Ausfahrt
çıkmak, -ar 1.: girmek 2.: inmek	1. herauskommen, hinausgehen, 2. hinaufgehen, steigen; klettern, 3. erscheinen *(Buch)*
-den çıkmak	aus ... hinausgehen
Şimdi evden çıktı.	Er ist gerade von zu Hause weggegangen.
Buradan çıktı.	Er wohnt nicht mehr hier. Er ist weg.
Bundan ne çıkar!?	Was kommt dabei heraus?!
Ondan para çıkmaz.	Von ihm ist kein Geld zu erwarten.
-e çıkmak	auf ... hinaufgehen, auf ... steigen; auf ... klettern
üst kata çıkmak	in den obersten Stock hinaufgehen
dağa çıkmak	auf den Berg steigen
ağaca çıkmak	auf den Baum klettern
dışarı / dışarıya çıkmak	hinaus gehen, an die Luft gehen
yukarı / yukarıya çıkmak	herauf gehen
-e çıkmak	auf ... hinaus gehen
sokağa çıkmak	auf die Straße gehen
balkona çıkmak	auf den Balkon gehen
bahçeye çıkmak	in den Garten gehen
dolaşmaya çıkmak	ausgehen
alışverişe çıkmak	zum Einkaufen gehen
seyahate çıkmak	verreisen, auf Reisen gehen

Buradan çıkılır!	Hier heraus!
çıkmaz sokak	Sackgasse
çıplak, -ğı	nackt
çırılçıplak	splitternackt
çiçek, -ği	Blume, Blüte
bir demet çiçek	ein Strauß Blumen
çiçek açmak	blühen
Bütün ağaçlar çiçek açtı.	Alle Bäume blühten.
çiçek yetiştirmek	Blumen züchten
çiçek toplamak	Blumen pflücken
çiçekçi	Blumenhändler; Blumengeschäft
çift *pe.*	Paar; Doppel-; Ehepaar
bir çift ayakkabı / eldiven	ein Paar Schuhe / Handschuhe
çift sayılar	gerade Zahlen
genç bir çift	ein junges (Ehe)paar
çiftçi	Bauer
çiftçilik	Landwirtschaft
çiftlik	Bauernhof
çiğ	roh, ungekocht
: pişmiş	
çiğ yumurta	rohes Ei
-i **çiğnemek**	1. kauen, 2. ... zertreten, ... überfahren
sakız / çiklet çiğnemek	Kaugummi kauen
Araba bir çocuk çiğnedi.	Der Wagen überfuhr ein Kind.
çikolata *it.*	Schokolade
çikolatalı	mit Schokolade, mit Schokolade hergestellt
çimen	Rasen, Gras; Rasenplatz
çimenlik	Rasenplatz, Grünanlage, Wiese
çirkin	häßlich
: güzel	
çivi	Nagel
çivi çakmak	einen Nagel einschlagen
çizgi	Linie, Strich; Streifen
çizgi çizmek	Linien ziehen
çizgili	liniert
çizme	Stiefel
çizmek, -er	1. zeichnen, 2. ausstreichen
resim çizmek	ein Bild zeichnen
plan çizmek	einen Plan zeichnen
-in altını / üstünü çizmek	... unterstreichen / durchstreichen
çocuk, -ğu	Kind
küçük / büyük çocuk	kleines / großes Kind
çocuk yuvası	Kindergarten

Çocuklar! Sevgili çocuklar!	Kinder! Liebe Kinder!
çoğalmak	sich vermehren
: azalmak	
çoğaltmak	vermehren, vervielfältigen
çoğu	die meisten
çoğu kişi	die meisten Leute
çoğumuz	die meisten von uns
çoğunuz	die meisten von euch
çoğu kez / zaman	meistens
çoğunluk, -ğu	Mehrheit
çoğunlukla	mehrheitlich, mit Mehrheit
çok, -ğu	1. viel, sehr, 2. zahlreiche, viele
: az	
Çok iyi!	Sehr gut!
pek çok	sehr viel; sehr viele
çok fazla	viel zuviel, viel zu sehr, übermäßig
en çok	höchstens
„Çok güzel!"	„Prima!" „Sehr schön!"
„Çok teşekkürler!"	„Vielen Dank!"
Çok hoşuma gitti.	Es gefiel mir sehr.
Bu yemek bana çok geldi.	Das Essen war / ist zu viel für mich.
çoktan / çoktandır	seit langer Zeit, seit langem
çoktan beri	seit langer Zeit
çorap, -bı *ar.*	Strumpf, Socke
kısa / uzun çorap	kurze / lange Strümpfe
külotlu çorap	Strumpfhose
çorba *pe.*	Suppe
çorba içmek	Suppe essen
çökmek, -er	sich senken, niedersinken, einstürzen
diz çökmek	knien
çöp	Abfall, Müll
çöpçü	Müllmann
çözmek, -er	lösen, aufbinden
düğümü çözmek	den Knoten lösen
problemi çözmek	das Problem lösen
çözüm	Lösung
çözüm yolu	Lösungsweg
çukur	Loch, Grube
çünkü *pe.*	weil, denn
çürük, -ğü	verfault; kariös
çürük diş	kariöser Zahn
çürümek	faulen, verwesen, morsch werden, kariös werden

D

da / de	auch
ben de	ich auch
Ben de teşekkür ederim.	Ich danke auch.
„İyi tatiller!" – „Size de!"	„Schöne Ferien!" – „Ebenfalls!"
bir de	und außerdem
ikisi de	alle beide
üçü de	alle drei *(subst.)*
hiç de *(+ neg.)*	schon gar nicht, überhaupt nicht
dağ	Berg
dağa çıkmak / tırmanmak	auf den Berg steigen / klettern
dağın eteği / tepesi	der Fuß des Berges / der Gipfel des Berges
dağlık bölge	gebirgige Gegend
dağınık, -ğı	aufgelöst, auseinandergegangen, durcheinandergeraten
dağıtmak	1. verteilen, austeilen, 2. in Unordnung bringen
daha	1. *(zur Komparativbildung beim Adjektiv)*, 2. noch; bis jetzt, 3. noch mehr, noch weiter
daha iyi	besser
daha kötü	schlechter
daha çok / fazla	mehr
gittikçe daha çok	immer mehr
Daha başka ne var?	Was gibt es sonst?
daha önce	früher; vorher
daha sonra	später; danach
Daha gelmedi.	Er ist noch nicht gekommen.
daha şimdiden	noch jetzt, schon jetzt, bereits
daha bugün / dün	erst heute / gestern; noch heute / gestern
biraz daha	noch ein wenig
Biraz daha ister misiniz?	Möchten Sie noch ein wenig?
bir daha	noch einmal, nochmals
bir bu kadar daha	noch einmal so viel
daha doğrusu	besser gesagt
Daha gidelim mi?	Wollen wir noch weiter gehen?
dahil *ar.* (−.)	einschließlich
: hariç	
ben de dahil olmak üzere hepimiz	wir alle einschließlich mir
katma değer vergisi (KDV) dahil	einschließlich Mehrwertsteuer
daima *ar.* (−.−) (→ sürekli)	immer, jedesmal
daire *ar.* (−..)	1. Kreis, 2. Amt, 3. Wohnung, Appartement

17 no. lu daire	Appartement Nummer 17
resmi daire	Amt
dakika *ar.*	Minute
Bir dakika lütfen!	Einen Moment! Einen Augenblick bitte!
Bir dakika bakar mısınız!	Würden Sie mir bitte mal eben helfen!
daktilo *fr.* (→ yazı makinesi)	Schreibmaschine
-i daktilo etmek	... abtippen
daktilo yazmak	tippen *(intr.)*
dal	1. Zweig, Ast, 2. Abteilung
dalga	Welle
kısa / uzun dalga	Kurz- / Langwelle
dalgalı	wellig
dalgalı deniz	rauhe See
dalgalanmak	sich wellen
Bayrak dalgalanıyor.	Die Fahne weht.
dalmak, -ar	tauchen; ein-, unter-, versinken; sich in ... vertiefen
düşünceye dalmak	sich in Gedanken vertiefen
uykuya dalmak	einschlafen
damga	Stempel; Poststempel
damgalı	abgestempelt
damgasız	ungestempelt
damgalamak	abstempeln
damgalatmak	stempeln lassen
damla	Tropfen
bir damla	ein wenig
damla damla	tropfenweise
damlamak	tröpfeln, tropfen, rinnen
damlatmak	Tropfen fallen lassen
-e **danışmak**	jmdn. befragen, um Rat fragen
birisine akıl / fikir danışmak	sich bei jmdm. Rat holen
danışma (→ müracaat)	Auskunft
danışma bürosu	Auskunftsbüro
dar	1. eng, schmal, 2. knapp, beschränkt, gering
1.: geniş 2.: bol	
dar gelmek	zu eng sein
Bu oda bana dar geliyor.	Dieses Zimmer ist mir zu klein.
dar gelirli	mit geringem Einkommen
dava *ar.* (− −)	Prozeß, Rechtsstreit
haklı bir dava	eine gerechte Sache
birisini dava etmek	Prozeß führen gegen ...
dava açmak	verklagen
davet *ar.* (−.) (→ çağrı)	Einladung
birisini davet etmek	... einladen

yemeğe / çaya davet etmek	zum Essen / Tee einladen
davetiye	Einladungskarte
davranmak	sich verhalten; handeln, vorgehen
birisine karşı iyi / kötü davranmak	jmdn. gut / schlecht behandeln
davranış	Verhalten, Art und Weise des Handelns
-e **dayanmak** (2. → tahammül etmek)	1. sich auf ... stützen, auf ... begründet sein, 2. ... aushalten, ... ertragen
-e dayanarak	sich auf ... stützend, ... zufolge
Artık dayanamıyorum.	Ich halte es nicht mehr aus.
dayanıklı	solide, haltbar; ausdauernd, widerstandsfähig
ateşe dayanıklı	feuerbeständig
dayı	Onkel *(Bruder der Mutter)*
dede	Großvater
dedikodu	Klatsch
dedikodu yapmak / etmek	klatschen
defa *ar.* (.−) (→ kez, kere, sefer)	Mal
bir defa	einmal
bir defa daha	noch einmal
iki defa	zweimal
birkaç / bir iki defa	einige Male
ilk defa	zum ersten Mal
son defa	zum letzten Mal, ein für allemal
geçen defa	voriges Mal
gelecek defa	das nächste Mal
kaç defa	wieviele Male, wie oft
defalarca	oftmals, mehrere Male
„Defol!"	„Hau ab!" „Verschwinde!" „Raus!"
defter *gr. ar.*	Heft
değer (→ kıymet)	Wert, Preis
Bunun değeri ne?	Was für einen Wert hat das?
değerlendirmek	1. nützen *(tr.)*, 2. beurteilen
elindeki olanakları değerlendirmek	die vorhandenen Möglichkeiten nützen
Bu olayı nasıl değerlendiriyorsunuz?	Wie beurteilen Sie dieses Ereignis?
değerli	wertvoll, kostbar
değersiz	wertlos
değil	nicht
Değil mi?	Nicht wahr?
Öyle değil mi?	Ist es nicht so?
İkisi de iyi değil.	Keines von beiden ist gut.
Mavi değil, yeşil.	Es ist nicht blau, sondern grün.
hiç değil / hiç de değil	überhaupt nicht, gar nicht
fena değil	nicht schlecht
değin (→ kadar 2) *(postp. + dat.)*	bis

değişik	verändert, anders, andersartig
değişiklik	Änderung; Abwechslung
değişiklik yapmak	in / an ... eine Abänderung vornehmen
değişmek	1. sich ändern; wechseln *(intr.)*, 2. sich verändern
Program değişti.	Das Programm hat sich geändert.
Hiç değişmemişsin.	Du hast dich überhaupt nicht geändert.
değiştirmek	wechseln, verändern, austauschen, umtauschen, umstellen
Düşüncesini değiştirdi.	Er änderte seine Meinung.
iş değiştirmek	den Arbeitsplatz wechseln
Bu değiştirilemez.	Das läßt sich nicht ändern.
Bu eşyayı değiştirmek istiyorum.	Diese Ware möchte ich umtauschen.
üstünü değiştirmek	sich umziehen
-e **değmek**, -er	1. ... berühren, 2. wert sein
-e değer	-würdig, -wert
görmeye değer	sehenswert
-e değmez	nicht -würdig, nicht -wert
görmeye değmez	nicht sehenswert
Değmez.	Es lohnt sich nicht.
dehşet *ar.*	Schrecken, Entsetzen
dehşet verici	schrecklich, furchtbar, fürchterlich, entsetzlich
dek (→ kadar 2)	bis, bis zum
deli	verrückt; Verrückter
deli gibi	wie ein Narr; wie ein Wilder; sehr wütend
deli olmak	verrückt, irrsinnig werden / sein
delilik	Wahnsinn
delirmek	verrückt werden
delik, -ği	Loch
-e delik açmak	ein Loch in ... bohren / reißen
delikli	löchrig
delikanlı	Jüngling, junger Mann
demek *(pr. diyor)*	1. sagen. 2. bedeuten, heißen. 3. nennen
Ne dediniz?	Was sagten Sie?
O ne diyor?	Was sagt er? Was meint er?
Ne demek istiyorsunuz?	Was wollen Sie damit sagen?
Demek istiyorum ki ...	Ich meine, daß ...
„Demek öyle!"	„So ist es also!"
Bu ne demek?	Was heißt das? Was soll das heißen?
Buna ne derler / denir?	Wie nennt man das?
Buna Türkçede ne denir?	Wie sagt man dafür auf Türkisch?
Bu nasıl denir?	Wie drückt man das aus?
demet *gr.*	Strauß

bir demet çiçek	ein Strauß Blumen
çiçek demeti	Blumenstrauß
demin	vor ein paar Minuten, gerade vorhin
daha demin	noch vor kurzem
deminden beri	seit ein paar Minuten
demir	1. Eisen, 2. eisern
demir gibi	sehr stabil; kerngesund
demiryolu, -nu	Eisenbahn
denemek (→ tecrübe etmek)	versuchen, probieren, ausprobieren, anprobieren
deneme (→ tecrübe)	Versuch, Probe
deneme yapmak	einen Versuch durchführen
denetim (→ kontrol)	Kontrolle, Prüfung, Revision
denetlemek (→ kontrol etmek)	kontrollieren, prüfen
deney	Experiment
deney yapmak	ein Experiment machen
deneyim (→ tecrübe)	Erfahrung
deneyimli	erfahren
deniz	Meer
deniz kenarı	Meeresküste
deniz kenarında	am Meer
denize girmek	im Meer baden
dere *pe.*	Bach
derece *ar.*	1. Grad; Stufe, 2. Thermometer
Bugün hava kaç derece?	Wieviel Grad hat es heute?
sıfırın altında / üstünde ... derece	... Grad unter / über Null
birinci derecede önemli	erstrangig, sehr wichtig
son derece / derecede	äußerst
son derece güzel bir manzara	eine äußerst schöne Aussicht
dergi (→ mecmua)	Zeitschrift
haftalık / aylık dergi	Wochen- / Monatszeitschrift
derhal *pe. ar.*	sofort
deri	Haut; Fell, Leder
bir deri bir kemik	nur Haut und Knochen
hakiki deri	echt Leder
deri ceket	Lederjacke
derin	tief
derin bir çukur	eine tiefe Grube
derin derin düşünmek	tief nachdenken
derin derin uyumak	fest schlafen
„En derin saygılarımla."	„Mit vorzüglicher Hochachtung."
derinlik	Tiefe
on metre derinliğinde	10 m tief
dernek, -ği (→ cemiyet)	Gesellschaft, Verein

öğrenci derneği	Studentenverein
ders *ar.*	1. Unterricht; Unterrichtsstunde, Vorlesung, 2. Lektion
ders vermek	unterrichten
dersini yapmak	seine Hausaufgaben machen
ders çalışmak	Schulaufgaben machen; sich für die Prüfungen *u. dgl.* vorbereiten
ikinci ders	Lektion 2
ders kitabı	Lehrwerk, Schulbuch
dert, -di *pe.*	Kummer, Leid, Sorgen
derdini anlatmak / söylemek	sein Leid klagen
dertli	bekümmert, sorgenvoll
devam *ar.* (.–)	Dauer; Fortsetzung, Folge
„Devamı var."	„Fortsetzung folgt."
„Devamı haftaya."	„Fortsetzung nächste Woche."
„Devamı arkada."	„Fortsetzung nächste Seite."
devam etmek	(an-, fort-)dauern
Ders devam ediyor.	Der Unterricht dauert noch.
-e devam etmek	... fortsetzen, weitermachen
Yola devam edelim.	Gehen / Fahren wir weiter.
Devam et!	Weiter! Mach weiter!
derse / kursa devam etmek	den Unterricht / Kurs besuchen
devamlı (→ sürekli)	dauernd, ununterbrochen; ständig
devir, -vri *ar.*	Epoche, Zeit, Zeitabschnitt
taş devri	Steinzeit
devirmek	umwerfen, umstoßen; umstürzen *(tr.)*
devrilmek	umfallen, umstürzen *(intr.)*
devlet *ar.*	Staat, Reich
devlet adamı	Staatsmann
devlet başkanı	Staatsoberhaupt
federal devlet	Bundesstaat
deyim	Ausdruck, Redewendung
dış	1. äußerer, Außen-, 2. äußere Teile, Außenseite, 3. der Raum außerhalb
: iç	
dış taraf	Außenseite
dış duvar	Außenwand
dış ticaret	Außenhandel
dış hatlar	internationale Fluglinien
... dışında / -in dışında	1. außer, außerhalb von ..., 2. mit Ausnahme von ...
şehir / şehrin dışında	außerhalb der Stadt
Ankara / Ankara'nın dışında	außerhalb von Ankara; mit Ausnahme von Ankara
şehir / kent dışı	das Umland der Stadt

yurtdışı	Ausland
dışalım (→ ithalat)	Import
dışsatım (→ ihracat)	Export
dışarı	hinaus, heraus, nach außen
: içeri	
dışarda / dışarıda	draußen
dışarıdan	von draußen; vom Ausland
dışarıya çıkmak	hinausgehen; an die Luft gehen
diğer *pe.* (→ başka, öteki)	ander-
bir diğeri	ein anderer *(subst.)*
diğer taraftan	andererseits; in anderer Hinsicht
diğer bir mesele	ein anderes Problem
dik	1. steil, 2. aufrecht, gerade
dik bir yokuş	eine steile Gasse; ein steiler Abhang
dik durmak	sich geradehalten, aufrecht stehen
dik başlı	störrisch, stur
dikiş	Näharbeit
dikiş dikmek	nähen *(intr.)*
dikiş makinesi	Nähmaschine
dikkat, -i *ar.*	Aufmerksamkeit, Sorgfalt, Vorsicht
Dikkat!	Achtung! Vorsicht!
„Dikkat, köpek var!"	„Vorsicht, bissiger Hund!"
„Dikkat tehlike!"	„Gefahr!"
-e dikkat etmek	auf ... achtgeben, aufpassen; ... genau überlegen
Çocuğa dikkat et!	Paß auf das Kind auf!
Arabalara dikkat edin!	Passen Sie auf die Autos auf!
Kendine dikkat etmelisin.	Du mußt auf dich gut aufpassen.
Buna hiç dikkat etmemişim.	Darauf habe ich nicht geachtet.
dikkatle	aufmerksam; vorsichtig
-in dikkatini çekmek	...s Aufmerksamkeit auf sich ziehen
Bu nokta benim dikkatimi çekti.	Dieser Punkt hat meine Aufmerksamkeit erregt.
dikkatli	aufmerksam, sorgfältig, vorsichtig
dikkatli olmak	achtgeben
Dikkatli ol!	Sei vorsichtig! Gib acht!
dikkatsiz	unaufmerksam, unvorsichtig
dikkatsizlik	Unaufmerksamkeit, Unvorsichtigkeit
dikmek, -er	1. nähen, 2. einpflanzen
çiçek / ağaç dikmek	Blumen / Bäume einpflanzen
dil	1. Zunge, 2. Sprache
Türk dili	Türkisch
anadili	Muttersprache
yabancı dil	Fremdsprache

yabancı dil öğrenmek	eine Fremdsprache lernen
yabancı dil bilmek / konuşmak	eine Fremdsprache können / sprechen
konuşma dili	Umgangssprache
yazı dili	Schriftsprache
dilek, -ği	Wunsch; Glückwunsch
„En iyi dileklerimle."	„Mit den besten Wünschen."
dilekçe	schriftlicher Antrag
dilekçe vermek	einen schriftlichen Antrag stellen
(-e ...) **dilemek**	(jmdm. etw.) wünschen
(Size) iyi yolculuklar dilerim.	Ich wünsche Ihnen gute Reise!
Bol şanslar dilerim.	Viel Glück!
birisinden -i dilemek	jmdn. um ... bitten
Bunu sizden diliyorum.	Ich bitte Sie darum.
dilim	Scheibe
bir dilim ekmek	eine Scheibe Brot
dilimlemek	in Scheiben schneiden
dilimli / dilimlenmiş	in Scheiben
din *ar.* ((−))	Religion
İslam dini	die islamische Religion, der Islam
dini (−−)	religiös, Religions-
dini bayram	religiöses Fest
(-i) **dinlemek**	... zuhören, ... anhören
müzik dinlemek	Musik hören
radyo dinlemek	Radio hören
haberleri dinlemek	Nachrichten hören
söz dinlemek	auf jemandes Wort hören; gehorchen
dinleyici	Zuhörer, Hörer
„Sayın dinleyiciler!"	„Werte Hörer!"
dinlenmek	ausspannen, sich ausruhen; sich erholen
: yorulmak	
dinlence (→ tatil)	Ferien
dip, -bi	Boden, Grund, tiefste Stelle
denizin dibi	Meeresgrund
dipnot	Fußnote
direk, -ği	Säule
direk *fr.*	direkt, geradewegs
diri	lebend, lebendig
: ölü	
diş	Zahn
Dişim ağrıyor.	Ich habe Zahnschmerzen.
diş / dişini çektirmek	sich einen Zahn ziehen lassen
diş / dişlerini fırçalamak	Zähne putzen
diş fırçası	Zahnbürste
diş macunu	Zahnpasta

dişçi	Zahnarzt
diye	(sich) sagend
Ne yapayım diye sordu.	Er fragte: Was soll ich tun?
Kızar diye bir şey söylemedim.	Ich habe nichts gesagt, weil er (sonst) böse sein würde.
Geç kalmayalım diye acele ettik.	Wir haben uns beeilt, damit wir nicht zu spät kommen.
ne diye (→ niye, niçin)	warum, wozu
diz	Knie
diz çökmek	niederknien
dizi (→ seri)	Reihe, Reihenfolge; Serie
bir dizi sorun	eine Reihe Probleme
dizi film	mehrteiliger Film
dizmek, -er	aufreihen, geordnet aufstellen
-i sıraya dizmek	... aufreihen
doğa (→ tabiat)	Natur
doğa güzellikleri	Naturschönheiten
doğal (→ tabii)	1. natürlich, 2. selbstverständlich
doğal olarak	natürlich *(adv.)*
Çok doğal bir davranış.	Dieses Verhalten ist ganz selbstverständlich.
doğmak, -ar	1. geboren werden, 2. aufgehen *(Sonne, Mond)*
1.: ölmek 2.: batmak	
Ne zaman doğdunuz?	Wann sind Sie geboren?
Nerede doğdunuz?	Wo sind Sie geboren?
1950'de İzmir'de doğdum.	Ich bin im Jahre 1950 in İzmir geboren.
Güneş doğuyor.	Die Sonne geht auf.
doğru	1. richtig, wahr, 2. gerecht, 3. gerade, geradeaus, direkt
1.: yanlış	
Doğru. / Evet doğru.	Richtig. / Ja, richtig.
Bu doğru değil.	Das ist nicht richtig.
Çok doğru.	Sehr richtig. Stimmt.
doğru bir insan	ein gerechter Mensch
doğru gitmek	geradeaus gehen
doğru bulmak	für richtig halten
doğru söylemek	die Wahrheit sagen
: yalan söylemek	
doğrudan doğruya	direkt *(adv.)*
-e doğru	gegen ...; in Richtung auf ...
saat yediye doğru	gegen 7 Uhr
akşama doğru	gegen Abend
batıya doğru	in Richtung Westen
bana doğru	auf mich zu
doğrusu	eigentlich

daha doğrusu	besser gesagt, offengestanden
doğu	1. Osten, Ost-, 2. die Länder Asiens
: batı	
Doğu Anadolu	Ostanatolien
doğuya doğru	in Richtung Osten
-nin doğusunda	östlich von ...
doğum	Geburt
: ölüm	
doğum tarihi	Geburtsdatum
doğum yeri	Geburtsort
Doğum yeriniz ve tarihiniz?	Ihr Geburtsort und Geburtsdatum?
doğum günü	Geburtstag
birisinin doğum gününü kutlamak	1. jmdm. zum Geburtstag gratulieren, 2. jmds. Geburtstag feiern
... doğumlu	im Jahr ... geboren
1965 doğumluyum.	Ich bin Jahrgang 1965.
1981 doğumlular bu yıl okula başlayacak.	Der Jahrgang 1981 kommt dieses Jahr in die Schule.
doğuş	1. Geburt, 2. Aufgang
doğuştan	von Geburt aus
doğuştan bir hastalık	eine angeborene Krankheit
güneşin doğuşu	Sonnenaufgang
doktor *fr.*	Arzt
çocuk doktoru	Kinderarzt
kadın doktoru	Frauenarzt
doktora gitmek	zum Arzt gehen
hastayı doktora götürmek	den Kranken zum Arzt bringen
doktor çağırmak	den Arzt holen
-e **dokunmak**	1. ... berühren, anfassen, 2. nicht gut bekommen
„Lütfen dokunmayınız!"	„Bitte nicht berühren!"
Bana dokunma!	1. Rühr mich nicht an!, 2. Störe mich nicht!
İçki bana dokunur.	Alkoholische Getränke bekommen mir nicht gut.
dolap, -bı *pe.*	Schrank
dolaşmak	spazierengehen, umhergehen
-i dolaşmak	... besichtigen
şehri/kenti dolaşmak	die Stadt besichtigen
parkta dolaşmak	im Park spazierengehen
dolaşmaya çıkmak	ausgehen, spazieren gehen
dolayı *(postp. + abl.)*	wegen ...
bundan dolayı	deshalb
hastalıktan dolayı	wegen der Krankheit

... dolayısıyla | aufgrund ..., anläßlich
Bayram dolayısıyla okullar üç gün tatil. | Wegen der Feiertage haben die Schulen drei Tage frei.

doldurmak | füllen, anfüllen; ausfüllen
: boşaltmak
Şu şişeyi doldur! | Fülle diese Flasche!
Bu belgeleri doldurmanız gerekiyor. | Füllen Sie diese Formulare aus!
dolma | gefüllte Speise
dolmak, -ar | 1. sich füllen, voll werden, 2. ablaufen *(Zeit, Frist)*
1.: boşalmak
Kova doldu. | Der Eimer ist voll (geworden).
Başvuru süresi doldu. | Die Anmeldefrist ist abgelaufen.
Otobüs doldu. | Der Bus ist voll besetzt.
dolmakalem | Füller
dolmuş | Sammeltaxi
dolu | 1. voll, 2. besetzt
: boş
dolu bir bardak | ein volles Glas
dolu bir tabak | ein voller Teller
sevgi dolu bir yürek | ein Herz voller Liebe
umut dolu bir insan | ein Mensch voller Hoffnung
Sokaklar insan dolu. | Die Straßen sind voller Menschen.
yarı yarıya dolu | halbvoll
Hatlar dolu. | Die Leitungen sind besetzt.
Burası dolu mu? | Ist dieser Platz besetzt?
donmak, -ar | frieren, gefrieren *(intr.);* erfrieren
Soğuktan donuyorum. | Ich erfriere fast.
dondurmak | einfrieren *(tr.)*
dondurma | Eiskrem, Speiseeis
dost *pe.* | Freund, guter Freund
: düşman
birisiyle dost olmak | mit ... Freundschaft schließen, mit ... gut Freund sein
dostça | freundschaftlich
birisine (karşı) dostça davranmak | jmdn. freundschaftlich behandeln
dostluk | Freundschaft, freundschaftliches Verhältnis

dosya *fr.* | 1. Mappe, Aktenmappe, 2. Akte
doymak, -ar | satt werden
Doydum. | Ich bin satt.
dökmek, -er | 1. ausgießen, 2. aus-, verschütten
„Buraya çöp dökmeyiniz!" | „Müll abladen verboten!"
dökülmek | abfallen, ausfallen
Saçları döküldü. | Seine Haare sind ausgefallen.

Çay döküldü.	Tee ist verschüttet worden.
dönem	1. Zeitabschnitt, Periode, 2. Runde, Halbzeit
dönmek, -er	1. sich drehen, kreisen, 2. sich umdrehen, umkehren, zurückkehren
sağa / sola dönmek	nach rechts / links abbiegen
geri dönmek	zurückkehren
dönüş	Rückkehr, Rückreise
gidiş-dönüş bileti	Hin- und Rückfahrt
dönüşte	bei der Rückfahrt, auf dem Rückweg
dudak, -ğı	Lippe
duman	Rauch, Smog
dumanlı	neblig, verraucht
durak, -ğı	Haltestelle
otobüs durağı	Bushaltestelle
dolmuş durağı	Sammeltaxi-Haltestelle
durmak, -ur	stehenbleiben, stehen
Burada duralım.	Halten wir hier an.
Saat durmuş.	Die Uhr ist stehengeblieben.
durmadan / hiç durmadan	ununterbrochen, unaufhörlich
durdurmak	anhalten *(tr.)*
durum (→ vaziyet)	Zustand, Lage
Durum bu!	So ist es! So ist die Lage!
Hastanın durumu nasıl?	Wie geht es dem Kranken?
Durumu iyi / kötü.	Es ist in gutem / schlechtem Zustand.
bu durumda	in dieser Situation; in diesem Fall
hava durumu	Wetterlage
Bu duruma bağlı.	Das kommt darauf an.
duş *fr.*	Dusche
duş yapmak / almak	duschen
duvar *pe.*	Wand, Mauer
duygu	Gefühl, Empfindung
duygulu	sensibel, feinfühlend
duygusuz	hartherzig
duygusal	gefühlsmäßig
(-den) duygulanmak	(von ...) einen tiefen Eindruck erhalten, (durch ...) stark beeindruckt werden
Bundan çok duygulandım.	Das hat mir tiefen Eindruck gemacht.
duygulandırmak	stark beeindrucken
Bu beni çok duygulandırdı.	Das hat mich tief berührt.
duymak, -ar	1. hören. 2. fühlen; merken, empfinden; erfahren
Haberi duydunuz mu?	Habt ihr die Nachricht gehört?
(-den) acı duymak	(wegen ...) Schmerzen empfinden

-den zevk duymak	... genießen
-den / -le gurur duymak	auf ... stolz sein
Bu başarıdan gurur duyuyoruz.	Wir sind stolz auf diesen Erfolg.
Ahmet'le gurur duyuyoruz.	Wir sind stolz auf Ahmet.
koku duymak	einen Geruch wahrnehmen
-i **duyurmak**	annoncieren; anzeigen, öffentlich bekannt machen
duyuru (→ ilan)	Anzeige
gazeteye duyuru vermek	inserieren
düğme	Knopf; Klingelknopf, Drehschalter
düğmeye basmak	den Knopf drücken
düğüm	Knoten
-i düğümlemek	einen Knoten machen, zuknoten
düğün	Hochzeit
dükkân *ar.*	Laden, Geschäft, Ladengeschäft
dün	gestern
dün sabah	gestern früh
dün akşam	gestern abend
dünden beri	seit gestern
dünkü	gestrig
dünya *ar.* (.−)	Welt; Erde
bütün dünya	die ganze Welt; alle Menschen
bütün dünyada	auf der ganzen Welt
dünyaya gelmek	zur Welt kommen
dünyaca tanınmış / ünlü	weltbekannt
düşman *pe.*	Feind; feindlich
: dost	
birisine düşman olmak	jmdm. Feind werden
birbiriyle düşman olmak	sich verfeinden
düşmanca	feindlich
düşmanlık	Feindschaft; Feindseligkeit
düşmek, -er	fallen, umfallen, hinfallen, zu Boden fallen
: kalkmak	
yere düşmek	zu Boden fallen
düşürmek	fallen lassen, zu Fall bringen
düşünce (→ fikir)	Gedanke, Idee; Ansicht, Meinung, Überlegung
Düşünceniz nedir?	Was ist Ihre Meinung?
benim düşünceme göre	nach meiner Meinung, meiner Ansicht nach
düşüncesini değiştirmek	seine Meinung ändern
düşünmek	an ... denken; meinen; überlegen, nachdenken
Bu konuda ne düşünüyorsunuz?	Was meinen Sie zu diesem Thema / in dieser Sache?

(Bunu) bir düşünün.	Überlegen Sie mal!
İsterseniz biraz daha düşünün.	Wenn Sie wollen, überlegen Sie es sich noch.
Bir düşüneyim.	Ich muß es mir mal überlegen.
düz	1. gerade, geradeaus, 2. eben, flach
: eğri, eğik	
düz çizgi	gerade Linie
düz bir yol	ein kurvenloser Weg
düz arazi	flaches Gelände
dümdüz	1. geradeaus, 2. ganz flach
düzelmek	sich bessern
Hava düzeliyor.	Das Wetter wird besser.
Hastanın durumu düzeldi.	Der Zustand des Kranken verbesserte sich.
düzeltmek	1. ebnen, glätten, 2. in Ordnung bringen, aufräumen, 3. verbessern
düzen (→ tertip)	Ordnung
düzene sokmak / koymak	ordnen
düzenlemek	ordnen
düzenli	geordnet, ordentlich
düzensiz	unordentlich
toplantı / gezi düzenlemek	eine Versammlung / einen Ausflug organisieren
düzey (→ seviye)	Niveau
kültür düzeyi	das kulturelle Niveau
düzey farkı	Niveauunterschied
düzgün	1. geglättet, eben, 2. geordnet, ordentlich
düzine *fr.*	Dutzend
düzineyle	dutzendweise

E

eczane *ar. pe.* (.–.)	Apotheke
edebiyat *ar.* ((...–)) (→ yazın)	Literatur
eder (→ fiyat)	Preis
Ederi 5000 TL'dir.	Es kostet 5000 TL.
efendi	Herr
Ahmet Efendi	Herr Ahmet
efendim	mein Herr; gnädige Frau
„Nasılsınız efendim?"	„Wie geht es Ihnen?" *(in sehr höflicher Anrede)*
„Efendim?"	„Wie bitte?" „Was sagten Sie bitte?"
egemen	beherrschend

-e egemen olmak	... beherrschen
eğer *pe.* (+ *cond.*)	wenn, falls
Eğer isterseniz ...	Wenn Sie wollen ...
eğik	schief
: düz	
eğilmek	sich verbeugen, sich bücken
eğitim	Bildung, Ausbildung; Erziehung
eğitmek	1. erziehen, 2. ausbilden
eğlence	Vergnügung, Unterhaltung
„İyi eğlenceler!"	„Viel Vergnügen!"
eğlence programı	Unterhaltungsprogramm
bir eğlence düzenlemek	ein Unterhaltungsprogramm zusammenstellen, ein vergnügliches Fest veranstalten
eğlenceli	amüsant, unterhaltsam
eğlenmek	sich vergnügen, sich amüsieren
eğri	krumm, gekrümmt; kurvig
: doğru, düz	
ehliyet *ar.*	Führerschein
ek (→ ilave)	1. Zusatz, Anhang, 2. Anlage; Beilage
buna ek olarak	als Anlage, zusätzlich, dazu
gazete / dergi eki	Zeitungs- / Zeitschriftenbeilage
eklemek	hinzufügen; beilegen
ekmek, -ği	Brot
bir parça ekmek	ein Stück Brot
bir dilim ekmek	eine Scheibe Brot
bayat ekmek	altes Brot
taze ekmek	frisches Brot
ekmek parası	Geld für den Lebensunterhalt
ekmeğini kazanmak	sich seinen Lebensunterhalt verdienen
ekonomi *fr.* (→ iktisat)	Wirtschaft
ekonomik	wirtschaftlich; sparsam
ekonomik durum	wirtschaftliche Lage
ekonomik yaşam / hayat	das Wirtschaftsleben
ekonomik koşullar	wirtschaftliche Bedingungen
ekran *fr.*	Bildschirm, Leinwand
ekseriya *ar.* (... –) (→ çoğu kez)	meistens
eksi	minus
: artı	
eksi işareti	Minuszeichen
On eksi bir, eşittir dokuz.	10 minus 1 ist gleich 9.
eksik, -ği	1. Mangel, 2. fehlend, mangelnd, mangelhaft, unvollständig
Bir kişi eksik.	Einer fehlt. Es fehlt (noch) eine Person.
eksik gelmek	nicht ausreichen

eksik olmak	fehlen, mangeln
eksiklik	Mangel
ekşi	sauer
: tatlı	
el	Hand
el ele	Hand in Hand
elde etmek	erlangen
ele almak	in Angriff nehmen; *(ein Thema)* behandeln
ele geçirmek	fassen; erwerben, sich aneignen
elinden geleni yapmak	sein möglichstes tun
Bu, benim elimde değil.	Es liegt nicht in meiner Hand.
birisinin elini sıkmak	jmdm. die Hand drücken
birisine el sallamak	jmdm. zuwinken
„Eşyalara el sürmeyiniz!"	„Bitte, nicht berühren!"
el çantası	Handtasche
el işi	Handarbeit
el işi yapmak	basteln
el sanatı / sanatları	Handwerk
ikinci el	second hand
„Elinize sağlık!"	*(Glückwunsch zu einer handwerklichen o. ä. Leistung)*
elbette *ar.*	gewiß, sicherlich, zweifellos
Elbette!	Freilich!
Tabii, elbette!	Natürlich, selbstverständlich!
elbise *ar.* (→ giysi)	1. Kleidung, 2. Kleid, Anzug
takım elbise	Anzug
elbise askısı	Kleiderbügel
elçi / büyükelçi	Botschafter
elçilik / büyükelçilik	Botschaft
Türkiye Cumhuriyeti Büyükelçiliği	Botschaft der Republik Türkei
eldiven	Handschuh
eldiven giymek	Handschuhe anziehen
elektrik, -ği *fr.*	1. Strom, 2. elektrisch, Elektro-
elektriği açmak / kapatmak	das Licht / den Strom ein- / ausschalten
Elektrik kesildi.	Der Strom ist ausgefallen.
elektrik düğmesi	Schalterknopf
elektrik süpürgesi	Staubsauger
elektrikçi	Elektriker
elektrikli	elektrisch, Elektro-
elektrikli traş makinesi	elektrischer Rasierer
eleman *fr.*	Mitarbeiter
„Eleman aranıyor!"	„Mitarbeiter gesucht!"
teknik eleman	technisches Personal
eleştiri	Kritik

eleştirmek	kritisieren
ellemek	anfassen
elma	Apfel
emanet *ar.* (.−.)	1. anvertrautes Gut, 2. Gepäckaufbewahrung
emanete vermek	zur Aufbewahrung geben
emek, -ği	geleistete Arbeit, Mühe
-e emek vermek	sich mit ... viel Mühe geben, an ... sorgfältig und angestrengt arbeiten
emin *ar.* ((.−))	sicher
Buna eminim.	Dessen bin ich sicher.
Bundan eminim.	Davon bin ich überzeugt.
Pek emin değilim.	Ich bin nicht so sicher.
emir, -mri *ar.* (→ buyruk)	Befehl
emir vermek	Befehle erteilen
emretmek (→ buyurmak)	befehlen
emniyet *ar.* (1. → güven, 2. → güvenlik)	1. Sicherheit, Vertrauen, 2. Polizeiwesen
emniyetli (→ güvenilir)	zuverlässig
emniyetsiz (→ güvenilmez)	unzuverlässig
en	Breite, Weite
eni, boyu	Länge und Breite
Eni ne kadar?	Wie breit ist es?
en	*(Partikel zur Superlativbildung)*
en küçük oda	das kleinste Zimmer
en büyük oğlum	mein ältester Sohn
en az	wenigstens
en azından	mindestens, jedenfalls
en çok / fazla	höchstens
En iyisi bu.	Das ist am besten.
en sonunda	ganz zuletzt, schließlich
en yakın	der nächste; am nächsten
en sevdiğim kitap	Mein Lieblingsbuch
endişe *pe.*	Sorge
... için endişelenmek / endişe etmek	sich um ... / wegen ... Sorgen machen
endüstri *fr.* (→ sanayi)	Industrie
enerji *fr.*	Energie
atom enerjisi	Atomkraft
güneş enerjisi	Sonnenenergie
engel	Hindernis
-e engel olmak	... hindern, in *(einer Sache)* hinderlich sein
-i engellemek	... behindern, ... verhindern
epey / epeyce	1. ziemlich, 2. ziemlich viel, recht viel
Burada epey bekledim.	Hier habe ich ziemlich lange gewartet.

Onu epeydir görmedim.	Ich habe ihn schon lange nicht gesehen.
er (→ asker)	einfacher Soldat
erimek	sich auflösen, schmelzen *(intr.)*
erkek, -ği	Mann, männlich
: kadın	
erkek çocuk	Junge, Knabe
erkek kardeş	jüngerer Bruder
erken	früh; zu früh
: geç	
Daha erken.	Es ist noch früh.
çok erken	zu früh
erkenden	schon ziemlich früh
sabah erkenden	am frühen Morgen
ertesi	am folgenden (Tag)
ertesi gün	am folgenden Tag
ertesi sabah	am folgenden / nächsten Morgen
esas *ar.* (→ temel)	1. Grundlage, 2. grundlegend, 3. Hauptsache
bu esas üzerine	auf dieser Grundlage
İşin esası şudur: ...	Das Wesentliche daran ist folgendes: ...
Bu kelimenin esas anlamı nedir?	Was ist die grundlegende / ursprüngliche Bedeutung dieses Wortes?
esaslı bir biçimde / şekilde	gründlich *(adv.)*
eser *ar.* (→ yapıt)	Werk
eser vermek / yaratmak	ein Werk schaffen
eski	alt
: yeni	
eski eserler	Altertümer
eski moda	altmodisch
eskiden	früher, seinerzeit, in vergangener Zeit
eskiden beri	von alters her
eskiden olduğu gibi / eskisi gibi	wie damals, wie früher
eskimek	alt werden, sich abnutzen
eskimiş	veraltet; überholt; abgenutzt
esmek, -er	wehen, blasen
Rüzgâr esiyor.	Der Wind weht.
esnek, -ği	elastisch
esnemek	1. gähnen, 2. elastisch sein
espri *fr.*	pfiffige Äußerung; Esprit
espri yapmak	witzige Bemerkungen machen
esprili	witzig, geistreich
„Estağfurullah!" *ar.*	*(höfliche Antwort auf Dank, Entschuldigung u.ä.)* „Aber bitte doch!", „Ich bitte Sie!"

eş		1. Partner, Ehemann, Ehefrau, 2. Gegenstück, Pendant
eşim		mein Mann / meine Frau
size ve eşinize		Ihnen und Ihrem Gatten / Ihrer Gattin
eşsiz		beispiellos
eşit		gleich
İkisi birbirine eşit(tir).		Die beiden sind gleich.
eşit olmak		gleich sein
eşit(tir)		ist gleich *(math.)*
İki artı üç, eşittir beş.		2 plus 3 ist gleich fünf.
eşitlik		Gleichheit
eşya *ar.* (.−)		1. Sachen, Gegenstände, Waren, Hausrat, 2. Gepäckstücke
ev eşyası		Hausrat, Möbel
giyim eşyası		Bekleidungswaren
et		Fleisch
et suyu		Fleischbrühe, Bouillon
etek, -ği		1. Saum, 2. Damenrock
eteklik		Rock
etki (→ tesir)		Wirkung; Eindruck, Einfluß
İlacın etkisi geçiyor.		Die Wirkung des Medikaments läßt nach.
-i etkilemek		auf ... Einfluß ausüben
Bu olay beni çok etkiledi.		Dieses Ereignis hat mich sehr berührt.
-den etkilenmek		von ... beeindruckt werden
etkili		eindrucksvoll, wirksam, wirkungsreich
etkisiz		wirkungslos
etkileyici		beeindruckend, eindrucksvoll; wirksam
etkinlik (→ faaliyet)		Aktivität
haftanın etkinlikleri		die Aktivitäten der Woche
etkinlik göstermek		Aktivität an den Tag legen
etmek, -der		machen, tun *(Hilfsverb)*
İki, iki daha ne / kaç eder?		2 plus 2 macht wieviel?
Hepsi kaç lira ediyor?		Was macht alles zusammen?
iyi etmek		1. gut daran tun, 2. heilen
İyi ettiniz.		Sie haben gut daran getan / recht getan.
iyilik / kötülük etmek		Gutes tun / Böses tun
etraf *ar.* (→ çevre)		Umkreis, Umgebung
-in etrafı		der Raum um ... herum
şehrin etrafında		1. in der Umgebung der Stadt, 2. rings um die Stadt
Etrafta kimse yoktu.		Rund herum war niemand zu sehen.
etrafına bakmak		um sich gucken
ev		Haus, Heim, Wohnung; Haushalt
eve gitmek		nach Hause gehen

evde kalmak	im Haus / zu Hause bleiben
evde olmak	im Haus / zu Hause sein
Bu akşam evde misin?	Bist du heute abend zu Hause?
ev tutmak	ein Haus / eine Wohnung mieten
ev işi	Hausarbeit
ev işi yapmak	die Hausfrauenarbeit machen
ev kadını	Hausfrau
ev sahibi	Hausbesitzer, -eigentümer
evet	ja
: hayır	
Evet efendim!	Ja, gnädige Frau. Ja, mein Herr.
Evet, memnuniyetle.	Ja, gern.
Evet, tabii.	Ja, natürlich.
Evet, doğru.	Ja, richtig.
evlenmek	sich verheiraten
birisiyle evlenmek	jmdn. heiraten
Kiminle evleniyorsun?	Wen heiratest du?
evli	verheiratet
: bekâr	
evvel *ar.* (→ önce) (2. *postp. + abl.*)	1. zuvor, früher, 2. vor ..., früher als ...
bir gün evvel	einen Tag früher
ondan evvel	davor
benden evvel	vor mir
evvela (..–)	zuerst, zunächst
evvelki	vorig
evvelki gün	vorgestern
evvelki ay	vorletzter Monat
evvelki yıl / sene	vorletztes Jahr
eyvah *ar.*	ach! oh weh! oje!
ezber / ezbere *pe. tü.*	auswendig
ezbere bilmek	auswendig können
ezbere öğrenmek	auswendig lernen
ezberlemek	auswendig lernen
eziyet *ar.*	Pein, Belästigung
-e eziyet etmek	peinigen, belästigen
eziyet çekmek	sich abplagen, sich abmühen
ezmek, -er	1. zerdrücken, zertreten, 2. überfahren

F

faaliyet *ar.* (→ etkinlik)	Aktivität; Tätigkeit
faaliyet göstermek	Aktivität an den Tag legen
faaliyete geçmek	in Tätigkeit treten

fabrika *it.* ('...)		Fabrik
fakat *ar.*		aber, jedoch
fakir *ar.* (→ yoksul)		arm
: zengin		
fakirlik		Armut
falan *ar.*		der und der, ein gewisser, der Soundso
falan yerde, falan tarihte		dort und dort zu dem und dem Zeitpunkt
falan filan		und so weiter und so fort
fare *ar.* (−.)		Maus
fark *ar.* (→ ayrım)		Unterschied
İkisinin arasında ne fark var?		Was ist der Unterschied zwischen den beiden?
ikisinin farkı		der Unterschied zwischen den beiden
Bunun farkı nedir?		Was ist der Unterschied dabei?
fark etmek		sich unterscheiden; unterscheiden *(tr.)*; bemerken, wahrnehmen
Fark etmez!		Macht nichts.
Benim için fark etmez.		Es macht mir nichts aus. Es ist mir gleich.
-in farkına varmak		... bemerken
-in farkında olmadan		ohne ... zu merken
farklı		Unterschiede aufweisend, verschieden
İkisi birbirinden farklı.		Die beiden sind verschieden.
farksız		ohne Unterschied, gleich
İkisi birbirinden farksız.		Die beiden sind ganz gleich.
farz etmek *ar. tü.*		annehmen; den Fall setzen, daß ...
Farz edelim ...		Nehmen wir einmal an ..., angenommen
fayda *ar.* (→ yarar)		Nutzen, Vorteil
Bunun bize faydası yok.		Das bringt für uns keinen Vorteil. Davon haben wir nichts.
Hiç faydası yok.		Es hat keinen Nutzen. Es nützt gar nicht.
faydalı		nützlich, nutzbringend
-e faydalı olmak		für ... nützlich sein
faydasız		nutzlos, sinnlos
-den faydalanmak		... nutzen, von ... profitieren
fazla *ar.*		1. viel, 2. mehr, 3. zu viel, zu sehr, übermäßig
Fazla kaleminiz var mı?		Ein Sie einen Stift (für mich) übrig?
Burası yüz metreden fazla.		Das ist hier mehr als 100 m.
çok fazla		sehr viel
en fazla		höchstens
fazla gelmek		zu viel sein, übrig bleiben; zu viel (Belastung) sein
Bu yük bana fazla geldi.		Diese Belastung ist zu viel für mich.
İki saatten fazla bekledim.		Ich habe mehr als zwei Stunden gewartet.

feci *ar.* (.−) (→ korkunç)	katastrophal, schrecklich, furchtbar
feci bir kaza	ein schrecklicher Unfall
fedakâr *ar. pe.* (.−'−) (→ özverili)	opferfreudig, opferbereit, aufopfernd
fedakârlık (→ özveri)	Opferbereitschaft; Selbstlosigkeit
fedakârlık etmek	für ... Opfer bringen, für ... Selbstlosigkeit an den Tag legen
felaket *ar. (l)* (.−!)	großes Unglück
felakete uğramak	von einem großen Unglück betroffen werden
fena *ar.* (.−)	schlecht, übel, schlimm
Fena değil.	Nicht übel. Recht gut.
Bu o kadar da fena değil.	Das ist nicht so schlimm.
Hiç de fena değil.	Gar nicht schlecht.
Fena sayılmaz.	Nicht schlecht.
Ne fena!	Wie schlimm!
fena halde sıkılmak / sinirlenmek / kızmak	sehr gelangweilt / nervös / böse sein
ferah *ar.*	angenehm, heiter, erfreulich
ferah bir ev / oda	ein geräumiges Haus / Zimmer
ferahlamak	sich wohler fühlen, erleichtert sein
fevkalade *ar. (l)* (..−!) (→ olağanüstü)	außerordentlich, ganz besonders, erstklassig
Fevkalade!	Ausgezeichnet!
fevkalade güzel	ausgezeichnet, sehr schön
Fevkalade olmuş.	Das ist ja fabelhaft geworden.
fıkra *ar.*	Anekdote, Witz
fıkra anlatmak	Witze erzählen
fırça	Bürste; Pinsel
fırçalamak	bürsten
fırın	1. Backofen, 2. Backstube, Bäckerei
fırında pişirmek	im Backofen backen
fırınlı ocak	Herd mit Backrohr
elektrikli fırın	elektrischer Backofen
fırlatmak	werfen, wegwerfen
fırlatıp atmak	wegwerfen
fırsat *ar.*	Gelegenheit; Chance
iyi / uygun bir fırsat	eine gute / günstige Gelegenheit
fırsat olursa ...	wenn sich eine Gelegenheit bietet ...
birisine bir fırsat vermek	jmdm. eine Gelegenheit geben
fırsatı kaçırmak	eine günstige Gelegenheit verpassen
fırsattan yararlanmak	die Gelegenheit nutzen
fırtına *it.*	Sturm, Unwetter
fırtınalı hava	stürmisches Wetter
Fırtına çıktı.	Ein Unwetter brach los.
fıstık, -ğı *pe.*	Pistazie

yerfıstığı	Erdnuß
fikir, -kri *ar.* (→ düşünce)	Meinung, Ansicht, Gedanke, Idee
Bu iyi bir fikir.	Das ist eine gute Idee.
Bir fikrim var.	Ich habe eine Idee.
Bu konuda bir fikriniz var mı?	Haben Sie eine Vorstellung dazu? Was meinen Sie darüber?
-den fikir edinmek	sich ein Bild / eine Vorstellung von ... machen
birisinden fikir almak	jmds. Meinung einholen, jmdn. um seinen Rat fragen
fikrini değiştirmek	seine Meinung ändern
film *engl.*	Film
filmi banyo etmek	den Film entwickeln
-in filmini çekmek	... filmen
-i filme almak	... filmen
-in filmini çevirmek	einen Film von ... drehen
Bu hafta hangi film oynuyor?	Welcher Film läuft diese Woche?
fincan *ar.*	Tasse
bir fincan kahve	eine Tasse Kaffee
kahve fincanı	Kaffeetasse, Mokkatasse
fincan tabağı	Untertasse
fincanla içmek	aus der Tasse trinken
fiyat *ar.* (→ eder)	Preis
Bu kitabın fiyatı ne kadar?	Wieviel kostet dieses Buch?
Fiyatı 750 lira.	Es kostet 750 TL.
Fiyatlar düşüyor / yükseliyor.	Die Preise sinken / steigen.
zamlı fiyat	*(durch Inflation u. dgl.)* erhöhter Preis
fotoğraf *fr.*	Foto
-in fotoğrafını çekmek	... fotografieren, ein Foto von ... machen
fotoğraf çektirmek	sich fotografieren lassen
fotoğraf makinesi	Fotoapparat
fotoğrafçı	Fotograf
fotoğrafçılık	Fotografie, die Kunst der Fotografie
fren *fr.*	Bremse
fren yapmak	bremsen
frene basmak	auf die Bremse treten
fuar *fr.*	Messe, Ausstellung
kitap fuarı	Buchmesse
futbol *engl.*	Fußball
futbol oynamak	Fußball spielen
futbol maçı	Fußballspiel
futbol takımı	Fußballmannschaft
futbol karşılaşması	Fußballbegegnung
futbolcu	Fußballer

G

galiba *ar.* ('−.−)	wahrscheinlich, vermutlich
Galiba!	Wahrscheinlich!
Galiba gelmeyecek.	Wahrscheinlich wird er nicht kommen.
gar *fr.*	Hauptbahnhof
Ankara Garı	Ankara Hauptbahnhof
garanti *fr.* (→ güvence)	Garantie
-e garanti vermek	garantieren
garantili	garantiert
bir yıl garantili	mit ein Jahr Garantie
garip *ar.*	sonderbar, merkwürdig
garson *fr.*	Kellner
Garson!	Herr Ober!
gayet *ar.* (−.)	überaus, in hohem Maße
gayet iyi	sehr gut
gayet tabii	selbstverständlich
gayret *ar.* (→ çaba)	Anstrengung, Bemühung; Strebsamkeit
gayret etmek	sich bemühen
gayret göstermek	sich anstrengen, sich bemühen
gayretli	eifrig, fleißig
gaz *fr.*	Gas; Leuchtgas, Petroleum
sıvı gaz	Flüssiggas
tüpgaz	Flaschengas
gaz tüpü	Gaspatrone, Gasflasche
gaza basmak	Gas geben, aufs Gaspedal treten
gazete *it.* ('..'.)	Zeitung
gazeteci	1. Journalist, 2. Zeitungsverkäufer, 3. Zeitungskiosk
gece	Nacht
: gündüz, gün	
bu gece	heute nacht
bütün gece	die ganze Nacht
geceleyin	in der Nacht
geceleri	nachts
„İyi geceler!"	„Gute Nacht!"
gece gündüz	Tag und Nacht
geceyarısı	Mitternacht; um Mitternacht
geceyi geçirmek	1. über Nacht bleiben, die Nacht verbringen, 2. übernachten
gecelik	Nachthemd
gece elbisesi	Abendkleid
gecikmek	sich verspäten, sich verzögern
Biraz geciktim.	Ich habe mich ein bißchen verspätet.

gecikme	Verspätung
Trenin yarım saat gecikmesi var.	Der Zug hat eine halbe Stunde Verspätung.
Gecikme!	Komm nicht zu spät!
geç	spät, zu spät
: erken	
çok geç	sehr spät; viel zu spät
gecenin geç saatinde	spät nachts
geç gelmek	zu spät kommen
Beş dakika geç geldi.	Er ist 5 Minuten zu spät gekommen.
geç kalmak	sich verspäten, zu spät kommen
Geç kalıyoruz.	Wir werden zu spät kommen.
Geç kaldık.	Wir sind zu spät dran.
geç olmak	spät werden / sein
Artık geç oldu.	Es ist schon zu spät. Jetzt ist es zu spät.
geçe (-i ... geçe)	um ... nach ... *(in Angaben der Uhrzeit)*
Saat üçü beş geçe buluşalım.	Treffen wir uns um fünf nach drei!
on ikiyi çeyrek geçe	um Viertel nach 12
geçen	vergangener
geçen gün	vorgestern; neulich
geçen pazar	letzten Sonntag
geçen hafta	vorige Woche
geçen yıl	voriges Jahr
geçen yaz / kış	letzten Sommer / Winter
geçenlerde	neulich, vor kurzem
geçen defa / sefer	voriges Mal, letztes Mal
geçerli	gültig
geçerli olmak	gelten, gültig sein
Bu geçerli değil.	Das ist nicht gültig.
geçersiz	ungültig
geçici	vorübergehend *(adj.)*
geçici olarak	vorübergehend *(adv.)*
geçirmek	1. durchgehen lassen, 2. verbringen
Tatilinizi nerede geçirdiniz?	Wo haben Sie Ihren Urlaub verbracht?
kaza geçirmek	einen Unfall haben / erleiden
hastalık geçirmek	eine Krankheit durchmachen
zaman geçirmek	Zeit verbringen
geçit, -di	Durchgang, Durchfahrt
yaya geçidi	Fußgängerübergang
üstgeçit	Überführung
altgeçit	Unterführung
-den **geçmek,** -er	vorbei-, hindurchgehen, vorbei-, hindurchfahren, an ... vorbeigehen, durch ... hindurch gehen, an ... vorübergehen, ... passieren

Geç!	Geh / fahr weiter!
Geçin!	Gehen / fahren Sie weiter!
„Geçmek yasaktır!" „Geçilmez!"	„Durchgang verboten!"
sınıf (1) geçmek	versetzt werden
Üçüncü sınıfa geçtim.	Ich bin in die dritte Klasse aufgestiegen.
„Geçmiş olsun!"	„Gute Besserung!"
geçmiş	1. vergangen. 2. Vergangenheit
: gelecek	
geçmiş günlerde / yıllarda	in vergangenen Tagen / Jahren
geçmişte	in der Vergangenheit
gelecek, -ği	1. kommender, zukünftiger, 2. Zukunft
: geçmiş	
gelecek defa / sefer	nächstes Mal
gelecek hafta	nächste Woche
gelecek yıl	nächstes Jahr
gelecekte	in der Zukunft
gelenek	Tradition
geleneksel	traditionell
gelenek ve görenek	Sitten und Gebräuche
gelir	Einkommen
gelirler	Einnahmen
aylık gelir	Monatseinkommen
gelir-gider	Einnahmen und Ausgaben
geliş (→ varış)	Ankunft
geliş saati	Ankunftszeit
gelişmek	sich entwickeln
gelişme	Entwicklung, Wachstum
gelişmiş	entwickelt
az gelişmiş	unterentwickelt
az gelişmiş / gelişmekte olan ülke	Entwicklungsland
gelmek, -ir	kommen
: gitmek	
Geliyorum.	Ich komme schon.
Benimle gelir misin?	Kommst du mit mir?
Tanesi / kilosu kaça geliyor?	Wie teuer kommt ein Stück / ein Kilo davon?
aklına gelmek	ins Gedächtnis kommen
Birdenbire aklıma geldi ...	Plötzlich fiel mir ein ...
hatırına gelmek	ins Gedächtnis kommen, einfallen
Şimdi hatırıma geldi.	Gerade fällt es mir ein.
-e iyi gelmek	jmdm. gut bekommen, guttun
Bu ilaç bana iyi geldi.	Dieses Medikament hat mir geholfen.
Dinlenmek bana iyi geldi.	Das Ausruhen hat mir gutgetan.
-e zor gelmek	jmdm. schwer fallen

Bu soru bana çok zor geldi.	Diese Frage fiel mir sehr schwer.
Türkçe bana zor geliyor.	Türkisch fällt mir schwer.
gemi	Schiff
gemiye binmek	an Bord gehen
gemiyle gitmek	mit dem Schiff fahren
genç, -ci	1. jung, jugendlich, 2. junger Mann
: yaşlı, ihtiyar	
genç kız	junges Mädchen
genç kadın	junge Frau
genç adam	junger Mann
gençler	die jungen Leute
gençlik	Jugend
gene (→ yine, tekrar)	wieder, von neuem
gene de	trotzdem, dennoch
Gene de iyi!	Trotz allem ist es gut!
genel (→ umumi)	allgemein
genel kültür	Allgemeinbildung
genel olarak	im allgemeinen, allgemein *(adv.)*
genellikle (→ umumiyetle)	im allgemeinen; in der Regel
geniş	breit, weit; geräumig
: dar	
genişlik (→ en)	Breite
Genişliği ne kadar?	Wie breit ist es?
üç metre genişliğinde, on metre uzunluğunda	3 Meter breit, 10 Meter lang
genişlemek	sich verbreitern, sich erweitern
genişletmek	erweitern
gerçek, -ği (2. → hakikat 3. → hakiki)	1. wirklich, tatsächlich, 2. Wahrheit, Tatsache, Realität, 3. echt
gerçekten (→ hakikaten)	tatsächlich *(adv.)*
Gerçekten mi?	Ist das wahr? Wirklich?
gerçekleştirmek	verwirklichen, realisieren, durchführen
gereç, -ci	(notwendiges) Material
gerek, -ği (→ lazım)	nötig, notwendig
Buna gerek yok.	Das ist nicht nötig.
gerekli (→ lazım, lüzumlu)	nötig, erforderlich
Bu gerekli değil.	Das ist nicht nötig.
Bu bana gerekli değil.	Das brauche ich nicht.
gerekli bilgiler	die nötigen Informationen
gereksiz	unnötig
gerekmek	notwendig sein
Çalışmam gerekiyor.	Ich muß arbeiten.
Bunu bilmeniz gerekir.	Das müssen Sie wissen.
gerektiğinde (→ icabında)	nötigenfalls, gegebenenfalls

gereksinim / gereksinme (→ ihtiyaç)	Bedarf, Notwendigkeit
-e gereksinim duymak	ein Bedürfnis nach ... verspüren
-e gereksinimi olmak	... brauchen, ... benötigen, ... nötig haben
bir gereksinimi karşılamak	einen Bedarf decken
geri	zurück; nach hinten
: ileri	
geri gitmek	zurückgehen, -fahren
geri dönmek	zurückkehren
geri dönüş	Rückkehr
geri göndermek	zurückschicken
geri vermek	zurückgeben
geri çekilmek	sich zurückziehen
geri kalmak	zurückbleiben
Bu saat beş dakika geri (kalıyor).	Diese Uhr geht 5 Minuten nach.
geriye doğru	nach hinten
geri kalan para	Restgeld
getirmek	bringen, herbringen, holen
: götürmek	
birlikte getirmek	mitbringen
geri getirmek	zurückbringen
Onu buraya getir!	Bring es hierher!
gevşek, -ği	locker
: sıkı	
gezi	Ausflug, Wanderung
kır gezisi	ein Ausflug ins Grüne
şehir gezisi	Stadtrundfahrt
geziye gitmek	einen Ausflug machen
gezinmek	umherspazieren
gezinti	Spaziergang
gezinti yapmak	einen Spaziergang machen
gezintiye çıkmak	spazierengehen
gezmek	spazieren, umhergehen
Ormanda geziyorlar.	Sie gehen im Wald spazieren.
-i gezmek	... besichtigen, ... bereisen
Topkapı Sarayını gezdiniz mi?	Haben Sie das Topkapı-Serail besichtigt?
Geçen yaz İtalya'yı gezdik.	Im letzten Sommer haben wir Italien bereist.
gıda *ar.* (.–) (→ besin)	Nahrung
gıda maddesi	Nahrungsmittel, Lebensmittel
gibi *(postp. + nom.; bei pers.pron. + gen.)*	wie ..., etwa ...
su gibi	wie Wasser
bal gibi	wie Honig
benim gibi	wie ich

onun gibi — wie er
gider (→ masraf) — Ausgabe(n)
 : gelir
yolculuk giderleri — Reisekosten
gidiş — Hinfahrt
 : geliş, dönüş
yalnız gidiş bileti — einfache Fahrkarte
gidiş-dönüş — Hin- und Rückfahrt
giriş — 1. Eingang, Einfahrt, 2. Eintritt, 3. Einleitung
 1.: çıkış
giriş ücreti — Eintrittsgebühr
„Giriş ücretsizdir." — „Eintritt frei."
girmek, -er — hereinkommen, hineingehen
 : çıkmak
„Girin!" — „Herein!"
içeriye girmek — hereinkommen
„Girmek yasaktır." — „Eintritt verboten."
„Girilmez." — „Einfahrt verboten."
gişe *fr.* — Schalter, Kasse
gitmek, -der — gehen, weggehen; *(mit einem Verkehrsmittel)* fahren
 : gelmek
arabayla gitmek — mit dem Wagen fahren
„Yavaş gidiniz!" — „Langsam fahren!"
İstasyona nasıl gidilir? — Wie kommt man zum Bahnhof?
gittikçe — nach und nach, mehr und mehr, immer mehr

gittikçe daha iyi / kötü — immer besser / schlechter
giyinmek — sich anziehen
 : soyunmak
giymek, -er — anziehen
 : çıkarmak
giysi (→ elbise) — Kleidung; Kleid, Anzug
gizlemek — geheimhalten
gizli — geheim, geheimnisvoll
gol, -lü *engl.* — Tor
gol atmak — ein Tor schießen
gol yemek — ein Tor geschossen bekommen
göğüs, -ğsü — Brust, Busen
gök, -ğü — Himmel
Gök gürlüyor. — Es donnert.
gök gürültüsü — Donner
gökyüzü — Himmel, Firmament
gökdelen — Wolkenkratzer
göl — der See

gölge	Schatten
gömlek, -ği	Hemd
temiz gömlek giymek	ein frisches Hemd anziehen
gömleği çıkarmak	das Hemd ausziehen
göndermek	senden, schicken, abschicken
postayla göndermek	mit der Post schicken
Çocuğu eve gönderdim.	Ich habe das Kind nach Hause geschickt.
gönderen	Absender
gönül, -nlü	Herz, Seele
gönül rahatlığı	froher Mut, innere Freude
gönüllü	freiwillig; Freiwilliger
göre *(postp. + dat.)*	... gemäß, ... entsprechend
Benim düşünceme göre ...	Meiner Meinung nach ...
yasaya göre	dem Gesetz gemäß, nach dem Gesetz
Bu ayakkabı tam bana göre.	Diese Schuhe sind genau richtig für mich.
görev (→ vazife)	Aufgabe; Pflicht
Bu benim görevimdir.	Das ist meine Pflicht.
görevde olmak	im Dienst sein
Şimdi görevdeyiz.	Jetzt sind wir im Dienst.
görevini yapmak	seine Pflicht tun
görevini yerine getirmek	seine Pflicht erfüllen
görevli	zuständig
görevli memur	der zuständige Beamte, der diensthabende Beamte
görmek, -ür	sehen, erblicken
Bu oyunu gördünüz mü?	Haben Sie dieses Spiel gesehen?
Sizi gördüğüme sevindim.	Ich habe mich gefreut, Sie zu sehen.
kendi gözüyle görmek	mit eigenen Augen sehen
görmeden ('...)	1. ohne es zu sehen, 2. aus Versehen
ilk görüşte	auf den ersten Blick
görünmek	sichtbar werden, aussehen; scheinen, erscheinen
iyi / kötü görünmek	gut / schlecht aussehen
Hasta görünüyorsun.	Du siehst krank aus.
şu görünen ev	dieses Haus, das dort zu sehen ist
görüntü	Erscheinung, Bild; Fernsehbild
net / bozuk görüntü	ein klares / verschwommenes Bild
görünüş	Anblick, Ansicht, Aussehen; Schein
şehrin / kentin görünüşü	eine Ansicht der Stadt
önden / arkadan görünüş	Vorderansicht / Rückansicht
görünüşte	dem Schein nach, zum Schein
görüş	1. Blick, Ansicht, 2. Anschauung, Meinung, Standpunkt
Sizin görüşünüz nedir?	Was ist Ihre Meinung?

Benim görüşüme göre ...	Meiner Meinung / Ansicht nach ...
Sizinle aynı görüşteyim / görüşte değilim.	Ich teile Ihre Meinung / nicht.
birisinin görüşünü almak	jmdn. nach seiner Meinung fragen
-le görüşmek	sich (zum Plaudern) treffen, sich besprechen
Sizinle tekrar ne zaman görüşebiliriz?	Wann können wir uns wieder treffen?
Görüşmek üzere!	Bis dann! Bis nachher!
Onunla çoktandır görüşmedik.	Wir hatten uns schon lange nicht mehr gesehen.
telefonla görüşmek	miteinander telefonieren
görüşme	Unterredung
birisiyle (bir konuda) görüşme yapmak	mit jmdm. (in Sachen ...) eine Besprechung abhalten
telefon görüşmesi	Telefongespräch
görüşme saatleri	Sprechstunden
gösteri	Demonstration
gösteri yapmak	demonstrieren
gösteri yürüyüşü	Demonstrationsmarsch
gösteriş	das Sich-Zeigen, Gepränge
gösteriş yapmak	angeben, Aufsehen erregen wollen
gösterişli	auffallend
göstermek	1. zeigen, 2. darlegen, beweisen
Size bir şey göstereceğim.	Ich muß / will Ihnen etwas zeigen.
Doktora ağrıyan yerini gösterdi.	Er hat dem Arzt die schmerzende Stelle gezeigt.
cesaret göstermek	Mut zeigen
anlayış göstermek	Verständnis zeigen
Bu durum gösteriyor ki ...	Die Lage der Dinge beweist, daß ...
isteksizlik göstermek	sich unwillig zeigen
götürmek	fortbringen, mit sich fortnehmen, mitnehmen
: getirmek	
yanında / birlikte / beraberinde götürmek	mitnehmen
göz	Auge
gözünü / gözlerini açmak	die Augen öffnen
gözünü / gözlerini kapamak	die Augen schließen
Kendi gözümle gördüm.	Ich sah (es) mit eigenen Augen.
gözümün önünde	vor meinen Augen
herkesin gözü önünde	vor aller Augen
çıplak gözle	mit bloßem Auge
-i göz önünde bulundurmak / tutmak	... im Auge behalten, ... beachten, sich ... vor Augen halten
-i gözden geçirmek	... durchsehen, ... überprüfen
-e (şöyle bir) göz atmak	einen Blick auf ... werfen
gözden kaybolmak	unsichtbar werden, den **Blicken** entschwinden

-i göze almak	... in Kauf nehmen, ... riskieren
Hemen gözüme çarptı.	Es hat mir gleich ins Auge gestochen.
-i dört gözle beklemek	mit Freude und Ungeduld auf ... warten
„Gözün / gözünüz aydın!"	„Herzlichen Glückwunsch!" *(Gratulationswunsch bei freudigen Anlässen)*
„Gözlerinden öperim."	*(Abschiedsformel in Briefen, meist an jüngere vertraute Personen gerichtet)*
gözlemek	beobachten
gözlem	Beobachtung
gözlemlemek	beobachten, eine Beobachtung machen
gözlük, -ğü	Brille
gözlük takmak / kullanmak	eine Brille tragen
gözlüğü takmak / çıkarmak	die Brille aufsetzen / abnehmen
gözlüklü	Brillenträger; brillentragend
gri *fr.*	grau
grip, -bi *fr.*	Grippe
grip olmak	Grippe haben
gribe yakalanmak	Grippe bekommen
şiddetli bir grip geçirmek	eine schwere Grippe haben
grip salgını	Grippeepidemie, Grippewelle
grup, -bu *fr.*	Gruppe
grup olarak / halinde	als Gruppe; in Gruppen
on kişilik bir grup	eine Gruppe zu 10 Personen
bir turist grubu	eine Gruppe Touristen
gruplara bölmek / ayırmak	zu Gruppen zusammentun, in Grüppchen teilen
gruplara ayrılmak	Gruppen bilden
gurbet *ar.*	Ausland, Fremde
gurbete gitmek	die Heimat verlassen
gurur *ar.* ((.−)) (→ onur)	Stolz; Hochmut
-den / -le gurur duymak	auf ... stolz sein
Gururu kırıldı.	Sein Hochmut ist gebrochen.
-le gururlanmak	auf ... stolz sein
gururlu	stolz; hochmütig
güç, -cü (1. → kuvvet; 2. → zor)	1. Kraft, Stärke; Macht, 2. schwer, schwierig
tüm gücüyle	aus Leibeskräften, mit voller Kraft
Buna gücüm yetmez.	Das geht über meine Kräfte. Dazu reicht meine Macht nicht aus.
güç kazanmak	an Stärke gewinnen
gücünü kaybetmek	an Kraft verlieren
güç bir iş	eine schwere Arbeit / Sache
güç gelmek	schwerfallen
Çince öğrenmek bana çok güç geliyor.	Chinesisch zu lernen fällt mir sehr schwer.

güçlü	stark, kräftig, mächtig
güçlü olmak	stark sein, mächtig sein, einflußreich sein
güçlü kuvvetli	stark und kräftig
ekonomik bakımdan güçlü	wirtschaftlich stark
güçsüz	kraftlos, machtlos, schwach
güçlük	Schwierigkeit, Mühe, Ungelegenheit
-de güçlük çekmek	mit ... Schwierigkeiten haben
birisine güçlük çıkarmak	jmdm. Schwierigkeiten bereiten, jmdm. Schwierigkeiten in den Weg legen
güçlükle	mit Mühe und Not, unter großen Anstrengungen
gül *pe.*	Rose
-i **güldürmek**	jmdn. zum Lachen bringen; jmdm. Freude bereiten
güldürü	Komödie
„Güle güle!"	„Auf Wiedersehen!" *(Erwiderung des Zurückbleibenden beim Abschied)*
„Güle güle kullan!"	*(Redensart angesichts eines neu gekauften Gegenstandes)* „Habe viel Freude daran!"
gülmece (→ mizah)	Satire
gülmek, -er	lachen
: ağlamak	
-e gülmek	über ... lachen
Bana mı gülüyorsun?	Lachst du über mich?
Bunda gülecek bir şey yok.	Das ist nicht zum Lachen.
güler yüzlü	freundlich, liebenswürdig *(attr.)*
gülümsemek	lächeln
gülünç	lächerlich, komisch
gümrük, -ğü *gr.*	Zoll
gümrük kontrolü / denetimi	Zollkontrolle
gümrüğe tabi eşya	zollpflichtige Ware(n)
gümrükten geçmek	den Zoll passieren
gümüş	Silber
gün	Tag
güzel bir gün	ein schöner Tag
güneşli bir gün	ein sonniger Tag
yağmurlu bir gün	ein regnerischer Tag
sisli bir gün	ein nebliger Tag
mutlu / acı bir gün	ein glücklicher / unglücklicher Tag
bir gün	eines Tages
geçen gün	vorgestern; neulich
bütün gün	den ganzen Tag (über)
ertesi gün	am folgenden Tag
her gün	jeden Tag

iki günde bir	alle zwei Tage, jeden zweiten Tag
günde bir kez / defa	einmal am Tag
üç gün için	für drei Tage
beş gün içinde	innerhalb von 5 Tagen
-den iki gün önce / sonra	zwei Tage vor / nach ...
günlerce	tagelang
günden güne	von Tag zu Tag
günlük	alltäglich, täglich, Tages-
günlük gazete	Tageszeitung
güncel	aktuell
„Günaydın!"	„Guten Morgen!", „Guten Tag!"
gündüz	der helle Tag, am (hellen) Tage
: gece	
gündüzün	tagsüber
gündüzleri	(immer) am Tage
gece gündüz	Tag und Nacht
güneş	Sonne
güneş ışığı	Sonnenlicht
Güneş doğdu.	Die Sonne ist aufgegangen.
Güneş battı.	Die Sonne ist untergegangen.
Güneş çıktı.	Die Sonne ist hervorgekommen.
güneş gözlüğü	Sonnenbrille
güneş banyosu	Sonnenbad
güneş tutulması	Sonnenfinsternis
güneşte yanmak	an der Sonne bräunen
güneşli	sonnig
güneşte / güneşin altında	in der Sonne
güneşli bir gün	ein sonniger Tag
güneş çarpması	Sonnenstich
güneşin doğuşu	Sonnenaufgang
güneşin batışı	Sonnenuntergang
güneşlenmek	ein Sonnenbad nehmen
güney	Süden, Süd-
: kuzey	
-in güneyinde	im Süden von ..., südlich von ...
güneye doğru	in Richtung Süden
Güney Kutbu	Südpol
gürültü	Geräusch, Lärm
hafif bir gürültü	ein leises Geräusch
en ufak / küçük bir gürültüde	beim leisesten Geräusch
gürültü yapmak / etmek	lärmen
Dışarıdan gürültü geliyor.	Von draußen kommt Lärm.
gürültülü	lärmend, laut
güven (→ emniyet)	Vertrauen, Verlaß

-e güven duymak	jmdm. vertrauen
güven duygusu	Vertrauensgefühl
kendisine güveni olmak	Selbstvertrauen haben
güvence	Garantie
güvenlik	Sicherheit
güvenlik kuvvetleri	Sicherheitskräfte
-e güvenmek	auf ... vertrauen, sich auf ... verlassen
güvenilir	zuverlässig
güvenilmez	unzuverlässig
güzel	schön
: çirkin	
Çok güzel!	Prima! Sehr schön!
İşte bu çok güzel!	Das ist ja großartig!
Ne kadar güzel!	Wie schön!
güzel bir haber	eine gute Nachricht
güzellik	Schönheit

H

haber *ar.*	Nachricht, Mitteilung, Meldung, Neuigkeit
iyi bir haber	eine gute Nachricht
sevinçli bir haber	eine frohe Nachricht
en son haber	die neuste Nachricht
haber almak	erfahren
aldığımız haberlere göre ...	wie wir erfahren haben ...
(-den) haber almak	Nachricht bekommen (von); sich nach ... erkundigen
-e (...-i/-den) haber vermek	jmdn. (...) melden, jmdn. (von ...) benachrichtigen, mitteilen
-den haberi olmak	Kenntnis von ... haben, über ... Bescheid wissen
Bundan hiç haberim yok.	Keine Ahnung! Davon weiß ich nichts.
haberler	Nachrichten
haberleri dinlemek / izlemek	Nachrichten hören / anschauen
haberleşmek	einander benachrichtigen; miteinander in Kontakt bleiben
hadi (→ haydi)	los!
Hadi gidelim!	Los, gehen wir!
hafif *ar.*	leicht
: ağır	

hafif bir hastalık	eine leichte Krankheit
hafif bir kahvaltı	ein leichtes Frühstück
hafif bir içki	ein leicht alkoholisches Getränk
Rüzgâr hafif hafif esiyor.	Der Wind weht schwach.
hafta *pe.*	Woche
Haftaya görüşürüz.	Wir sehen uns nächste Woche.
haftaya bugün	heute in einer Woche
tam bir hafta önce	genau vor acht Tagen
hafta içinde / arasında	die Woche über, werktags
gelecek hafta	nächste Woche
geçen hafta	letzte Woche
hafta sonu	Wochenende
haftalık	1. wöchentlich, Wochen-, 2. Wochenlohn
haftalık dergi	Wochenzeitschrift
hak, -kkı *ar.*	1. Recht, 2. zukommender Anteil
Buna hakkınız yok.	Dazu haben Sie kein Recht.
-e hak vermek	jmdm. Recht geben
insan hakları	Menschenrechte
Bu benim hakkım.	1. Das ist mein gutes Recht. 2. Das ist mein Anteil. Das steht mir zu.
yasal haklar	(gesetzmäßige) Rechte
-i hak etmek	... ehrlich verdienen
... üzerinde hak iddia etmek	... beanspruchen
hakkını istemek	sein Recht verlangen; den gebührenden Lohn fordern
haklı	1. im Recht seiend, 2. berechtigt
Haklı değilsiniz.	Sie haben nicht recht.
Haklısınız.	Sie haben recht.
haklı bir dava	ein berechtigter Anspruch
haklı olarak	mit (vollem) Recht
haksız	1. im Unrecht seiend, 2. unberechtigt
Haksız mıyım?	Habe ich etwa unrecht?!
haksız bir talep	eine unberechtigte Forderung
haksızlık	Unrecht
haksızlık etmek	ungerecht sein, ein Unrecht begehen
-e haksızlık etmek	jmdn. ungerecht behandeln
haksızlığa uğramak	Unrecht erfahren
Haksızlığa uğradım.	Mir ist Unrecht widerfahren.
hakaret *ar.* (.−'.)	Beleidigung, Beschimpfung
birisine hakaret etmek	jmdn. beleidigen
hakarete uğramak	beleidigt werden
hakikat *ar.* (.−'.) (→ gerçek 2.)	Wahrheit, Wirklichkeit; Tatsache
hakikaten (→ gerçekten)	tatsächlich, wirklich
hakiki *ar.* (.−−) (→ gerçek 3., sahici) : sahte	echt

hakim *ar.* (−.) (→ yargıç)	Richter
hakkında (→ üzerine)	hinsichtlich, über
onun hakkında	über ihn / sie
... hakkında konuşmak	über ... sprechen
... hakkında karar vermek	in Sachen ... einen Beschluß fassen
hal, -li *ar.* ((−)) (→ durum)	Zustand, Lage
Hava kirliliği tehlikeli bir hal aldı.	Die Luftverschmutzung hat ein gefährliches Ausmaß angenommen.
... halinde	in Form von ...
kitap halinde	in Buchform
müsvedde halinde	als Konzept, in Manuskriptform
onar kişilik gruplar halinde	in Gruppen zu 10 Personen
... haline gelmek	zu ... werden
Su, buhar haline geldi.	Das Wasser wurde zu Dampf.
... haline getirmek	zu ... machen
-diği halde	obwohl
gördüğüm halde	obwohl ich gesehen habe
bunu bildiği halde	obwohl er es wußte
Hasta olduğu halde okula gitti.	Obwohl er krank war, ging er zur Schule.
fena halde	sehr, maßlos
Fena halde sinirlendim.	Ich habe mich schrecklich aufgeregt.
o halde	dann, in diesem Falle
şu halde	wenn es so ist
hala *ar.*	Tante *(Schwester des Vaters)*
hâlâ *ar. (l)* (− −)	noch immer, jetzt noch, bis jetzt
daha hâlâ	noch immer
halbuki *ar. tü. pe.* (→ oysa, oysaki)	indessen
halen *ar.* (−.)	gegenwärtig *(adv.)*
halı	Teppich
halk *ar.*	Volk
Türk halkı	das türkische Volk
halk edebiyatı	Volksliteratur
halk müziği	Volksmusik
halletmek *ar. tü.* (→ çözmek)	lösen *(ein Problem u. dgl.)*
hallolmak	erledigt sein, gelöst sein
Sorun halloldu.	Das Problem ist gelöst.
ham *pe.*	unreif
hamal *ar.* (→ taşıyıcı)	Lastträger, Gepäckträger
hangi	welcher
Hangi tarihte?	An welchem Datum?
Hangimiz?	Wer von uns?
hanım	Frau *(Anrede, kombiniert mit dem Vornamen)*, Frau, Fräulein
Selma Hanım	Frau Selma

genç / yaşlı bir hanım	eine junge / alte Dame
hanımefendi	gnädige Frau
hani	wo
Hani, nerede?	Wo ist es denn? Wo steckt er denn?
hap *ar.*	Medizin, Tablette, Pille
hap içmek	eine Medizin einnehmen
hapis, -psi *ar.*	Gefängnis
hapis cezası	Gefängnisstrafe
hapse girmek	ins Gefängnis kommen
hapisten çıkmak	aus dem Gefängnis entlassen werden
hapse mahkum olmak	zu einer Gefängnisstrafe verurteilt werden
hapiste yatmak	im Gefängnis sitzen
hapishane (→ cezaevi)	Gefängnis
harcamak *ar. tü.*	ausgeben
para harcamak	Geld ausgeben
-e vakit harcamak	Zeit auf ... verwenden, Zeit an ... verschwenden
hareket *ar.*	1. Bewegung, 2. Abfahrt, 3. Handlungsweise
ani bir hareket	eine plötzliche Bewegung
hareket saati	Abfahrtszeit
Bu hareketinizi hiç beğenmedim.	Ihre Handlungsweise gefällt mir überhaupt nicht.
harf, -fi *ar.*	Buchstabe
küçük harf	Kleinbuchstabe
büyük harf	Großbuchstabe
Arap harfleri	die arabischen Buchstaben
hariç, -ci *ar.* (−.) (→ dışında, -den başka) : dahil	außer ...
Elma hariç bütün meyveleri severim.	Ich mag jedes Obst außer Äpfeln.
-ın haricinde	außerhalb von ..., außer ...
harika *ar.* (−..)	1. Wunder, 2. großartig, phänomenal
Harika!	Großartig!
harika bir manzara	eine großartige Aussicht
harika bir fikir	eine großartige Idee
harikulade (−..−.) *(l)*	phänomenal, ganz außergewöhnlich
harita *ar.*	Landkarte
Türkiye haritası	Türkeikarte
harp, -bi *ar.* (→ savaş)	Krieg
İki ülke arasında harp çıktı.	Zwischen den beiden Ländern ist ein Krieg ausgebrochen.
hasta *pe.* : sağlıklı	krank; Kranker, Patient
ağır hasta	schwer krank; schwerkrank

kalp hastası	herzkrank; Herzkranker
ruh hastası	geisteskrank; Geisteskranker
Hasta ameliyat masasına yatırıldı.	Der Patient wurde auf den Operationstisch gelegt.
hasta olmak	krank werden / sein
hastaya bakmak	einen Kranken pflegen
hastayı ziyaret etmek	den Kranken besuchen
hastalık	Krankheit
: sağlık	
hastalık geçirmek	eine Krankheit durchmachen
bir hastalığa yakalanmak	eine Krankheit bekommen
hastalanmak	erkranken
hastabakıcı	Krankenpfleger
hastane *pe.* (.−.)	Krankenhaus, Klinik
hastaneye götürmek	ins Krankenhaus bringen
hastaneye yatmak	ins Krankenhaus aufgenommen werden
hastenede yatmak	im Krankenhaus liegen
hat, -ttı *ar.*	1. Linie, Strecke, 2. Leitung *(Telefon, Wasser u. dgl.)*
Ankara−İstanbul demiryolu hattı	die Eisenbahnstrecke Ankara−Istanbul
Hat meşgul.	Die Leitung ist besetzt.
Hatlar dolu.	Die Leitungen sind besetzt.
hata *ar.* (.−) (→ yanlış)	Fehler, Irrtum, Versehen
büyük / küçük bir hata	ein schwerer / leichter Fehler
hata yapmak	einen Fehler machen
hatalı	fehlerhaft
hatasız	fehlerlos
hatır *ar.*	Gedächtnis, Erinnerung
birisinin hatırına gelmek	jmdm. einfallen, jmdm. ins Gedächtnis kommen
Hatırıma gelmiyor.	Ich kann mich nicht erinnern.
hatırında kalmak	im Gedächtnis bleiben, erinnerlich sein
hatırında tutmak	im Gedächtnis behalten
-i hatırlamak (→ anımsamak)	sich an … erinnern
hatıra *ar.* (−..) (→ anı)	Andenken, Erinnerung; Souvenir
en güzel hatıralar	die schönsten Erinnerungen
İstanbul hatırası	ein Souvenir aus Istanbul
hatta *ar.* (.−)	sogar
hava *ar.*	1. Luft, 2. Wetter; Klima
açık havada	draußen in der frischen Luft
kapalı hava	bewölktes Wetter
Hava açık.	Das Wetter ist heiter.
kötü / güzel hava	schlechtes / schönes Wetter
kötü hava koşulları yüzünden	wegen der schlechten Wetterbedingungen

güzel havalarda	bei schönem Wetter
hava durumu	Wetterlage
hava almak	frische Luft schöpfen
Hava açtı.	Es hat sich aufgehellt.
Hava kapandı.	Der Himmel hat sich bezogen.
Hava karardı.	Es ist dunkel geworden.
havalandırmak	lüften
havaalanı	Flughafen, Flugplatz
havalimanı	Flughafen
havagazı	*(Haushalts- u. ä.)* Gas
havayolu	Luftlinie
... havayolları	Luftfahrtgesellschaft ...
havlu	Frottiertuch
yüz havlusu	Handtuch
banyo havlusu	Badetuch
havuz *ar.*	Becken
yüzme havuzu	Schwimmbad
kapalı yüzme havuzu	Hallenbad
hayal, -li *ar.* (.−)	Phantasie, Illusion
-i hayal etmek	sich ... erträumen, von ... träumen
hayal kurmak	sich etwas in der Phantasie ausmalen
hayalgücü	Vorstellungsvermögen
hayat *ar.* (→ yaşam)	Leben
hayatımda	in meinem ganzen Leben
hayatı boyunca	sein Leben lang
hayatta olmak	leben, am Leben sein
Henüz hayatta.	Er lebt noch.
hayatını kazanmak	seinen Lebensunterhalt erwerben
hayatını kaybetmek	ums Leben kommen
haydi (→ hadi)	los!
Haydi çocuklar!	Los, Kinder!
Haydi arkadaşlar!	Los, Freunde, auf geht's!
hayır *ar.*	nein
Hayır, olmaz!	Nein, das geht nicht!
hayran *pe.*	verwundert, erstaunt
-e hayran olmak	... bewundern
hayret *ar.*	Erstaunen, Verwunderung
Hayret!	Wie sonderbar!
-e hayret etmek	sich über ... wundern, über ... erstaunt sein
hayvan *ar.*	Tier
evcil hayvan	Haustier
yabani hayvan	Wildtier
hayvanat bahçesi	Zoo

hazır *ar.*	1. bereit, 2. fertig
Sofra hazır, buyrun!	Der Tisch ist gedeckt, zu Tisch bitte!
Yemek hazır!	Das Essen ist fertig.
Ben hazırım.	Ich bin fertig.
-e hazır olmak	zu … bereit sein
Size yardıma hazırım.	Ich bin bereit Ihnen zu helfen.
hazırlamak	vorbereiten; fertig machen
bavul hazırlamak	den Koffer packen
-e hazırlanmak	sich auf … vorbereiten, sich zu … bereitmachen
sınava hazırlanmak	sich auf die Prüfung vorbereiten
hazırlık	Vorbereitung(en)
hazırlık yapmak	Vorbereitungen treffen
hece *ar.*	Silbe
hedef *ar.* (→ amaç)	Ziel, Zweck
hediye *ar.* (→ armağan)	Geschenk
birisine (…/…-i) hediye etmek	jmdm. (…) schenken
Ona bir kitap hediye edeceğim.	Ich werde ihm ein Buch schenken.
hediyelik eşya	Geschenkartikel
hem *pe.*	und
hem … hem … / hem … hem de …	sowohl … als auch …, … und auch …
hem güzel hem (de) ucuz	sowohl schön als auch preiswert, schön und auch preiswert
Hem Türkiye'de hem (de) Kıbrıs'ta bulundum.	Ich bin sowohl in der Türkei als auch in Zypern gewesen.
Hem mektup yazdım hem telefon ettim.	Ich habe sowohl einen Brief geschrieben als auch angerufen.
Hem söz verdi hem (de) gelmedi.	Er hat es versprochen zu kommen, ist aber nicht gekommen.
Hem biliyor hem (de) söylemiyor.	Er weiß es, aber er sagt es nicht.
Hem de nasıl!	Und wie!
hemen *pe.*	sofort, gleich
Hemen!	Sofort!
Hemen geliyorum.	Ich komme sofort.
Hemen döneceğim.	Ich bin gleich wieder zurück.
hemen bundan sonra	gleich darauf
hemen şimdi	jetzt gleich
hemen karşıda	gleich gegenüber
hemen hemen	1. fast, nahezu, 2. ungefähr
hemşire *pe.*	Krankenschwester
henüz *pe.* (1. + *pos.*, 2. + *neg.*)	1. noch, noch immer, 2. noch nicht, 3. eben erst
Henüz gençsin.	Du bist noch jung.
Henüz hazır değil.	Es ist noch nicht fertig.

Henüz gelmedi.	Er ist noch nicht gekommen.
Henüz geldi.	Er ist eben erst gekommen.
hep	1. alle, alle zusammen, 2. immer
: hiçbir	
hepimiz	wir alle
hepiniz	ihr / Sie alle
hepsi	sie alle
hep birlikte / beraber	alle zusammen
Hep söylerim: ...	Ich sage es immer: ...
hep aynı	immer dasselbe
Hep aynı sözler!	Immer die gleichen Worte!
Hepsi ne (kadar) ediyor?	Was kostet alles zusammen?
Hepsi bu kadar.	Das ist alles.
Hepsi aynı / bir.	Das ist alles das gleiche. Da ist kein Unterschied.
her	jeder
: hiçbir	
her an	jeden Augenblick, jederzeit
her biri	(ein) jeder (von ihnen)
her birimiz	jeder von uns
her biriniz	jeder von euch
her gün	jeden Tag
her ikisi (de)	alle beide
her defa / defasında / seferinde	jedesmal
her neyse / ne ise	was auch immer
her ne kadar ... ise de	wie ... auch immer es sein mag
her şey	alles
-den başka her şey	alles außer ...
her şeyden önce	vor allen Dingen, zuerst
her taraftan / yandan	von überall her, von allen Seiten
her yerde	überall
her zaman	immer, jedesmal
her zaman olduğu gibi	wie immer, wie gewöhnlich
her zamanki gibi	wie gewöhnlich
herhalde	sicherlich, wahrscheinlich
herhangi	irgendein
herhangi bir	irgendein ..., irgendwelche ...
herhangi bir şey	irgend etwas
herhangi biri	irgend jemand
herhangi bir kimse	irgend jemand
herhangi bir biçimde / şekilde	irgendwie
herhangi bir yerde	irgendwo
herkes *pe.*	jeder *(subst.)* jedermann
hesap, -bı *ar.*	1. Rechnung, 2. Bankkonto

Hesap, lütfen!	Die Rechnung bitte!
hesap etmek	rechnen; überlegen
bankada hesap açtırmak	ein Konto eröffnen
hesaplamak	rechnen
heves *ar.*	Neigung, Interesse, Lust
-e hevesi olmak	an ... interessiert sein; eine Neigung für ... haben
Çocuğun müziğe çok hevesi var.	Das Kind ist musikbegeistert.
heyecan *ar.* (→ coşku)	1. Aufregung, Erregung, 2. Begeisterung
-i heyecanla beklemek	auf ... gespannt sein
-den heyecanlanmak	1. durch ... in Aufregung geraten, 2. durch ... in Begeisterung geraten
heyecanlı	spannend, aufregend; aufgeregt
heyecanlı bir film	ein spannender Film
Bugün çok heyecanlıyım.	Ich bin heute sehr aufgeregt.
Dünkü olay beni çok heyecanlandırdı.	Das Ereignis gestern hat mich sehr aufgeregt.
heykel *ar.*	Statue, Skulptur
hırsız	Dieb, Einbrecher
hırsızı yakalamak	den Dieb fangen
hırsızlık	Diebstahl, Einbruch
hırsızlık etmek / yapmak	stehlen
hız	Geschwindigkeit, Tempo
Araba saatte kaç kilometre hızla gidiyor?	Mit wieviel Stundenkilometern fährt der Wagen?
Araba saatte 100 kilometre hızla gidiyor.	Der Wagen fährt mit 100 Stundenkilometern.
Araba saatte 120 kilometre hız yapıyor.	Der Wagen legt 120 km in der Stunde zurück.
hızlanmak	Tempo gewinnen, schneller werden, beschleunigen
hızlı	schnell
hızlı sürmek	schnell fahren
hiç *pe.* (1. + *neg.*) (2. + *pos.*)	1. gar nicht, 2. jemals, überhaupt
Bugün onu hiç görmedim.	Heute habe ich ihn gar nicht gesehen.
Hiç de kolay değil.	Es ist gar nicht leicht.
Hiç param yok.	Ich habe gar kein Geld.
Hiç Türkiye'de bulundun mu?	Bist du jemals in der Türkei gewesen?
Hiç de değil.	Durchaus nicht. Auf keinen Fall.
Hiç kuşkusuz / şüphesiz.	Ganz gewiß. Ohne jeden Zweifel.
hiç olmazsa	wenigstens
hiç kimse	niemand
Burada hiç kimse yok.	Niemand ist da.
Hiç belli olmaz.	Man kann nie wissen.

Hiç önemli değil.	Es ist überhaupt nicht wichtig.
Bunun hiç önemi yok.	Das hat überhaupt keine Bedeutung.
hiçbir	kein
: hep, her	
hiçbir şey	nichts
hiçbirimiz	keiner von uns
hiçbiriniz	keiner von euch
hiçbiri	keiner von ihnen
hiçbir zaman	niemals
hiçbir yerde	nirgends
hiçbir şekilde	keinesfalls, keineswegs
hikâye *ar.* (.−.) (→ öykü)	Geschichte, Erzählung
kısa hikâye	Kurzgeschichte
hikâye anlatmak	eine Geschichte erzählen
his, -ssi *ar.* (→ duygu)	Gefühl, Empfindung
hissetmek	fühlen, empfinden
kendini iyi hissetmek	sich wohl fühlen
Kenidinizi nasıl hissediyorsunuz?	Wie fühlen Sie sich?
hizmet *ar.*	Dienst
-e hizmet etmek	jmdm. dienen, jmdn. bedienen
hizmetçi	Haushaltshilfe, Putzfrau
hoca *pe.*	1. islamischer Geistlicher, 2. Lehrer
Hocam!	Herr Lehrer! Frau Lehrerin!
hoş *pe.*	1. angenehm, nett, 2. hübsch
Çok hoş! / Pek hoş!	Wie nett! Wie hübsch!
-nin hoşuna gitmek	gefallen
Bu (sizin) hoşunuza gidiyor mu?	Gefällt es Ihnen?
(Benim) hiç hoşuma gitmedi.	Es hat mir überhaupt nicht gefallen.
(Benim) çok hoşuma gitti.	Es hat mir sehr gut gefallen.
„Hoş geldiniz!"	„Herzlich willkommen!"
„Hoş bulduk!"	*(Antwort auf „Hoş geldiniz!")*
„Hoşça kal / kalın!"	„Leb / Leben Sie wohl!"
-den hoşlanmak	an ... Gefallen finden
Bu adamdan hiç hoşlanmıyorum.	Dieser Mann gefällt mir überhaupt nicht.
hoş görmek	tolerieren
hoşgörü	Toleranz
hoşgörülü	tolerant
hoşgörülü bir insan	ein milder, toleranter Mensch
birisine (karşı) hoşgörülü davranmak	sich jmdm. gegenüber milde verhalten
hukuk *ar.* ((.−))	Recht, Rechtswesen; Rechtswissenschaft, Jura
hukuk fakültesi	juristische Fakultät
hukuki	rechtlich, juristisch
hususi *ar.* (.−−) (→ özel)	privat; persönlich

huy *pe.*		Charakterzug
huysuz		launisch, mürrisch
huzur *ar.*		Ruhe, Ausgeglichenheit
huzur içinde		in aller Ruhe, friedvoll
huzurlu		seelisch ausgeglichen
huzursuz		unruhig
huzursuzluk		Unruhe
huzurevi		Altersheim
hüküm, -kmü *ar.* (1. → yargı, 2., 3. → karar)		1. Urteil, 2. Entscheidung, 3. Beschluß
hüküm sürmek		herrschen; regieren
hüküm vermek		ein Urteil fällen
hükümet *ar.* (.−.)		Regierung
hür *ar.* (→ özgür)		frei, unabhängig
hürriyet (→ 1. özgürlük, 2. → bağımsızlık)		1. Freiheit, 2. Unabhängigkeit

I

ılık, -ğı	lauwarm
ılık su	lauwarmes Wasser
ılık bir hava	laues / warmes Wetter
ırmak, -ğı (→ nehir)	Fluß; Bach
ısı	Temperatur
ısınmak	warm werden, sich erwärmen.
: soğumak	
Havalar ısındı.	Es ist wärmer geworden.
Oda ısındı.	Im Zimmer ist es warm geworden.
ısıtmak	heizen, wärmen
ısırmak	beißen
ıslak, -ğı	naß, feucht
: kuru	
ıslanmak	naß werden
: kurumak	
ıslatmak	naß machen
: kurutmak	
-e **ısmarlamak**	bestellen
Ona birçok kitap ısmarladım.	Ich habe bei ihm viele Bücher bestellt.
birisine çay / kahve ısmarlamak	für jmdn. einen Tee / Kaffee bestellen
ısrar *ar.* ((.−))	Beharrlichkeit; Hartnäckigkeit
birisine ısrar etmek	jmdm. gegenüber auf ... bestehen, auf ... beharren
Bana bu konuda çok ısrar etti.	In dieser Angelegenheit wollte er mir nicht nachgeben.

ısrarla	beharrlich, wiederholt
ısrarla söylemek	wiederholt betonen
ıssız (→ tenha)	einsam, verlassen, unbelebt
ışık, -ğı	Licht
ışığı açmak / yakmak	Licht machen, das Licht anmachen
ışığı kapatmak / söndürmek	das Licht ausmachen
Işık yanıyor.	Das Licht ist an. Das Licht brennt.

İ

icap, -bı *ar.* (– –) (→ gerek)	Notwendigkeit
icap etmek	erforderlich machen
icabında (→ gerektiğinde)	nötigenfalls, gegebenenfalls
icat, -dı *ar.* (–.) ((– –)) (→ buluş)	Erfindung
icat etmek (→ bulmak)	erfinden, schaffen
iç	Inneres, Innenseite, Innenraum; innerer
: dış	
-in içi	das Innere von ...
evin içi	das Innere des Hauses
evin içinde	im Haus
-in içine	in ... hinein
evin içine	ins Haus
-in içine koymak	in ... hineinstecken
çantanın içine koymak	in die Tasche hineinstecken
iç çamaşırı	Unterwäsche
iç hat(lar)	Inlandsfluglinie(n)
iç hat seferi	Inlandsflug
iç taraf	das Innere
yurt içi	Inland
iç içe	ineinander
-in içinde	in ...
iki yıl içinde	innerhalb von zwei Jahren
dolabın içinde	im Schrank
içinden	aus, von, durch, quer über, hindurch
Ankara'nın içinden geçtik.	Wir fuhren durch die Innenstadt von Ankara.
içindekiler	Inhaltsverzeichnis
içecek, -ği	Getränk
soğuk / sıcak bir içecek	ein kaltes / warmes Getränk
içeri	nach innen, nach drinnen, herein, hinein
: dışarı	
içeride / içerde	drinnen

içerik		ihtiyar

içeriye		herein, hinein
içeriye / içeri girmek		eintreten, hineingehen
„İçeriye / içeri buyrun!"		„Bitte, kommen Sie herein!"
(-in) içerisi		das Innere (von ...)
İçerisi çok sıcak.		Drinnen ist es sehr warm.
Evin içerisi bomboş.		Das Haus ist ganz leer.
... içerisinde		innerhalb von ...
üç gün içerisinde		innerhalb von drei Tagen
içerik, -ği (→ muhteva)		Inhalt
-i **içermek**		... enthalten, ... fassen, in sich schließen
için *(postp. + nom.; pers. pron. + gen)*		für
çocuk için		für das Kind
annem için		für meine Mutter
benim için		für mich
bunun için		deswegen
içki		alkoholisches Getränk
içki içmek		Alkohol trinken
içmek, -er		trinken
çorba içmek		Suppe essen
sigara içmek		rauchen
içten (→ samimi)		von Herzen kommend, herzlich
içten bir insan		ein aufrichtiger, herzlicher Mensch
„En içten saygılarımla."		„Mit aufrichtiger Hochachtung."
idare *ar.* (.−.) (→ yönetim)		1. Verwaltung, 2. Leitung, Führung
idare etmek (→ yönetmek)		1. verwalten, 2. leiten, führen
ideal, -li *fr.*		Ideal
ifade *ar.* (.−.) (→ anlatım)		Ausdruck
ifade etmek		ausdrücken
iğne		Nadel
çengelli iğne		Sicherheitsnadel
toplu iğne		Stecknadel
iğnelemek		mit einer Nadel befestigen
ihmal, -li *ar.* ((.−))		Vernachlässigung, Unachtsamkeit
ihmal etmek		vernachlässigen
ihracat *ar.* (.−.) (→ dışsatım)		Export
ihraç etmek		exportieren
ihraç malı		Exportgut
ihtiyaç *ar.* ((..−)) (→ gereksinim)		Bedürfnis, Bedarf
-e ihtiyacı olmak		brauchen, Bedarf haben an ...
Bir şeye ihtiyacınız var mı?		Brauchen Sie irgend etwas?
Yardımınıza ihtiyacım var.		Ich brauche Ihre Hilfe.
bir ihtiyacı karşılamak		einen Bedarf decken
ihtiyar *ar.* (→ yaşlı)		alt, alter Mensch, Greis
: genç		

ihtiyarlamak (→ yaşlanmak)	alt werden, altern
ihtiyarlık (→ yaşlılık)	das Alter
ikaz *ar.* (−.) ((− −)) (→ uyarı)	Warnung
ikaz etmek (→ uyarmak)	warnen
iki	zwei
bir iki	einige, ein paar
ikimiz	wir beide
ikisi	beide
her ikisi	alle beide
ikiye katlamak	falten
iki günde bir	alle zwei Tage
ikide bir	häufig, immer wieder
iki yüzlü	heuchlerisch
iklim *ar.*	Klima
sert / yumuşak iklim	rauhes / mildes Klima
ikram etmek *ar. tü.* (.−)	anbieten, servieren, reichen
„Size ne ikram edebilirim?"	„Was darf ich Ihnen *(zu trinken u. dgl.)* anbieten?"
iktisat, -dı *ar.* (..−) (→ ekonomi)	Wirtschaft, Ökonomie
ilaç, -cı *ar. (l)*	Arznei, Medikament
ilaç içmek / almak	Medizin einnehmen
ilan *ar. (l)* (− −) (→ duyuru)	Anzeige, Inserat
ilan etmek	anzeigen, öffentlich bekanntmachen, annoncieren
gazeteye ilan vermek	in der Zeitung inserieren
ilave *ar. (l)* (.−.) (→ ek)	1. Zusatz, Ergänzung, 2. Sonderbeilage
ilave etmek (→ eklemek)	hinzufügen, dazugeben; beilegen
gazetenin spor ilavesi	Sport-Sonderbeilage der Zeitung
ile (-la / -le) *(postp. +nom.; pers. pron. + gen)*	1. mit, 2. und
bıçak ile / bıçakla	mit dem Messer
benim ile / benimle	mit mir
ile birlikte / beraber	zusammen mit
onun ile / onunla birlikte	zusammen mit ihm
kediyle köpek	Katze und Hund
ileri	nach vorne, vorwärts
: geri	
ileride / ilerde	1. vorne, 2. in Zukunft, später
100 metre ileride	100 Meter weiter vorn
biraz ileride	ein bißchen weiter vorn
Saat beş dakika ileri.	Die Uhr geht fünf Minuten vor.
ileri gelen	einflußreich, führend *(attr.)*
ileri görüşlü	fortschrittlich eingestellt
ileriye gitmek	vorwärts gehen

ileri sürmek	vorbringen; behaupten
ilerlemek	vorwärts gehen, fortschreiten; sich gut entwickeln
öne doğru ilerlemek	nach vorne gehen
-i ilerletmek	in ... Fortschritte machen, ... voranbringen
O, Türkçesini çok ilerletti.	Er hat im Türkischen große Fortschritte gemacht.
ilgi	1. Interesse, 2. Zusammenhang
-e ilgi göstermek	sich für ... interessieren, Interesse bezeugen
-le ilgili	im Zusammenhang mit ..., ... betreffend, in Verbindung stehend mit ...
Bu mektup seninle ilgili.	Dieser Brief hat mit dir zu tun.
öğrencilerle ilgili	die Studenten betreffend
yabancılarla ilgili önyargılar	Vorurteile gegen Ausländer
konuyla ilgili kitaplar	Bücher zum Thema
ders programıyla ilgili açıklamalar	Erklärungen zum Unterrichtsprogramm
turizmin gelişimi ile ilgili sorunlar	Probleme in Zusammenhang mit der Entwicklung des Fremdenverkehrs
-le ilgisiz	uninteressiert, interesselos
ilgisizlik	Interesselosigkeit, Gleichgültigkeit
-le ilgilenmek	sich interessieren für ..., Interesse haben für ...
Gençlik sorunlarıyla herkes ilgilenmelidir.	Jeder muß sich mit den Problemen der Jugend auseinandersetzen.
ilgilendirmek	interessieren, betreffen
Bu sizi ilgilendirmez.	Das betrifft Sie nicht. Das ist nicht Ihre Sache.
yabancıları ilgilendiren haberler	Nachrichten von Interesse für die Ausländer
ilginç, -ci	interessant
Çok ilginç!	Hoch interessant!
ilginç bir olay	ein interessantes Ereignis
ilginç bir durum	eine interessante Situation
ilim, -lmi *ar.* (→ bilim)	Wissenschaft
ilmi (.–) (→ bilimsel)	wissenschaftlich
ilişikte	beiliegend, in der Anlage
ilişki	Beziehung, Verhältnis
-le ilişki kurmak	mit ... Beziehung aufnehmen
-le ilişkisi olmak	mit ... zu tun haben, eine Beziehung zu ... haben
-le ilişkisini kesmek	die Beziehung(en) zu ... abbrechen
ilişkin	betreffend, angehend, sich beziehend

buna ilişkin olarak	diesbezüglich
yazarın yaşamına ilişkin belgeler	Dokumente zum Leben des Autors
ilk	erster
ilk kez / defa	das erste Mal; zum ersten Mal
ilk bakışta	auf den ersten Blick
ilk olarak	in erster Linie, erstens
ilk önce	zu allererst
ilk ve son kez	ein für allemal
ilk önceleri	in der ersten Zeit, anfänglich
ilk yardım	Erste Hilfe
ilkbahar *tü. pe.* (→ bahar)	Frühling
: sonbahar	
ilke (→ prensip)	Grundsatz, Grundlage, Prinzip
ilke olarak	prinzipiell
ilkel	primitiv
ilkel bir davranış	ein primitives Verhalten
ilkel insanlar / ilkeller	die Primitiven
ilkokul	Grundschule, Volksschule
iltifat *ar.* ((..−))	Kompliment
„İltifatınıza teşekkür ederim."	„Ich danke Ihnen für Ihr Kompliment."
iltifat etmek	Komplimente machen
„İltifat ediyorsunuz!"	„Ein nettes Kompliment von Ihnen!"
„İmdat!" *ar.* (→ yetişin)	„Hilfe!"
imkân *ar.* ((.−)) (→ olanak)	Möglichkeit
imkânsız (→ olanaksız)	unmöglich
Bu tamamen imkânsız.	Das ist ganz unmöglich.
imtihan *ar.* (→ sınav)	Prüfung, Examen
imza *ar.* (.−)	Unterschrift
-e imza atmak	... unterschreiben
-i imzalamak	... unterschreiben
imzalı	mit Unterschrift, unterschrieben
imzasız	ohne Unterschrift
imzasız mektup	ein anonymer Brief
inanç, -cı	Glaube
inanmak	glauben, Vertrauen schenken
Ona inanıyorum.	Ich glaube ihm / an ihn.
Bunların hiçbirine inanmıyorum.	Ich glaube kein Wort davon.
inandırıcı	überzeugend, glaubhaft
İnanılmaz şey!	Nicht zu glauben!
ince	1. dünn, zart, fein, 2. nett, höflich
1.: kalın, 2.: kaba	
ince bir kumaş	ein feiner Stoff
ince bir elbise	ein dünnes Kleid
ince bir ses	ein feines Stimmchen

ince bir davranış	ein höfliches / feines Benehmen
ince düşünceli	aufmerksam, feinsinnig
incelmek	dünner werden
incelemek	genau untersuchen, eingehend prüfen
indirim (→ tenzilat)	Ermäßigung
indirim yapmak	ermäßigen
indirimli	im Preis ermäßigt
indirimli satış	Verkauf zu reduzierten Preisen
indirmek	1. herunterbringen, hinunterlassen, 2. reduzieren
1.: kaldırmak, çıkarmak, 2.: yükseltmek	
aşağıya indirmek	nach unten schaffen
İngiliz	englisch, Engländer
İngilizce	Englisch
İngiltere	England
inkâr *ar.* ((.−))	Leugnen, Verleugnung, Nichtanerkennung
inkâr etmek	leugnen, bestreiten
inmek, -er	1. hinuntersteigen, 2. aussteigen, 3. landen *(Flugzeug u. dgl.)*
1.: çıkmak, 2.: binmek, 3.: kalkmak	
aşağı / aşağıya inmek	hinuntersteigen, herunterkommen
merdivenden aşağı inmek	die Treppe hinuntergehen
asansörle inmek	mit dem Aufzug hinunterfahren
otobüsten inmek	aus dem Bus aussteigen
„Durakta inecek var!"	„Aussteigen bitte!"
Ankara'ya saat 10'da ineceğiz.	Wir landen um 10 Uhr in Ankara.
iniş	1. Abstieg, 2. abwärts führender Weg, 3. Landung
1.: biniş, 2.: yokuş, 3.: kalkış	
insan *ar.*	1. Mensch, 2. man
insanlar	die Leute
bazı / kimi insanlar	manche Leute, gewisse Leute
pek çok / birçok insan	viele Leute, eine große Anzahl Menschen
insanca	auf menschliche / menschenwürdige / anständige Art
insancıl	human
insancıl bir davranış	humanes Verhalten
insanlık	1. die Menschheit, 2. Menschlichkeit, Humanität
insanlık dışı	unmenschlich
inşaat *ar.*	Bau, Bauunternehmung; Bauplatz
inşaat alanı	Bauplatz
ip	Strick, Schnur, Leine
iple bağlamak	mit einer Schnur binden / befestigen
iplik, -ği	Faden, Garn
iğneye iplik geçirmek	eine Nadel einfädeln

iptal *ar.* ((.-))	Annullierung
iptal etmek	annullieren, ungültig machen; absagen, aufheben
iri	riesig
: ufak	
is	Ruß
isli	verrußt, versmogt
ise	1. wenn ... ist, 2. jedoch, was aber ... betrifft
ise de	wenn auch ... ist
her ne kadar ... ise de	wie immer ... (es) sein mag
isim, -smi *ar.* (→ ad)	Name; Vorname
İsminiz (ne)?	Wie heißen Sie?
iskele *it.*	Schiffsanlegeplatz, Landungsbrücke
ispat *ar.* ((.-)) (→ kanıt)	Beweis
ispat etmek / ispatlamak (→ kanıtlamak)	beweisen
istasyon *fr.*	Station, Bahnhof
istek, -ği (→ arzu)	Wunsch, Lust
Başka bir isteğiniz var mı?	Haben Sie noch einen Wunsch?
Sizden bir isteğim var.	Ich habe eine Bitte an Sie.
istekle	mit Lust und Freude
istekli	1. willig, 2. Interessent
isteksiz	unwillig, ungern
istemek	1. möchten; wollen, wünschen 2. bitten; fordern, 3. erforderlich / nötig machen
İsterseniz ...	Wenn Sie wollen ...
„Nasıl isterseniz."	„Wie Sie wollen."
Ne istiyorsunuz?	Was möchten Sie?
Ne istemiştiniz?	Was hätten Sie gern?
Tam istediğim gibi.	Ganz in meinem Sinne.
Canım istemiyor.	Ich habe keine Lust.
Canım ... istiyor.	Ich möchte gerne ...
İstemez!	Das ist nicht nötig. Das erübrigt sich.
istemeyerek / istemeden	1. ungern, widerwillig, 2. versehentlich, unabsichtlich
Özür dilerim, istemeyerek oldu.	Entschuldigung, das war nicht meine Absicht. Entschuldigung, das habe ich nicht gewollt.
iş	1. Arbeit, Beschäftigung, 2. Beruf, 3. Angelegenheit
iş aramak	Arbeit suchen
iş bulmak	Arbeit finden
iş vermek	Arbeit geben

iş yapmak	eine Arbeit tun; Unternehmungen machen
İşim var.	Ich habe zu tun.
işe almak	*(einen Beschäftigten)* einstellen
işe girmek	eine Stelle erhalten
işten çıkmak	von der Arbeit nach Hause gehen; die Arbeitsstelle aufgeben
iş arkadaşı	Arbeitskollege
iş adamı	Unternehmer
iş saatleri	Geschäftszeiten, Arbeitszeiten
iş yeri	Arbeitsplatz
günlük işler	tägliche Arbeit; Alltagsangelegenheiten
Ne iş yapıyorsunuz?	Was sind Sie von Beruf?
İşiniz (ne)?	Ihr Beruf?
işçi	Arbeiter, Arbeitnehmer
işveren	Arbeitgeber
işsiz	arbeitslos; Arbeitsloser
işsizlik	Arbeitslosigkeit
işsizlik sorunu	das Arbeitslosenproblem
işaret *ar.* (.–.)	Zeichen
-e işaret etmek	auf ... zeigen
işaretlemek	anzeichnen, ankreuzen
işitmek (→ duymak)	hören, anhören
Beni işitebiliyor musunuz?	Können Sie mich hören?
işlem (→ muamele)	Formalitäten
işlemek	funktionieren, arbeiten
Saat işliyor.	Die Uhr funktioniert.
nakış işlemek	sticken
Havaalanına otobüs işliyor mu?	Gibt es einen Bus zum Flughafen?
Asansör işlemiyor.	Aufzug außer Betrieb.
işte	hier, da, so *(Hinweisewort)*
İşte buradayım.	Da bin ich.
İşte geldim.	So, da bin ich.
İşte bu.	Das ist es.
İşte bu yüzden ...	Eben deswegen / darum ...
İşte bu kadar.	So, das war es (also).
İşte gördün mü?	Na, hast du gesehen?
İşte orada.	Da drüben.
ithal, -li *ar.* (.–) (→ dışalım)	Import
ithal etmek	importieren
itibaren *ar.* (–.–'.) *(+ abl.)*	von ... an, ab ...
bugünden itibaren	von heute an
şu andan itibaren	ab jetzt
2 (iki) Marttan itibaren	ab dem 2. März, vom 2. März an
itmek, -er	schieben, stoßen
: çekmek	

iyi	1. gut, in Ordnung, 2. gesund
1.: kötü, 2.: hasta	
Çok iyi!	Sehr gut!
daha iyi	besser
daha iyi bir şey	etwas Besseres
en iyisi	am besten, das beste
en iyi biçimde / şekilde	am besten
iyi ki ...	gut, daß ...
İyi ki seni gördüm.	Gut, daß ich dich getroffen habe.
„İyi günler!"	„Guten Tag!"
„İyi akşamlar!"	„Guten Abend!"
„İyi geceler!"	„Gute Nacht!"
„İyi eğlenceler!"	„Viel Vergnügen!"
„İyiyim."	„Es geht mir gut."
„Nasılsınız, iyi misiniz?"	„Wie geht es Ihnen?"
iyi gelmek	gut bekommen
İlaç iyi geldi.	Die Medizin hat (mir) geholfen.
iyice	1. ziemlich, recht, 2. gründlich, eindringlich
İyice yorulduk.	Wir sind ziemlich erschöpft.
Türkçeyi iyice öğrendi.	Er hat ganz gut Türkisch gelernt.
iyilik	eine gute Tat
birisine iyilik etmek	jmdm. etwas Gutes tun, sich hilfreich erweisen
iyileşmek	genesen, wieder gesund werden
iyileştirmek	heilen
iz	Spur
-in izini takip etmek	...s Spur verfolgen
-in izini bulmak	... Spur finden / entdecken
izah etmek *ar.tü.* (− −) (→ açıklamak)	erklären
izin, -zni *ar.* (→ müsaade)	Erlaubnis; Urlaub
izninizle	mit Ihrer Erlaubnis
izin vermek	Erlaubnis erteilen
İzin verirseniz ...	Wenn Sie erlauben ...
-den izin istemek	jmdn. um Erlaubnis fragen
izin almak	1. Erlaubnis bekommen / erbitten, 2. Urlaub nehmen
izne çıkmak	in Urlaub gehen
izne gitmek	auf Urlaub fahren
izinli	beurlaubt
izinsiz	unerlaubt
izlemek (1. → seyretmek, 2. → takip etmek)	1. sich ... ansehen, anschauen, 2. verfolgen
televizyon izlemek	fernsehen

izleyici		Zuschauer
izlence (→ program)		Programm
izlenim		Eindruck
İyi bir izlenim bıraktı.		Er hat einen guten Eindruck hinterlassen.
-den iyi izlenimlerle ayrılmak		mit guten Erinnerungen von ... fortgehen

J

jandarma *it.* — Miliz; Milizpolizist
jeton *fr.* — Telefonmünze
jilet *fr.* — Rasierklinge
jimnastik, -ği *fr.* — Gymnastik

K

kaba — unhöflich, grob, roh
: kibar, ince 2.
kabahat, -ti *ar.* — Schuld
Kabahat bende. — Die Schuld liegt bei mir.
Kabahat benim. — Es ist meine Schuld.
Benim kabahatim yok. — Ich habe keine Schuld.
Bu kimin kabahati? — Wer trägt die Schuld daran?
kabahat yapmak — sich etwas zuschulden kommen lassen
kabahatli — schuldig
kabiliyet *ar.* (−...) (→ yetenek) — Fähigkeit, Begabung, Talent
kabuk, -ğu — Schale
-in kabuğunu soymak — ... schälen
kabuklu — mit Schale
kabul, -lü *ar.* ((.−)) — die Aufnahme, das Akzeptieren
-i kabul etmek — ... annehmen, akzeptieren, mit ... einverstanden sein, ... anerkennen

kaç — wieviel, wieviele
Kaç tane? — Wieviel Stück? Wieviele?
Kaç kilo? — Wieviel Kilo?
Kilosu kaç lira? — Wieviel kostet das Kilo?
kaç kez / sefer / defa / kere — wieviele Male
Üç, iki daha kaç eder? — Wieviel ist 3 plus 2?
Kaç yaşındasın? — Wie alt bist du?
Kaç kişilik? — Für wieviele Personen?
Kavunun tanesi kaç lira / kaça? — Was kostet eine Melone?
Peynirin kilosu kaç lira / kaça? — Wieviel kostet ein Kilo von dem Käse?

Bugün ayın kaçı?	Der Wievielte ist heute?
Saat kaç?	Wie spät ist es?
kaçıncı	der wievielte
kaçıncı kez	das wievielte Mal
kaçak, -ğı	1. Flüchtling, 2. Schmuggel-, Schwarz-Schmuggelware
kaçak eşya	
kaçak binmek	schwarzfahren
kaçmak, -ar	flüchten, verschwinden
Yankesici kaçtı.	Der Taschendieb verschwand.
Uykum kaçtı.	Mir ist der Schlaf verflogen.
-i kaçırmak	1. verjagen; davonlaufen lassen, 2. versäumen, verpassen
otobüsü / treni kaçırmak	den Bus / den Zug versäumen
aklını kaçırmak	verrückt werden, durchdrehen
kadar *ar.* (2. → değin, dek) *(2.: postp. + dat.)*	1. *(in dem gleichen Maße)* wie …, ebenso wie …, 2. bis …, bis nach, 3. an die …, etwa …
altın kadar pahalı	so teuer wie Gold
Hepsi bu kadar.	Das ist alles.
bu kadar çok insan	so viele Leute
Bu kadar da değil!	Doch nicht so viel!
İstediğiniz kadar alabilirsiniz.	Nehmen Sie soviel Sie wollen!
ne kadar	wieviel; wie sehr
Ne kadar iyi!	Wie gut!
o kadar	so, so sehr
bildiğim kadarıyla	soviel ich weiß
mümkün olduğu kadar	soviel wie möglich
akşama kadar	bis zum Abend
şimdiye kadar	bis jetzt
yüz kadar	etwa 100
kadeh *ar.*	Weinglas
birisinin şerefine kadeh kaldırmak	das Glas auf jmds. Wohl erheben
kader *ar.* (→ alınyazısı)	Schicksal
kadın	Frau
: erkek, adam	
kafa *ar.*	1. Kopf, 2. Denkfähigkeit
kafadan	aus dem Gedächtnis, aus dem Kopf
kafadan atmak	aus den Fingern saugen, aus der Luft greifen
kafadan hesaplamak	im Kopf ausrechnen
kafalı	klug
kafasız	Dummkopf
kâfi *ar.* (– –) (→ yeter, yeterli)	genügend
Bu kadar kâfi.	Das genügt.

kâğıt, -dı *pe.*		Papier
bir yaprak kâğıt		ein Blatt Papier
kâğıt para		Papiergeld
kâğıt oynamak		Karten spielen
kahkaha *ar.*		schallendes Gelächter
kahkaha atmak		laut herauslachen
kahkahalarla gülmek		schallend lachen
kahvaltı		Frühstück
kahvaltı yapmak		frühstücken
kahve *ar.*		1. Kaffee, 2. Café
bir fincan kahve		eine Tasse Kaffee
şekerli kahve		stark gezuckerter Mokka
orta şekerli kahve		mittelstark gezuckerter Mokka
az şekerli kahve		wenig gezuckerter Mokka
sade kahve		ungesüßter Mokka
kahve içmek		Kaffee trinken
kahve pişirmek / yapmak		Kaffee kochen
kahveci		Cafetier
kahverengi		braun
kala (-e ... kala)		*(in Angaben der Uhrzeit)*
saat sekize çeyrek kala		um Viertel vor 8
saat beşe on kala		um 10 vor 5
kalabalık, -ğı *ar. tü.*		1. Menschenmenge, Menschenmasse, 2. überlaufen, sehr belebt
Çarşı çok kalabalık.		Auf dem Markt ist viel los.
kaldırım		Bürgersteig
kaldırımdan gitmek / yürümek		den Bürgersteig benutzen
yaya kaldırımı		Bürgersteig
kaldırmak		1. aufheben, aufrichten; höher machen, 2. wegräumen
ortadan kaldırmak		wegräumen, abschaffen
sofrayı kaldırmak		den Tisch abräumen
uykudan kaldırmak		wecken
kale *ar.*		Burg, Festung
kalem *ar.*		Stift
kalem açmak		spitzen
kurşunkalem		Bleistift
dolmakalem		Füller
tükenmezkalem		Kugelschreiber
kalın		dick
: ince		
kalınlık		Dicke, Stärke
yarım metre kalınlığında		einen halben Meter dick
kalite *fr.*		Qualität

kaliteli	hochwertig
kalitesiz	von schlechter Qualität, minderwertig
kalkmak, -ar	1. aufstehen; sich erheben, 2. abfahren
Kalk!	Aufstehen! Steh auf!
Hadi, kalk gidelim!	Komm, laß uns gehen!
yataktan kalkmak	(vom Schlaf) aufstehen
ayağa kalkmak	(aus dem Sitzen) aufstehen
Otobüs nereden kalkıyor?	Wo fährt der Bus ab?
yerinden kalkmak	aufstehen
kalkış	Abfahrt, Start
trenin kalkış saati	die Abfahrtzeit des Zuges
kalmak, -ır	bleiben; übrigbleiben
Burada üç gün daha kalalım.	Bleiben wir noch drei Tage hier.
Evde hiç şeker kalmadı.	Es ist kein Zucker mehr im Haus.
Kalsın!	Lassen Sie nur!
Böyle kalsın!	Das kann schon so bleiben!
Toplantı haftaya kaldı.	Die Sitzung ist auf nächste Woche verschoben.
bana kalırsa	meiner Meinung nach
sınıfta kalmak	sitzenbleiben
geri kalmak	zurückbleiben
Saat geri kalıyor.	Die Uhr geht nach.
kalorifer *fr.*	Zentralheizung
kalp, -bi *ar.* (→ yürek)	Herz
kalp hastalığı	Herzkrankheit
kalp hastası	herzkrank; Herzkranker
Sizi bütün kalbimle kutlarım.	Ich gratuliere Ihnen von Herzen.
Kalbim çarpıyor.	Mein Herz klopft.
-nin kalbini kırmak	jmdn. kränken
Benim kalbimi kırdı.	Er hat mich gekränkt.
kalpten ölmek	an Herzversagen sterben
kamyon *fr.*	Lastkraftwagen
kan	Blut
Yaradan kan akıyor.	Aus der Wunde fließt Blut.
kan kaybetmek	Blut verlieren
kan kaybından ölmek	an Blutverlust sterben
kanamak	bluten
kanat, -dı	Flügel
kanepe *fr.*	Couch, Sofa
kanı	Überzeugung
Ben aynı kanıda değilim.	Ich bin nicht gleicher Ansicht.
Bu düşüncenin doğru olduğu kanısındayım.	Ich bin der Überzeugung, daß diese Ansicht richtig ist.
kanımca (.'..)	meiner Überzeugung nach

kanıt (→ ispat)	Beweis, Beweismittel
sağlam bir kanıt	ein starkes Beweismittel
kanıtlamak	beweisen
kanun *ar.* (−.) (→ yasa)	Gesetz
Türk Ceza Kanunu	das türkische Strafgesetz
trafik kanunu	Straßenverkehrsordnung
kanuna uygun / aykırı	gesetzmäßig / gesetzwidrig
kanundışı	illegal
kanunen	nach dem Gesetz
kanunen yasak	gesetzlich verboten
kanuni	gesetzlich
kapak, -ğı	Deckel
kapağı kapatmak	den Deckel schließen
kapalı	1. geschlossen, gesperrt, 2. bedeckt, bewölkt
: açık	
kapalı hava	bedeckter Himmel
kapanış	Betriebsschluß, Abschluß
: açılış	
kapanış saati	Schlußzeit, Feierabend
kapanmak	geschlossen werden
: açılmak	
Okul kapandı.	Die Schule ist geschlossen.
Bankalar saat beşte kapanıyor.	Die Banken schließen um 5 Uhr.
kapatmak	1. schließen, zumachen, 2. ausschalten
: açmak	
zarfı kapatmak	den Umschlag zukleben
elektriği kapatmak	den Strom ausschalten
kapı	Tür
kapıyı çalmak	an die Tür klopfen; an der Tür klingeln
Kapı çalınıyor.	Es klopft / es klingelt.
kapıcı	Pförtner, Hausmeister
kar	Schnee
Kar yağıyor.	Es schneit.
karlı	schneeig, verschneit
karlı hava	Schneewetter
kâr *pe.* (→ kazanç)	Gewinn
: zarar	
-den kâr etmek	an … verdienen, aus … Kapital schlagen
kârlı	gewinnbringend, einträglich, vorteilhaft
kârlı / kârla satmak	mit Gewinn verkaufen
kara (→ siyah)	schwarz
karabiber	Pfeffer
karaborsa	Schwarzmarkt
karaciğer	Leber

kara		Festland
karaya çıkmak		an Land gehen
karaya oturmak		auflaufen, stranden
karada ve denizde		zu Land und zu Wasser
karayolu		Überlandstraße; Landweg *(als Gegensatz zu Wasserweg, Luftweg)*
karayoluyla		auf dem Landweg; via Landstraße
karakol		Polizeistation
karakter *fr.*		Charakter
karakterli		mit Charakter, charaktervoll
karaktersiz		charakterlos
karamsar		pessimistisch
karanlık		1. dunkel, 2. Dunkelheit
: aydınlık		
karar *ar.* ((.−))		1. Entschluß, Beschluß, Entscheidung, 2. Urteilsspruch
kesin karar		endgültiger Entschluß, Beschluß
-e karar vermek		... entscheiden, zu ... beschließen, sich zu ... entschließen
-de kararlı olmak		in Sachen ... entschlossen sein
kararsız		unentschlossen
kararsızlık		Unentschlossenheit
-i kararlaştırmak		... beschließen, ... festlegen, ... entscheiden
kardeş		jüngerer Bruder, jüngere Schwester; Geschwister
erkek kardeş		jüngerer Bruder
kız kardeş		jüngere Schwester
Kaç kardeşsiniz?		Wieviele Geschwister seid ihr?
karı (→ eş)		Gattin
karım		meine Frau
karısı		seine Frau
karı koca		Ehepaar, Mann und Frau
karın, -rnı		Bauch, Leib
Karnım aç.		Ich bin hungrig.
Karnım acıktı.		Ich habe Hunger
Karnım tok.		Ich bin satt.
Karnım ağrıyor.		Ich habe Bauchweh.
karışık, -ğı		gemischt; durcheinander, in Unordnung
karışık bir durum		eine unübersichtliche Situation, eine unruhige Lage
karışıklık		Durcheinander, Unordnung; Unruhen
karışmak		sich mischen; durcheinander geraten, in Unordnung kommen

Her şey birbirine karıştı.	Alles geriet durcheinander.
Aklım karıştı.	Ich bin ganz irre geworden.
bir olaya karışmak	in eine Sache verwickelt werden; sich in etwas einmischen
karıştırmak	1. mischen, 2. in Unordnung bringen, 3. verwechseln
birbirine / birbiriyle karıştırmak	miteinander verwechseln
karpuz	Wassermelone
karşı (3. *postp.* + *dat.*)	1. das Gegenüber, 2. ... gegenüberliegend, 3. entgegengesetzt, gegen ...
karşıda	gegenüber, drüben, auf der anderen Seite drüben
karşıdaki ev	das gegenüberliegende Haus
tam karşıda	genau gegenüber
-ın karşısında	gegenüber von ...
karşıya geçmek	hinübergehen, die Straße überqueren
karşıdan karşıya geçmek	von der einen Seite auf die andere queren
karşı karşıya	einander gegenüber
karşı taraf	die gegenüberliegende Seite; (*übertr.*) die Gegenseite
-e karşı olmak	gegen ... sein
Buna karşı değilim.	Ich bin nicht dagegen.
-e karşı çıkmak	... entgegentreten
karşı görüş	eine entgegengesetzte Meinung
karşı görüşte olmak	oppositioneller Meinung sein
karşılık	Erwiderung; Entgelt
karşılık vermek	... erwidern, eine Antwort geben
para karşılığında	gegen Entgelt
karşılıklı	einander gegenüber befindlich; gegenseitig
karşılıklı iki ev	zwei einander gegenüber befindliche Häuser
karşılıklı anlayış	gegenseitiges Verständnis
buna karşı / karşılık	demgegenüber, dagegen
(-i) karşılamak	1. abholen, empfangen, 2. in bestimmter Weise (zu ...) Stellung nehmen, (...) aufnehmen
Beni istasyonda karşıladı.	Er hat mich am Bahnhof abgeholt.
Bu haberi nasıl karşıladı?	Wie hat er diese Nachricht aufgenommen?
-le karşılaşmak	begegnen, mit ... zusammentreffen
-i ... -le karşılaştırmak (→ mukayese etmek)	... mit ... vergleichen, zwischen ... und ... einen Vergleich ziehen
karşılaştırma (→ mukayese)	Vergleich
karşın (→ rağmen) (*postp.* + *dat.*)	trotz

buna karşın	dennoch, trotzdem
karşıt (→ zıt)	1. Gegenteil, 2. entgegengesetzt, gegenteilig
-in karşıtı	das Gegenteil von ...
karşıt anlam	gegenteilige Bedeutung
kart *fr.*	Karte, Visitenkarte, Postkarte
kartpostal	Postkarte
kart atmak	eine Postkarte schicken
kimlik kartı	Personalausweis
kasa *it.*	1. Kasse, 2. Kasten, Kiste
bir kasa bira	ein Kasten Bier
kasaba *ar.*	Kleinstadt, Provinzstadt
kasap, -bı *ar.*	1. Metzger, 2. Metzgerei
kasten *ar.* (→ bilerek)	absichtlich
kaşık, -ğı	Löffel
bir kaşık dolusu	ein Löffel voll
kat	1. Schicht, Lage, 2. Stockwerk, Etage
birinci kat	der erste Stock
zemin katı	Erdgeschoß
alt kat	das untere Stockwerk
üst kat	das obere Stockwerk
Kaçıncı katta oturuyorsunuz?	Im wievielten Stock wohnen Sie?
üç katlı bir ev	ein dreistöckiges Haus
-in iki / üç katı	zweimal / dreimal so groß wie ...
kat kat	schichtweise, Lage um Lage
kat kat büyük	viele Male so groß
katı	hart
: yumuşak	
katı bir insan	ein gefühlloser Mensch
kati *ar.* (.'−) (→ kesin)	endgültig, bestimmt, sicher
kati karar	endgültige Entscheidung
katiyen (.'−.) (→ kesinlikle)	ganz und gar, durchaus
Katiyen olmaz!	Das ist ganz und gar unmöglich! Das geht überhaupt nicht.
Bunu katiyen söyleyemezsiniz.	Das können Sie unmöglich sagen.
katkı	Beitrag
Onun da buna katkısı oldu.	Dazu hat er auch einen Beitrag geleistet.
-e katkıda bulunmak	zu ... beitragen
katlamak	falten, zusammenlegen
ikiye katlamak	einmal falten
dörde katlamak	doppelt falten
kavga	Streit
kavga etmek	streiten
kavram	Begriff

-i **kavramak**	... begreifen
kavşak, -ğı	Kreuzung
kavun	Zuckermelone
kaya	Fels
kaygı	Sorge, Besorgnis, Kummer
kaygılanmak	sich Sorgen machen
kayık, -ğı	Boot
kayıp, -ybı *ar.* (→ yitik)	1. verloren, vermißt, 2. Verlust
kayıp eşya	in Verlust geratene Gegenstände
kaybetmek (→ yitirmek)	verlieren
: bulmak 1., kazanmak 2.	
önemini / anlamını kaybetmek	Bedeutung verlieren
etkisini kaybetmek	Einfluß verlieren
oyunu kaybetmek	das Spiel verlieren
kaybolmak	verlorengehen, in Verlust geraten
ortadan kaybolmak	von der Bildfläche verschwinden
kaybolmuş	verschwunden, verlorengegangen
kayıt, -ydı *ar.*	Einschreibung, Registrierung
-e kayıt yaptırmak / -e kaydolmak	sich bei ... melden, sich in / bei ... einschreiben
kaydetmek	registrieren
kaynak, -ğı	Quelle, Brunnen
kaynamak	kochen *(intr.)*
kaynatmak	aufkochen lassen, abkochen
yumurta kaynatmak	ein Ei kochen
kaza *ar.* (.'−)	Unfall, Unglück
trafik kazası	Verkehrsunfall
Kaza oldu.	Es ist ein Unfall geschehen.
kaza yapmak	einen Unfall bauen
kaza geçirmek	einen Unfall haben
kazaya uğramak	einem Unfall zum Opfer fallen
kaza atlatmak	einen Unfall glücklich überstehen
kazak, -ğı	Pullover, Sweater
kazanç, -cı (→ kâr)	Gewinn, Profit
kazanç getirmek	Gewinn bringen
-den kazanç sağlamak	aus ... Nutzen ziehen
kazançlı	gewinnbringend, profitabel
kazanmak	1. verdienen, 2. gewinnen
2: kaybetmek	
sınavı kazanmak	die *(außergewöhnliche)* Prüfung mit Erfolg ablegen
para kazanmak	Geld verdienen
kazmak, -ar	graben
keder *ar.* (→ üzüntü)	Leid, Kummer, Sorge

kederli	traurig, bekümmert
kedi	Katze
kelime *ar.* (→ sözcük)	Wort
kemer *pe.*	Gürtel
kemik, -ği	Knochen
kenar *pe.*	Rand, Seite
Kenara çekil!	Geh zur Seite!
deniz kenarı	Meeresufer
yolun kenarında	am Straßenrand
kendi	1. selbst, 2. eigen
ben kendim	ich selbst
sen kendin	du selbst
o kendisi	er selbst
Kendiniz yapabilirsiniz!	Ihr könnt es selbst tun.
kendi kendine	zu sich selbst, von selbst, selbständig
kendi adına	auf seinen eigenen Namen
kendi başına	allein, alleine, auf eigene Faust
Kendi başıma gittim.	Ich ging ganz allein.
kendine özgü bir insan	ein ganz eigener Mensch
kendiliğinden	von selbst
kendini tutamamak	sich nicht bremsen / halten können
kendine gelmek	zu sich kommen
kent (→ şehir)	Stadt
kent merkezi	Stadtzentrum
kere *ar.* (→ kez, defa, sefer)	Mal, -mal
bir kere	einmal
bir kere daha	noch einmal
birkaç kere / bir iki kere	einige Male
İki kere iki, eşittir dört.	2 mal 2 macht vier.
kesin (→ kati)	gewiß, sicher, bestimmt
Kesin!	Sicher! Ganz gewiß!
kesin karar	endgültiger Entschluß
kesinlikle (→ mutlaka, muhakkak, katiyen) *(adv.)*	entschieden, sicher, ganz gewiß
Kesinlikle olmaz.	Das geht ganz entschieden nicht.
keskin	scharf
kesmek, -er	1. schneiden, 2. unterbrechen; aufhören lassen
parmağını kesmek	sich in den Finger schneiden
parça parça kesmek	in Stücke schneiden
-nin sözünü kesmek	jmdn. unterbrechen, jmdm. ins Wort fallen
kesilmek	1. geschnitten werden, 2. ausfallen
Elektrik kesildi.	Der Strom ist ausgefallen.

keşif, -şfi *ar.*	Entdeckung
keşfetmek (→ bulmak)	entdecken
keşki *pe. (+ cond.)*	wenn doch ...
Keşki öyle olsaydı!	Wenn es nur so (gewesen) wäre!
keyif, -yfi *ar.*	gute Laune
Onun keyfi yerinde.	Er ist guter Laune.
keyfetmek	es sich gemütlich machen
-in keyfini çıkarmak	... genießen
kez (→ kere, defa, sefer)	Mal, -mal
ilk kez	zum erstenmal
çoğu kez	meistens
son kez	zum letztenmal
kaç kez	wieviele Male
günde üç kez	dreimal täglich
kılavuz (→ rehber)	Führer
turist kılavuzu	Touristenführer
yazım kılavuzu	Rechtschreibwörterbuch
kır	unbebautes Land, das Grüne
kır gezisi	ein Ausflug ins Grüne
kıra gitmek	ins Grüne gehen
kırsal	Land-, ländlich
kırsal alan	ländliches Gebiet
kırsal yaşam	das Leben auf dem Lande
bozkır	Steppe
kırık, -ğı	kaputt, zerbrochen
kırmak, -ar	brechen, zerbrechen, kaputtmachen
kırılmak	gebrochen werden, zerbrechen *(intr.)*
birisine kırılmak	sich durch ... gekränkt, beleidigt fühlen
Kalbi kırıldı.	Ihm ist das Herz gebrochen. Er ist beleidigt.
„Kırılacak eşya"	„Zerbrechlich!"
„Dikkat kırılır!"	„Vorsicht, Glas!"
kırmızı *ar.*	rot
kırtasiye *ar. (.-..)*	Schreibwaren, Bürobedarf
kırtasiyeci	Papier- und Schreibwarenhändler
kısa	kurz
: uzun	
kısa bir süre önce	vor kurzem
bundan kısa bir süre sonra	kurz darauf
kısa zamanda / sürede	in Kürze
kısa yoldan	auf kurzem Wege
kısa boylu	kleingewachsen
Kısa kes!	Fasse dich kurz!
kısaca	kurz und gut, mit kurzen Worten

kısaca anlatmak	kurz erzählen, kurz fassen
kısacası	kurz gesagt
kısaltmak	kürzer machen, abkürzen
kısaltma	Kürzung; Abkürzung
kısım, -smı *ar.* (→ bölüm)	Teil; Abteilung
-in bir kısmı	ein Teil von den ...
kısmen	teilweise, zum Teil
kıskanç, -cı	eifersüchtig; neidisch
kıskançlık	Eifersucht; Neid
-i **kıskanmak**	auf ... eifersüchtig sein; ... beneiden
kısmet *ar.*	Los, Geschick, Schicksal
kısmetse / kısmet olursa ...	wenn das Schicksal es will ...
kış	Winter
: yaz	
kış sporu	Wintersport
kış ortasında	mitten im Winter
Kış geliyor.	Der Winter kommt.
Kış geçti.	Der Winter ist vorüber.
kışlık	winterlich, Winter-
kışlık elbise	Winterkleidung
kışlık ayakkabı	Winterschuhe
kıyafet *ar.*	Kleidung, äußere Erscheinung
kıyı (→ kenar)	Ufer, Küste
deniz kıyısı	Meeresküste
kıymet *ar.* (→ değer)	Wert
kıymetli	wertvoll, kostbar
kıymetsiz	wertlos
kız	1. Mädchen, 2. Tochter
kız çocuk	Mädchen, kleines Mädchen
zavallı kız	armes Mädchen
kızım	meine Tochter
kızarmak	rot / rotbraun werden, sich röten
kızarmış ekmek	geröstetes Brot
kızartmak	braten *(tr.)*
kızartma	Gebratenes
patates kızartması	gebratene Kartoffeln, Pommes frites
kızgın	1. sehr heiß, glühend, 2. wütend, erregt, böse
kızmak, -ar	1. sich erhitzen, 2. wütend, böse werden
birisine kızmak	sich über ... ärgern, auf ... böse werden
Bana kızma!	Sei mir nicht böse!
kibar *ar.*	vornehm, höflich, verbindlich
„Çok kibarsınız!"	„Sie sind sehr nett!" „Das ist sehr nett von Ihnen."

kibar bir insan	ein feiner Mensch
Bana karşı çok kibar davrandı.	Er war mir gegenüber sehr nett.
kibarca	höflich *(adv.)*
kibrit *ar.*	Streichholz
kibrit yakmak	ein Streichholz anzünden
kilit, -di *gr.*	Schloß, Türschloß
kilitli	versperrt
Kapı kilitli.	Die Tür ist versperrt.
kilitlemek	abschließen, absperren
kilo *fr.*	Kilo
beş kilo ağırlığında	5 Kilo schwer
Elli beş kiloyum.	Ich wiege 55 Kilo.
Domatesin kilosu kaç lira?	Wieviel kostet ein Kilo Tomaten?
on kiloluk bir paket	ein Paket von 10 Kilo
kilometre *fr.*	Kilometer
beş kilometrelik bir yol	ein 5 km langer Weg
kim	wer
Kim o?	Wer ist da?
Kim var orada?	Wer ist dort?
Kiminle görüşüyorum?	Wer ist am Apparat? Mit wem spreche ich?
Kimi arıyorsunuz?	Wen suchen Sie?
Bu kimin?	Wem gehört das?
kimi (→ bazı)	manche
kimi insanlar	manche Leute
kimi zaman	manchmal
kimimiz	manche von uns
kimisi	manche von ihnen
kimlik	1. Identität, 2. Personalausweis
kimlik kartı / belgesi	Personalausweis
kimse	jemand, einer
Kimse var mı?	Ist hier jemand?
Bugün kimse gelmedi.	Heute ist niemand gekommen.
hiç kimse	niemand
Hiç kimseyi görmedim.	Ich habe niemanden gesehen.
kimya *ar.* (.−)	Chemie
kimyasal	chemisch
kir	Schmutz
kirlenmek	schmutzig werden; sich schmutzig machen
kirletmek	schmutzig machen
kirli	schmutzig, dreckig
kirli hava	verschmutzte Luft
hava kirliliği	Luftverschmutzung
çevre kirliliği	Umweltverschmutzung

kira *ar.* (. −)		Miete
kiraya vermek		vermieten
kiralamak		mieten
kiralık		zu vermieten
kiralık ev		Haus zu vermieten; Mietshaus
kiracı		Mieter
aylık kira		Monatsmiete
kişi (→ şahıs)		Person
Kaç kişisiniz?		Wieviele Personen sind Sie?
Biz üç kişiyiz.		Wir sind 3 Personen.
kişilik (→ şahsiyet)		Persönlichkeit; Charakter
üç kişilik bir oda		ein Zimmer für 3 Personen
kişilikli		von ausgeprägter Persönlichkeit
kişiliksiz		ohne Persönlichkeit
kişisel (→ şahsi)		persönlich
kişisel görüş		persönliche Ansicht
kitap, -bı *ar.*		Buch
kitap rafı		Bücherregal, Bücherbrett
kitaplık (→ kütüphane)		1. Bücherregal, 2. Bibliothek
kitapçı		Buchhändler; Buchhandlung
kitabevi		Buchhandlung
koca (→ eş)		Mann, Gatte
kocam		mein Mann
kocası		ihr Mann
kocaman		riesig, riesengroß
-i **koklamak**		an … riechen, … beschnuppern
kokmak, -ar		riechen, duften
güzel kokmak		gut riechen, duften
kötü kokmak		schlecht riechen, stinken
koku		1. Geruch; Duft, 2. Parfüm
güzel / hoş bir koku		ein angenehmer Geruch
kötü bir koku		ein übler Geruch
koku sürmek		sich parfümieren
kokulu		riechend; duftend; stinkend
kol		1. Arm, 2. Hebel, Griff
kol saati		Armbanduhr
kol kola		Arm in Arm
kol kola girmek		sich unterhaken
kol kola gitmek		Arm in Arm gehen
„Kolu çekiniz!"		„Griff / Hebel ziehen!"
kapı kolu		Türgriff
kolay		leicht, einfach
: zor, güç		
kolay bir iş		eine leichte Arbeit

çok daha kolay	sehr viel einfacher
Hiç de kolay değil.	Das ist gar nicht so leicht.
„Kolay gelsin!"	(Wunsch-, Begrüßungs- und Abschiedsformel an Arbeitende im Sinne von „Möge die Arbeit leicht fallen!")
koleksiyon *fr.*	Sammlung
koleksiyon yapmak	sammeln
pul koleksiyonu yapmak	Briefmarken sammeln
koltuk, -ğu	Sessel; Sitz *(im Bus u. dgl.)*
kolye *fr.*	Halskette
komik *fr.*	komisch; spaßig, lächerlich
komşu	Nachbar
komşuluk	Nachbarschaft
konferans *fr.*	Vortrag
konferans vermek	einen Vortrag halten
konserve *fr.*	Konserve
konserve kutusu	Konservenbüchse
kontrol, -lü *fr.* (→ denetim)	Kontrolle, Überprüfung
kontrol etmek (→ denetlemek)	kontrollieren, nachprüfen, überprüfen
kimlik kontrolü	Ausweiskontrolle
gümrük kontrolü	Zollkontrolle
konu	Thema; Gegenstand
Bu romanın konusu ne?	Was ist das Thema dieses Romans?
bugünkü konumuz	unser heutiges Thema
bu araştırmanın konusu	Gegenstand dieser Forschungsarbeit
tartışmanın konusu	der Gegenstand des Streites
mektubun konusu	der Gegenstand des Briefes
... konusunda	zum Thema ...
bir konuya değinmek	ein Thema streifen
söz konusu ...	das zur Debatte stehende ...
söz konusu kitaplar	die Bücher, von denen die Rede ist
Bu, söz konusu değil.	Das steht gar nicht zur Debatte. Davon ist überhaupt nicht die Rede.
konuk, -ğu (→ misafir)	Gast, Besucher
birisine konuk olmak	bei ... zu Gast sein
konuk ağırlamak	Besuch haben, einen Gast bewirten
konuşkan	geschwätzig, redselig
konuşmak	sprechen, reden
bir konu üzerine konuşmak	über ein Thema reden
Türkçe konuşmak	Türkisch sprechen
Biz Türkçe konuşuyoruz.	Wir unterhalten uns auf Türkisch.
yüksek sesle konuşmak	laut sprechen
alçak sesle konuşmak	leise sprechen
tek kelime konuşmamak	kein Wort sprechen

konuşma	Vortrag; Rede; Gespräch
bir konu üzerine konuşma yapmak	über ... / zu ... einen Vortrag halten
konuşma dili	Umgangssprache
koparmak	abreißen; pflücken; abbrechen
kopya *fr.*	Kopie, Durchschlag
-den kopya çekmek	von *(einem Mitschüler)* abschreiben, aus ... abschreiben
-in kopyasını çıkarmak	von ... eine Abschrift herstellen
-i ... -den kopya etmek	kopieren, eine Abschrift von ... herstellen
koridor *fr.*	Flur, Korridor
korkak, -ğı	ängstlich; Feigling
: cesaretli	
korkmak, -ar	sich fürchten, Angst haben
Korkuyorum.	Ich fürchte mich.
Ondan korkuyorum.	Ich habe Angst vor ihm.
Bunda korkacak bir şey yok.	Dabei ist nichts zu befürchten.
birisini korkutmak	jmdn. erschrecken, jmdn. in Angst versetzen
korku	Angst; Schrecken
korkudan titremek	vor Angst zittern
korku filmi	Horrorfilm, Thriller
korkunç	furchtbar, fürchterlich, schrecklich; unheimlich
korkunç bir şey	etwas Furchtbares
korkunç bir kaza	ein schrecklicher Unfall
korkunç güzel	unheimlich schön
koru	Wäldchen, Hain
korumak	schützen, bewahren
koşmak, -ar	laufen
koşturmak	laufen; sehr betriebsam sein
koşu	Rennen
koşucu	Läufer
koşul (→ şart)	Bedingung, Voraussetzung
ağır bir koşul	eine schwere Bedingung
bu koşullar altında	unter diesen Bedingungen / Umständen
uygun / elverişli koşullarda	zu günstigen Bedingungen
koşullara uygun	den Voraussetzungen entsprechend
-mek koşuluyla	unter der Bedingung, daß ...
kova	Eimer
-i **kovalamak**	hinter ... herrennen, ... verfolgen
kovmak, -ar	rauswerfen, verjagen, vertreiben
koymak, -ar	legen, stellen, setzen
bardağa su koymak	Wasser in das Glas gießen
-in üstüne / üzerine koymak	auf ... darauflegen

-in içine koymak	in ... hineinlegen
yerine koymak	an den richtigen Platz stellen
bir yere koymak	abstellen
cebine koymak	in die Tasche stecken
koyu	1. dunkel *(von Farben)*, 2. fanatisch; streng
: açık	
koyu mavi	dunkelblau
koyu çay	starker Tee
koyu müslüman	fanatischer Muslim
kök	Wurzel
kömür	Kohle
köpek, -ği	Hund
köprü	Brücke
köprüden / köprüyü geçmek	die Brücke überqueren
kör *pe.*	blind, der Blinde
körfez *gr.*	Meerbusen, Bucht
köşe *pe.*	Ecke
köşeyi dönmek	um die Ecke biegen
köşebaşı	Straßenecke
köşk	Pavillon
kötü	schlecht, übel, böse, minderwertig
: iyi	
kötü hava	schlechtes Wetter
kötü bir alışkanlık	eine schlechte Gewohnheit
birisine karşı kötü davranmak	jmdn. schlecht behandeln
İşler kötü gidiyor.	Das Geschäft geht schlecht.
kötü bir insan	ein schlechter Mensch
Durum / vaziyet kötü.	Die Lage ist schlecht.
en kötüsü	das schlimmste
daha da kötüsü	um so schlimmer
Bu o kadar da kötü değil.	Das ist nicht so schlimm.
kötü mal	schlechte Ware
kötülük	das Böse, etwas Schlechtes
birisine kötülük etmek / yapmak	jmdm. Böses tun
köy *pe.*	Dorf
köylü	Bauer, Dörfler
kriz *fr.*	Krise, Anfall
kriz geçirmek	einen Anfall bekommen
kalp krizi	Herzanfall, Herzattacke
kucak, -ğı	der Raum zwischen den ausgebreiteten Armen und der Brust; ein Armvoll
kucağına almak	in die Arme nehmen
„Kucak dolusu sevgiler, selamlar."	„Viele liebe Grüße!"
kucaklamak	umarmen

kulak, -ğı		Ohr
kullanmak		verwenden, benutzen, anwenden
araba kullanmak		Auto fahren
kullanma		Anwendung, Benutzung
kullanışlı		praktisch
kullanılmış		gebraucht
kulübe *gr.*		Hütte
köpek kulübesi		Hundehütte
telefon kulübesi		Telefonzelle
kum		Sand
kumsal		Strand, Sandstrand
kumaş *ar.*		Stoff
ipekli kumaş		Seidenstoff
yünlü kumaş		Wollstoff
kural		Regel
kurallara uymak		die Regeln einhalten
kurala aykırı		entgegen den Regeln, regelwidrig
bir kural olarak		in der Regel
trafik kuralları		Verkehrsregeln
kurallı		regelmäßig
kuralsız		unregelmäßig
kuraldışı		Ausnahme-
kuraldışı olarak		ausnahmsweise
kurmak, -ar		aufstellen, bilden, bauen; gründen, einrichten
saati kurmak		die Uhr aufziehen
sofrayı kurmak		den Tisch decken
arkadaşlık kurmak		Freundschaft schließen
hayal kurmak		tagträumen, Luftschlösser bauen
ilişki kurmak		eine Beziehung knüpfen
kurs *fr.*		Kurs
kursa gitmek		einen Kurs besuchen
kurtarmak		retten
birisini ölümden kurtarmak		jmdn. vor dem Tod erretten
birisinin hayatını kurtarmak		jmdm. das Leben retten
kendini kurtarmak		sich retten
-den kurtulmak		von ... errettet werden; ... los werden, von ... loskommen
ölümden kurtulmak		dem Tod entrinnen
kazadan kurtulmak		einen Unfall überleben
kuru 1.: yaş, ıslak, 2.: taze		1. trocken, 2. getrocknet, Trocken-
kuruyemiş		Nüsse u. ä.
kuru üzüm		Rosinen

-i kurulamak	trocknen *(tr.)*, abtrocknen
Ellerimi kuruladım.	Ich trocknete mir die Hände.
kurumak	trocken werden, vertrocknen
kurutmak	trocknen *(tr.)*
kuruluş (→ müessese)	Institution, Unternehmen
kurum	Gesellschaft, Vereinigung
kusur *ar.* ((.−))	Unzulänglichkeit
„Kusura bakmayın."	„Entschuldigen Sie bitte!" „Nehmen Sie es mir nicht übel!"
kuş	Vogel
kuşak, -ğı	1. Gürtel, Gurt, 2. Generation
eski kuşak	die alte Generation
yeni kuşak	die neue Generation
genç kuşak	die junge Generation
kuşku (→ şüphe)	Zweifel, Ungewißheit; Verdacht
Bundan hiç kuşkum yok.	Da bin ich ganz sicher.
Bundan hiç kuşkunuz olmasın.	Da können Sie ganz sicher sein.
-den kuşkulanmak	*(einer Sache)* mißtrauen
kuşkusuz	zweifellos, bestimmt
-i **kutlamak** (→ tebrik etmek)	1. jmdm. gratulieren, Glück wünschen, zu … gratulieren, zu … Glück wünschen, 2. … feiern
Sizi kutlarım.	Ich gratuliere Ihnen.
„Bayramınızı en iyi dileklerimle kutlarım."	„Ich wünsche Ihnen zum Fest alles Gute."
kutlama (→ tebrik)	Glückwunsch, Gratulation
kutlama töreni	Feier, Gratulationsfeierlichkeiten
kutsal	heilig
kutu	Schachtel, Dose, Büchse
bir kutu kibrit	eine Schachtel Streichhölzer
bir kutu bezelye (konservesi)	eine Büchse Erbsen
kuvvet *ar.* (→ güç)	Kraft, Macht, Gewalt
bütün kuvvetimle	mit allen meinen Kräften, aus Leibeskräften
kuvvetli	kräftig, stark, mächtig
güçlü kuvvetli bir insan	ein Mensch im Vollbesitz seiner Kräfte
kuvvetlenmek	sich kräftigen, kräftiger werden
kaba kuvvet	Gewalt, brutale Gewalt
kaba kuvvet kullanmak	Gewalt anwenden
kuyruk, -ğu	1. Schwanz, 2. Warteschlange
kuyruğa girmek	sich anstellen
kuyrukta beklemek	Schlange stehen
kuzey	Norden; nördlich, Nord-
: güney	

Kuzey Kutbu	Nordpol
kuzeye doğru	in nördlicher Richtung
-in kuzeyinde	im Norden von ..., nördlich von ...
kuzu	Lamm
küçük, -ğü	1. klein, 2. jung, jünger
: büyük	
küçük kardeş	jüngerer Bruder / jüngere Schwester
O, benden iki yaş daha küçük.	Er ist zwei Jahre jünger als ich.
Ben küçükken ...	Als ich klein war ...
küçük bir hata / yanlış	ein kleiner Fehler
küçük küçük doğramak	ganz fein schneiden
küçüklük	Kindheit
küçüklüğümden beri	seit meiner Kindheit
küçümsemek	herabwürdigen, von oben herab betrachten
kültür *fr.*	Kultur; Bildung
kültürlü bir insan	ein kultivierter / gebildeter Mensch
küre *ar.*	Kugel
yerküre	Erdkugel
kürek, -ği	Schaufel
kütüphane *ar. pe.* (→ kitaplık)	Bibliothek
kütüphaneci	Bibliothekar

L

lacivert *pe. (l)*	dunkelblau
laf *pe. (l)*	Wort, Worte, Plauderei, leeres Gerede
lamba *it. (l)*	Lampe
lastik, -ği *fr. (l)*	1. Gummi, 2. Autoreifen
Lastik patladı.	Der Reifen ist geplatzt.
lavabo *fr. (l)*	Waschbecken, Waschraum
layık *ar. (l)* (−.)	wert, würdig
-e layık olmak	... angemessen sein, ... würdig sein
Sen buna layık değilsin.	Du hast das nicht verdient.
lazım *ar. (l)* (−.) (→ gerek, gerekli)	nötig, erforderlich
-e lazım olmak	für ... / zu ... nötig sein
Bu bana lazım değil.	Das brauche ich nicht.
leke *pe.*	Fleck
Kravatım leke oldu.	Meine Krawatte hat einen Fleck abbekommen.
lekeli	befleckt, fleckig
lezzet *ar.*	Wohlgeschmack
lezzetli	schmackhaft, wohlschmeckend

lezzetli olmak	gut schmecken
Yemeğin lezzeti nasıl?	Schmeckt das Essen? Wie schmeckt's?
liman *gr.*	Hafen
limon *it.*	Zitrone
lira *it.*	Lira *(türkische Währungseinheit)*
Kaç lira?	Wieviel kostet das?
Metresi kaç lira?	Wieviel kostet ein Meter davon?
Türk lirası (*Abk.* TL)	türkische Lira
lise *fr.*	Gymnasium
erkek lisesi	Knabengymnasium
kız lisesi	Mädchengymnasium
liste *fr.*	Liste
fiyat listesi	Preisliste
yemek listesi	Speisekarte
liste yapmak	eine Liste aufstellen / zusammenstellen
litre *it.*	Liter
yarım litre süt	½ Liter Milch
bir litrelik şişe	Literflasche
lokanta *it.*	Restaurant, Gasthaus
lüks *fr.*	Luxus; Luxus-, luxuriös
lütfen *ar.*	bitte
„Lütfen, bakar mısınız!"	Bitte! *(Anrede, mit der man Dienstpersonal auf sich aufmerksam macht)*
„Lütfen buyrun!"	Bitte sehr! Bitte bedienen Sie sich! Bitte treten Sie ein!
lüzum *ar.* (→ gerek)	Notwendigkeit
Lüzumu yok!	Nicht nötig!
lüzumlu (→ gerekli)	notwendig, erforderlich
lüzumsuz (→ gereksiz)	nicht erforderlich, unnütz
lüzumsuz yere	unnötigerweise, für nichts und wieder nichts

M

maalesef *ar.* (−..) (→ yazık ki, ne yazık ki)	leider
maaş *ar.* (→ aylık)	Monatsgehalt, Monatslohn
macera *ar.* (−.−)	Abenteuer
maç *eng.*	Spiel, Match
maç yapmak	ein Match austragen
madde *ar.*	1. Materie, Stoff, 2. Artikel, Punkt *(innerhalb eines längeren Texts)*
„Tehlikeli madde"	„Gefährliche Ladung"

madde madde		Punkt für Punkt
maddi (.−)		materiell
maddi bakımdan		in finanzieller Hinsicht
maddi zarar		Sachschaden
mademki *ar. pe.*		solange als; da nun einmal, da ja; in Anbetracht der Tatsache, daß ...
maden *ar.* (−'.)		1. Mineral, 2. Metall, Metall-
madeni (−.−)		metallisch
mağaza *it.*		Warenhaus, großes Geschäft
mahalle *ar.*		Stadtviertel
mahkeme *ar.*		Gericht
-i mahkemeye vermek		jmdn. vor Gericht bringen
mahkûm *ar.*		verurteilt; Sträfling
hapse mahkum olmak		zu einer Gefängnisstrafe verurteilt sein / werden
-e mahsus *ar.* (→ özgü)		(für ...) charakteristisch, (für ...) spezifisch; (für ...) bestimmt
kendine mahsus bir insan		ein ganz eigener Mensch
mahvetmek *ar. tü.*		zerstören; in ein großes Unglück stürzen *(tr.)*
mahvolmak		zugrundegehen
mahzur *ar.* (→ sakınca)		Bedenken
Sizce bir mahzuru yoksa ...		Wenn Sie nichts dagegen einzuwenden haben ...
makale *ar.* (.−.)		*(Zeitungs- u.ä.)* Artikel
makam *ar.* ((.−))		Behörde, Amt
resmi makam		offizielle Dienststelle
makara *ar.*		Rolle, Spule
makarna *it.*		Nudeln
makas *ar.*		Schere
makasla kesmek		mit der Schere schneiden
makine *it.*		Maschine
Makine çalışmıyor.		Die Maschine läuft nicht.
makineyi çalıştırmak		die Maschine einschalten
maksat, -dı *ar.* (→ amaç)		Absicht, Ziel
mal *ar.*		Eigentum, Besitz, Gut
malzeme *ar.* (→ gereç)		Material, benötigtes Material; Bedarfsartikel
mana *ar.* (−−) (→ anlam)		Bedeutung, Sinn
Bunun manası ne?		Was bedeutet das?
kelimenin tam manasıyla		im wahrsten Sinne des Wortes
manav		Obsthändler
manevi *ar.* (−.−)		geistig; seelisch, moralisch
mani *ar.* (−−) (→ engel)		Hindernis

-e mani olmak	... verhindern
manto *fr.*	Mantel
manzara *ar.*	Aussicht, Anblick, Ansicht
manzaralı bir ev	ein Haus mit schöner Aussicht
marka *it.*	Marke, Kennzeichen
masa *it.*	Tisch
masaya oturmak	sich an den Tisch setzen
masal *ar.*	Märchen
masal anlatmak / söylemek	Märchen erzählen
masraf *ar.* (→ gider)	Kosten, Ausgaben
masraf etmek	(viel) Geld ausgeben
matbaa *ar.* (→ basımevi)	Druckerei
matbu *ar.* (.−) (→ basılı)	gedruckt; „Drucksache"
matematik *fr.*	Mathematik
mavi *ar.* (−.)	blau
mazeret *ar.* (−.'.)	Ausrede
mecbur *ar.* ((.−))	gezwungen, genötigt
-e mecbur olmak	... müssen, zu ... gezwungen sein / werden
Bunu yapmaya mecbur değilsiniz.	Sie müssen das nicht tun.
mecburen (.−'.) (→ zorunlu olarak)	gezwungenermaßen, pflichtgemäß, unter Zwang
mecburi (.−−) (→ zorunlu)	zwingend, verpflichtend, obligatorisch
mecburiyet (.−.'.) (→ zorunluluk)	Zwang, Verpflichtung, zwingende Notwendigkeit
Bunu yapmak mecburiyetinde miyim?	Muß ich das unbedingt tun?
meclis *ar.*	Rat, Gremium
Türkiye Büyük Millet Meclisi (*Abk.* TBMM)	die Türkische Nationalversammlung
mecmua *ar.* (→ dergi)	Zeitschrift
meçhul, -lü *ar.* ((.−)) (→ bilinmeyen)	unbekannt, ungewiß
medeni *ar.* (..−) (→ uygar)	zivilisiert; kultiviert und gebildet
medeniyet (→ uygarlık)	Zivilisation
mektup, -bu *ar.*	Brief
mektup almak	einen Brief bekommen
mektup atmak / göndermek	einen Brief schicken
taahhütlü mektup	eingeschriebener Brief
-le mektuplaşmak	mit ... Briefe wechseln
memleket *ar.* (1. → ülke)	1. Land, 2. Heimatland, 3. Geburtsort, Heimatprovinz
Memleketiniz neresi?	Woher kommen Sie?
memnun *ar.* ((.−))	zufrieden; erfreut, glücklich, froh
-den memnun olmak	mit ... zufrieden sein
İşimden memnunum.	Ich bin mit meiner Arbeit zufrieden.
-e memnun olmak	sich über ... freuen

"Tanıştığımıza memnun oldum."		"Ich habe mich gefreut, Ihre Bekanntschaft gemacht zu haben." „Ich freue mich Sie kennenzulernen."
memnunluk		Zufriedenheit, Freude
memnunluk duymak		sich freuen
memnuniyet (→ memnunluk)		Zufriedenheit, Freude
„Memnuniyetle!"		„Gern!"
memur *ar.* (−.)		Beamter
mendil *ar.*		Taschentuch
menfaat *ar.* (→ çıkar) (..'.)		Vorteil, Nutzen, Profit
merak *ar.* ((.−))		1. Interesse, 2. Neugier, 3. Sorge
-i merak etmek		1. an ... Interesse haben, 2. auf ... neugierig / gespannt sein, ... gern wissen wollen, 3. sich wegen ... Sorgen machen, bekümmert sein
Japonya'yı çok merak ediyorum.		Ich würde gerne einmal Japan sehen.
Ne olduğunu çok merak ediyorum.		Ich bin sehr neugierig zu erfahren, was geschehen ist.
Merak etmeyin!		Machen Sie sich keine Sorgen!
Sen merak etme!		Verlaß dich darauf!
meraklı		1. neugierig, 2. aufregend, spannend
-e meraklı olmak		ein leidenschaftlicher Anhänger sein
O futbola çok meraklı.		Er interessiert sich leidenschaftlich für Fußball.
merdiven *pe.*		Treppe; Leiter
merdivenden çıkmak		die Treppe hochsteigen
medivenden inmek		die Treppe hinuntergehen
merdivene çıkmak		auf die Leiter steigen
„Merhaba!" *ar.* ('..−)		„Guten Tag!", „Grüß Gott!"
merhamet *ar.* (→ acıma)		Mitleid
-e merhamet etmek (→ acımak)		Mitleid haben mit, ... bemitleiden
merhametli		mitleidig, barmherzig, gütig
merhametsiz (→ acımasız)		unbarmherzig, mitleidlos
merkez *ar.*		Zentrum, Mittelpunkt
kent / şehir merkezi		Stadtzentrum
„Mersi" *fr.* ('..) (→ Teşekkür ederim, Sağ ol)		„Danke schön"
mesafe *ar.* (.−.) (→ uzaklık)		Strecke, Entfernung; Abstand
mesela *ar.* (l) (..−) (→ örneğin)		zum Beispiel
mesele *ar.* (→ sorun, problem)		Problem
Mesele yok!		Kein Problem!
Mesele ne / nedir?		Wo liegt das Problem?
Meseleyi çözümledik / hallettik.		Wir haben das Problem gelöst.
Mesele çözüldü / halloldu.		Das Problem ist gelöst.

meslek, -ği *ar.*		Beruf
Mesleğiniz ne(dir)?		Was sind Sie von Beruf?
meslek edinmek		einen Beruf ergreifen
Bir mesleğiniz var mı?		Haben Sie einen Beruf erlernt?
meslektaş		Berufskollege
meşgul, -lü *ar.* ((.−))		1. beschäftigt, 2. besetzt, belegt
-le meşgul olmak		1. mit ... beschäftigt sein, 2. sich mit ... beschäftigen, sich um ... kümmern
Şu anda bahçeyle meşgulüm.		Im Augenblick habe ich im Garten zu tun.
Ben onunla meşgul olurum.		Ich werde mich um ihn kümmern.
birisini meşgul etmek		jmdn. beschäftigen, jmdn. *(mit Arbeit usw.)* eindecken
Lütfen sorularınızla beni meşgul etmeyin!		Bitte behelligen Sie mich nicht mit Ihren Fragen!
Telefon meşgul çalıyor.		Es kommt das Besetztzeichen.
meşhur *ar.* ((.−)) (→ ünlü)		berühmt, bekannt
dünyaca meşhur		weltberühmt
meşhur olmak		berühmt sein
metin, -tni *ar.*		Text, Lesetext
metre *fr.*		Meter
altı metre genişliğinde		6 Meter breit
üç metrelik kumaş		Stoff von 3 Metern Länge
mevcut, -du *ar.* ((.−))		vorhanden, anwesend
mevcut olanlar		die Anwesenden
listede mevcut olanlar		die, die auf der Liste stehen
mevki *ar.* (.−)		Klasse; Rang
birinci / ikinci mevki		erste / zweite Klasse *(in der Eisenbahn)*
yüksek mevki		hoher Rang
mevsim *ar.*		Jahreszeit, Saison
kış mevsimi		Winterszeit
deniz mevsimi		Badesaison
turist mevsimi		Fremdenverkehrssaison
meydan *ar.*		Platz *(in der Stadt)*
Taksim Meydanı		der Taksim-Platz
meydana çıkmak		sich herausstellen; entstehen
meydana gelmek (→ oluşmak)		entstehen, geschaffen / hervorgebracht werden, zustande kommen
meydana getirmek (→ oluşturmak)		schaffen, hervorbringen
meyve *pe.*		Frucht, Obst
meyveli		früchtetragend
meyveli pasta		Obstkuchen
meyvesuyu		Obstsaft
mide *ar.* (−.)		Magen
Balık mideme dokundu.		Der Fisch hat mir auf den Magen geschlagen.

mikrop, -bu *fr.*	Mikrobe
mikroplu	Mikroben enthaltend, mit Mikroben untermischt
mikropsuz	keimfrei, steril
miktar *ar.* ((.−))	Menge; Quantität
çok / fazla miktarda	in großen Mengen
çok fazla miktarda	in sehr großer Menge
bir miktar	eine bestimmte Menge
bir miktar para	eine bestimmte Geldsumme
millet *ar.* (→ ulus)	Nation; Volk
millet meclisi	Parlament, Nationalversammlung
milletvekili	Abgeordneter
milletlerarası (→ uluslararası)	international
milli (.−) (→ ulusal)	national
Milli Eğitim Bakanlığı	(das türkische) Erziehungsministerium
milliyet	Nationalität
misafir *ar.* (.−.) (→ konuk)	Gast, Besucher
-de / -e misafir olmak	bei ... zu Gast sein
misafir ağırlamak	einen Gast bewirten
misafirlik	Besuch
misafirliğe gitmek	auf Besuch gehen
mizah *ar.* ((.−)) (→ gülmece)	Satire
mobilya *it.*	Möbel
mobilyalı	möbliert
moda *it.*	Mode; modisch
son moda bir elbise	ein modisches Kleid
moda olmak	in Mode kommen, in Mode sein
modaya uymak	sich nach der Mode richten
modern *fr.*	modern, neuzeitlich, zeitgenössisch
modernleşmek	sich modernisieren
moral, -li *fr.*	seelische Verfassung
birisine moral vermek	jmdm. Mut zusprechen
Moralim çok bozuk.	Ich bin sehr verstimmt. Ich bin sehr entmutigt.
motor *fr.*	Motor
motoru çalıştırmak	den Motor anlassen
motoru durdurmak	den Motor abstellen
Arabanın motoru bozuldu.	Der Motor des Autos ist kaputtgegangen.
motorlu taşıt	Kraftfahrzeug
motosiklet *fr.*	Motorrad
muamele *ar.* (.−..) (1. → davranış, 2. → işlem)	1. Behandlung, 2. Verfahren; Formalität, Abfertigung
muayene *ar.* (.−..)	Untersuchung, ärztliche Untersuchung
muayene etmek	untersuchen, überprüfen, ärztlich untersuchen

muazzam *ar.*	gewaltig, beachtlich
mucize *ar.* (−.'.)	Wunder
muhafaza *ar.* (.−..)	Schutz, Beschützen, Bedeckung, Bewahren
muhafaza etmek	bewahren, wahren; aufbewahren
muhakkak *ar.* (→ kesinlikle)	gewiß, auf jeden Fall, unbedingt
muhtaç, -cı *ar.* ((.−))	benötigend, *(einer Sache oder Person)* bedürfend
-e muhtaç olmak	... benötigen, jmds. / einer Sache bedürfen
Yardımınıza muhtacım.	Ich brauche Ihre Hilfe.
muhtelif *ar.* (→ türlü, çeşitli)	verschiedenartig, allerlei
muhtemel *ar.* (→ olası)	möglich, wahrscheinlich
muhtemelen *(adv.)*	möglicherweise, voraussichtlich *(adv.)*
mukayese *ar.* (.−..) (→ karşılaştırma)	Vergleich
mukayese etmek (→ karşılaştırmak)	vergleichen
muntazam *ar.* (→ düzgün)	ordentlich, geregelt
musluk, -ğu *ar.*	Wasserhahn
musluğu açmak / kapatmak	den Wasserhahn auf- / zudrehen
mutfak, -ğı *ar.*	Küche
mutlaka *ar.* (..−) (→ kesinlikle)	unbedingt, absolut, ganz gewiß *(adv.)*
mutlu	glücklich, froh
-den mutlu olmak	über ... froh sein, sich über ... freuen
Ne mutlu sana!	Wie schön für dich! Du kannst dich glücklich schätzen.
birisini mutlu etmek	jmdn. glücklich machen
Bu, onu mutlu ediyor.	Das macht ihn glücklich.
mutluluk	Glück
Sana mutluluklar dilerim.	Ich wünsche dir viel Glück.
mutsuz	unglücklich
mutsuzluk	Unglück
mücadele *ar.* (.−..) (→ savaşım)	Kampf
mücadele etmek (→ savaşım vermek)	gegen ... kämpfen
müddet *ar.* (→ süre)	Zeitspanne; Frist
bir müddet sonra	einige Zeit später
müdür *ar.*	Direktor
Müdür Bey!	Herr Direktor
genel müdür	Generaldirektor
müdürlük	Direktion, Verwaltung
... Müdürlüğüne	An die Direktion von ...
müessese *ar.* (→ kuruluş)	Institution; Unternehmen
mühendis *ar.*	Ingenieur
mühim *ar.* (→ önemli)	wichtig
müjde *pe.*	frohe Nachricht, Freudenbotschaft

Size bir müjdem var.	Ich habe eine Freudenbotschaft für Sie.
müjde vermek	eine Freudenbotschaft überbringen
mükâfat *ar.* (.--) (→ ödül)	Belohnung, Preis
mümkün *ar.*	möglich
Bu mümkün değil.	Das ist unmöglich.
Eğer mümkünse ...	Wenn es möglich ist, ...
mümkün olduğu kadar ...	so ... wie möglich
mümkün olduğu kadar çabuk	so schnell wie möglich
münasebet *ar.* (.-..) (→ ilişki)	Beziehung, Verhältnis
Ne münasebet!	Was soll das!
müracaat *ar.* (.--) (1. → danışma, 2. → başvuru)	1. Informations-, Auskunftsbüro, 2. Anfrage, Ersuchen
-e müracaat etmek (→ başvurmak)	sich an ... wenden, an ... einen Antrag stellen, sich bei ... bewerben
müsaade *ar.* (.-.) (→ izin)	Erlaubnis, Genehmigung
„Müsaadenizle!"	„Gestatten Sie bitte!"
müsaade istemek / rica etmek	um Erlaubnis fragen
müsaade etmek	erlauben, gestatten
„Müsaade eder misiniz?"	„Erlauben Sie bitte?" „Gestatten Sie bitte!"
müşteri *ar.*	Kunde, Käufer
müze *fr.*	Museum
müzeyi gezmek	das Museum besichtigen
müzik, -ği *fr.*	Musik
müzik dinlemek	Musik hören
müzik çalmak	Musik spielen, Musik machen

N

nadir *ar.* (-.) (→ az bulunur)	selten
nakil, -kli *ar.* (→ taşıma)	Transport, Umzug
nakletmek (→ taşımak)	transportieren
naklen	übertragend, berichtend
naklen yayınlamak	direkt übertragen
nakliyat (→ taşımacılık)	Transport(wesen)
namus *ar.* (-.)	Ehre, Ehrgefühl, Ehrenhaftigkeit
namuslu	ehrenhaft, anständig
namussuz	ehrlos, unehrenhaft
nasıl	wie
„Nasılsın?"	Wie geht's?
„Nasılsınız? / Nasılsınız, iyi misiniz?"	Wie geht es Ihnen?
Bu nasıl denir? / söylenir?	Wie sagt man das?
Nasıl, bir daha söyler misiniz?	Wie bitte, würden Sie das noch einmal sagen?

Bu nasıl işliyor / çalışıyor?	Wie funktioniert das?
Bu nasıl oluyor?	Wie kommt es dazu?
Bunu nasıl buluyorsunuz?	Wie finden Sie das?
Nasıl isterseniz!	Wie Sie wollen!
nasıl olsa	so oder so
nasıl bir ...	was für ein ...
Nasıl bir adam?	Was für ein Mensch ist er?
nasihat *ar.* (→ öğüt)	Rat
nasihat etmek	einen Rat geben
nazik, -ği *ar.* (−.)	nett, höflich, freundlich
„Çok naziksiniz."	„Sie sind sehr freundlich."
ne	was
Bu ne / nedir?	Was ist das?
Sorun ne / nedir?	Was ist das Problem?
Ne istiyorsunuz?	Was möchten Sie?
Bu ne demek?	Was bedeutet das? Was heißt das?
Ne yapalım?	Was sollen / wollen wir machen?
Şimdi ne yapayım?	Was soll ich jetzt tun?
Şimdi ne olacak?	Was soll jetzt geschehen?
Ne var?	Was gibt es denn?
„Ne var, ne yok?" − „İyilik!"	„Wie geht's? Was Neues?" „Alles in Ordnung!"
ne var ki	jedoch, indessen
ne yazık ki (→ maalesef)	leider
Ne oluyor?	Was ist los?
Ne oldu?	Was ist denn passiert?
Ne var, ne oldu?	Was ist los, was ist geschehen?
Sana ne oldu?	Was ist denn mit dir los?
Ne olur!	Ich bitte dich!
Ne olur ne olmaz!	Für alle Fälle! Man kann nie wissen (wozu es gut ist).
Neyin var?	Was hast du denn?
Neyiniz var?	Was fehlt Ihnen?
O, sizin neyiniz olur / oluyor?	Wie ist er mit Ihnen verwandt?
Neyi var?	Was hat er? Was hat er denn?
ne kadar	wieviel; wie lange
Ne kadar güzel!	Wie schön! Herrlich!
Buraya geleli ne kadar oldu?	Wie lange sind Sie schon hier?
Burada ne kadar kalacaksınız?	Wie lange bleiben Sie hier?
neler neler	was nicht alles
daha neler	und was noch alles, und noch viel mehr.
neyse	na ja, na gut, wie dem auch sei
ne zaman	wann
Ne zaman geleceksin?	Wann wirst du kommen?

neden	aus welchem Material
Bu neden yapılmış?	Aus welchem Material ist das hergestellt?
neden (1. → ne sebepten, 2. → sebep)	1. warum? aus welchem Grund? 2. Ursache; Grund
Neden güldün?	Warum hast du gelacht?
Neden gelmiyor?	Warum kommt er nicht?
Bilmiyorum, neden!	Ich weiß nicht warum.
Anlamıyorum, neden!	Ich verstehe es nicht, warum.
önemli bir neden	ein triftiger Grund
geçerli bir neden	ein akzeptabler Grund
-e neden olmak	... verursachen, ... verschulden
-e neden göstermek	den / einen Grund für ... angeben
-in nedenini araştırmak	den Gründen für ... nachgehen
-in asıl nedeni	die eigentliche Ursache für ...
hangi nedenle	aus welchem Grund
bu / o nedenle	aus diesem Grund
hangi nedenle olursa olsun	egal aus welchem Grund
Bunun nedenini merak ediyorum.	Ich frage mich, was der Grund dafür ist.
elde olmayan nedenlerle	aus Gründen, die nicht in unserer Macht liegen
nefes *ar.* (→ soluk)	Atem
nefes almak	atmen, einatmen, Atem holen
Derin nefes alınız!	Holen Sie tief Atem! Tief einatmen!
nefes nefese	ganz außer Atem
nefis *ar.*	köstlich
nefret *ar.*	Haß, Widerwille
: sevgi	
-den nefret etmek	... hassen, gegen ... Widerwillen haben
: sevmek	
nehir, -hri *ar.* (→ akarsu, ırmak)	Fluß
nem *pe.*	Feuchtigkeit
nemli	feucht
*****nere-**	*(In der Hochsprache sind nur Formen mit Suffix gebräuchlich.)*
nerede	wo?
Hastane nerede?	Wo ist das Krankenhaus?
Bunu nerede bulabilirim?	Wo kann ich das finden?
Nerede çalışıyorsun?	Wo arbeitest du?
Nerede buluşalım?	Wo treffen wir uns?
nereden	woher
Nereden geliyorsunuz?	Wo kommen Sie her?
Bunu nereden aldın?	Wo hast du das gekauft?
neredeyse	beinahe, fast; sogleich
Neredeyse düşecektim.	Beinahe wäre ich gefallen.

Neredeyse gelir.	Er wird gleich kommen.
nereye	wohin
Nereye gidiyorsunuz?	Wohin gehen Sie?
nereyi	welchen Ort, welchen Platz?
Nereyi arıyorsunuz?	Was für einen Ort suchen Sie?
Burası neresi?	Wo sind wir hier?
Orası neresi?	Wer spricht dort?
nereli	wo geboren? woher stammend?
Nerelisiniz?	Woher kommen Sie? Wo stammen Sie her?
neşe *ar.*	vergnügte Laune, Fröhlichkeit
neşelenmek	fröhlich sein
neşeli	fröhlich, vergnügt
neşeli bir insan	ein fröhlicher Mensch
neşesiz	in schlechter Stimmung, verstimmt
net *fr.*	1. klar, deutlich, 2. netto
net bir görüntü	ein klares Fernsehbild
aylık net gelir	Netto-Monatseinkommen
netice *ar.* (.−'.) (→ sonuç)	Ergebnis, Resultat
nezle *ar.*	Schnupfen
nezle olmak	einen Schnupfen bekommen
nezleli	verschnupft
niçin	warum? aus welchem Grund?
nihayet *ar.* (.−'.) (→ sonunda, en sonunda)	endlich, schließlich
nine	Großmutter
nispeten *ar.*	verhältnismäßig
Bugün hava nispeten daha iyi.	Heute ist das Wetter verhältnismäßig gut.
nitekim	wie denn auch
Nitekim benim söylediğim gibi oldu.	Und prompt ist es so gekommen, wie ich gesagt hatte.
nitelik, -ği	Beschaffenheit; Qualität
niteliği bakımından	hinsichtlich seiner Beschaffenheit
niye	warum? wieso?
Niye olmasın!	Warum nicht!
Niye yalan söylüyorsun?	Warum lügst du?
Niye?	Wieso?
nokta *ar.*	Punkt
nokta koymak	einen Punkt setzen
bu noktada	in diesem Punkt
bir noktaya dikkat etmek	auf einen bestimmten Punkt achten
normal, -li *fr.*	normal, Normal-
Bu çok normal.	Das ist ganz normal.
normal olarak	normalerweise

not *fr.*	1. Notiz, Aufzeichnung, 2. Note, Zensur
not almak	sich Notizen machen
iyi / zayıf not almak	eine gute / schlechte Note bekommen
not etmek	aufschreiben, notieren
not tutmak	mitschreiben, sich Notizen machen
not defteri	Notizbuch, Notizheft
dipnot	Fußnote
nöbet *ar.*	Wache, Wachdienst
nöbet tutmak	Wache halten
nöbetçi	Wache; diensthabender Posten; (Nacht-)Dienst tuend
nöbetçi eczane	Apotheke mit Nachtdienst
numara *it.* (*Abk.* no.)	Nummer; Größe
Çankaya Caddesi numara 1	Çankaya-Straße 1
Evinizin numarası kaç?	Welche Hausnummer haben Sie?
Telefon numaranız (kaç)?	Ihre Rufnummer?
Kaç numara ayakkabı giyiyorsunuz?	Welche Schuhgröße haben Sie?
Beden numaranız?	Ihre Gewandgröße?
telefon numarası	Telefonnummer
numarayı çevirmek	die Telefonnummer wählen
numaralamak	numerieren
... numaralı	mit der Nummer ...
65 numaralı / no.lu evde oturuyor.	Er wohnt in Hausnummer 65.
29 numaralı / no.lu otobüs	der Bus der Linie 29
nüfus *ar.*	Bevölkerung; Einwohnerschaft; Einwohnerzahl
Türkiye'nin nüfusu	die Einwohnerzahl der Türkei
nüfus kâğıdı	Personalausweis
nüfus sayımı	Volkszählung
nüfus artışı	Bevölkerungszunahme

O

o (*akk.* onu)	1. dieser, jener, 2. er, sie, es
o gün	an jenem Tag
o akşam	an jenem Abend
o yıllarda	in jenen Jahren
o sıralarda	damals
O kadını tanımıyorum.	Jene Frau kenne ich nicht.
O romanı okudum.	Diesen Roman habe ich gelesen.
onun evi	sein Haus
Bunu ona ver.	Gib ihm das.

Şimdi ona gidiyorum.	Jetzt gehe ich zu ihm.
Bu gece onda kalacağız.	Heute Nacht werden wir bei ihm übernachten.
Bu haberi ondan duydum.	Diese Neuigkeit habe ich durch ihn erfahren.
o kadar	so viel, so sehr
O kadar güzel ki!	Das ist so schön!
O kadar!	Das ist alles! Und damit basta!
o halde	also, folglich
o nedenle	aus diesem Grund
onun için	deswegen
onun yüzünden	seinetwegen
ocak, -ğı	Herd, Ofen
ocağı yakmak / söndürmek	den Herd einschalten / ausschalten
elektrikli ocak	Elektroherd
oda	Zimmer
oturma odası	Wohnzimmer
yemek odası	Eßzimmer
yatak odası	Schlafzimmer
çalışma odası	Arbeitszimmer
oğlan	Knabe, Bub; Jüngling
oğlan çocuğu	Knabe
İki oğlan, bir kız çocukları var.	Sie haben zwei Söhne und eine Tochter.
oğul, -ğlu	Sohn
büyük / küçük oğlum	mein älterer / jüngerer Sohn
okşamak	streicheln
okul	Schule
okula gitmek	die Schule besuchen
okula başlamak	in die Schule kommen / eintreten
okulu bitirmek	die Schule absolvieren
okul arkadaşı	Schulkamerad
okumak	1. lesen; vorlesen, 2. eine Schule besuchen, studieren
Ne okuyorsun?	Was liest du?
Şunu bana okur musun?	Liest du mir das vor?
Nerede okuyor?	Welche Schule besucht er? Wo studiert er?
okuma-yazma	das Lesen und Schreiben
okuma-yazma bilmek	des Lesens und Schreibens kundig sein
okur-yazar	wer lesen und schreiben kann
okuyucu / okur	Leser
okumuş bir insan	ein gebildeter Mensch
okunaklı yazı	leserliche Schrift
okyanus *ar.*	Ozean
Büyük Okyanus	Stiller Ozean

Atlas Okyanusu	Atlantischer Ozean
Hint Okyanusu	Indischer Ozean
olağan	1. gewöhnlich, ordentlich, regelmäßig, 2. alltäglich
olağanüstü	ungewöhnlich, außerordentlich
olağanüstü bir durum	außergewöhnliche Umstände, eine außergewöhnliche Situation
olağanüstü toplantı	Sondersitzung
olanak, -ğı (→ imkân)	Möglichkeit, Gelegenheit
maddi olanak	die finanziellen Möglichkeiten
teknik olanak	die technischen Möglichkeiten
-e olanak sağlamak / bulmak	Mittel und Wege für ... finden
olanak(lar) ölçüsünde	nach Möglichkeit
olanaksız	unmöglich
olası (→ muhtemel)	möglich, denkbar, in Frage / Betracht kommend
olay	Ereignis, Vorfall
olay yeri	Tatort
İlginç bir olay oldu.	Es hat sich etwas Interessantes ereignet.
Olay çıktı.	Es kam zu einem (unangenehmen) Vorfall.
Bugün başımdan bir olay geçti.	Heute ist mir etwas passiert.
olaysız	ohne Vorfälle
Toplantı olaysız geçti.	Die Versammlung verlief ohne Vorfälle.
oldukça	ziemlich, einigermaßen
oldukça iyi	ziemlich gut
olmak, -ur	1. werden, geschehen, passieren, entstehen, 2. *(in bestimmten Zeitformen)* sein
Olur!	Gut, es geht! In Ordnung!
Olur, tamam! / Oldu, tamam!	In Ordnung!
Olur mu? / Oldu mu?	In Ordnung?
Olmadı.	Es klappt nicht. Es geht nicht. Es ist nichts daraus geworden.
Olmaz!	Das geht nicht! Ausgeschlossen! Nicht möglich!
Kesinlikle olmaz!	Das ist entschieden unmöglich.
Bu olamaz!	Das ist ganz unmöglich!
Olsun!	Na gut! Soll es eben sein.
Ne oldu?	Was ist passiert?
Ne oldu, ne var?	Was ist denn los? Was ist denn passiert?
Orada ne olmuş?	Was ist dort geschehen?
Ne oluyor?	Was ist denn los?
Ne olur!	„Und wenn schon!"
Ne olur, ağlama!	Bitte, weine nicht!

Nasıl olur?	Wie kommt es dazu? Wie ist das nur möglich?
Okulu bitirince ne olacaksın?	Was willst du werden, wenn du mit der Schule fertig bist?
olumlu	positiv, bejahend
olumlu bir görüş	eine positive Meinung
-i olumlu karşılamak	... positiv aufnehmen
Sonuç olumlu.	Das Ergebnis ist positiv.
olumsuz	negativ, verneint
oluşmak (→ meydana gelmek)	entstehen
oluşturmak (→ meydana getirmek)	entstehen lassen, bilden, schaffen, verwirklichen
bir kurul / komisyon oluşturmak	einen Ausschuß bilden
hükümeti oluşturmak	die Regierung bilden
Çocuklar bir çember oluşturdu.	Die Kinder bildeten einen Kreis.
Burada dağlar aşılmaz bir engel oluşturur.	Hier bilden die Berge ein unüberwindliches Hindernis.
omuz, -mzu	Schulter
onarım (→ tamir, tamirat)	Reparatur
onarmak (→ tamir etmek)	reparieren
onay (→ tasdik)	behördliche Bestätigung
onaylamak	bestätigen; beglaubigen
onur (→ gurur, şeref)	Stolz; Ehre
-den onur duymak	auf ... stolz sein
birisinin onuruna	zu Ehren von ...
onurlu	stolz
***ora-**	*(In der Hochsprache sind nur Formen mit Suffix gebräuchlich.)*
orada	dort
orada burada	hier und da
oraya	dorthin
oraya kadar	bis dorthin
bir oraya bir buraya	hin und her
oradan	von dort
orası	jener Ort
orman	Wald
orta	Mitte; der mittlere
Orta Anadolu	Mittelanatolien
Orta Asya	Zentralasien
orta kat	mittleres Stockwerk
ayın ortası	Mitte des Monats
odanın ortası	die Mitte des Zimmers
yolun ortasında	in der Mitte der Straße
kentin ortasında	mitten in der Stadt

kışın ortasında	mitten im Winter
-in ortasından	mitten durch ...
Kentin ortasından geçtik.	Wir fuhren mitten durch die Stadt.
ortaya çıkmak	aufkommen, auftauchen, vorkommen
Ortaya bir sorun çıktı.	Es ist ein Problem aufgetaucht.
ortaya çıkarmak	aufwerfen, zur Sprache bringen
ortaya koymak	darstellen
ortalama	durchschnittlich
ortalama olarak	im Durchschnitt
ortalamanın altında / üstünde	unter / über dem Durchschnitt
ortam	*(geistige)* Atmosphäre
uygun bir ortam	eine günstige Atmosphäre
ortaokul	Mittelschule *(zwischen Grundschule und Gymnasium)*
ot	Gras; Kraut
otlamak	weiden, grasen
otel *fr.*	Hotel
otelde kalmak	im Hotel übernachten
otobüs *fr.*	Bus, Omnibus
otobüsle gitmek	mit dem Bus fahren, den Bus nehmen
otobüs durağı	Bushaltestelle
-e **oturmak**	sich setzen
-de oturmak	1. sitzen, 2. wohnen
Buyrun oturun lütfen!	Bitte nehmen Sie Platz.
Lütfen buraya oturun.	Setzen Sie sich bitte hierher.
sofraya oturmak	sich zu Tisch setzen
Herkes yerine otursun.	Jeder soll sich an seinen Platz setzen.
Bahçede oturuyor.	Er sitzt im Garten.
Nerede oturuyorsunuz?	Wo wohnen Sie?
oturum	1. Aufenthalt, 2. Sitzung
oturum izni / müsaadesi	Aufenthaltserlaubnis
ova	Ebene
Konya Ovası	die Ebene von Konya
oy	Wahlstimme
birisine oy vermek	die Stimme für ... abgeben
oy kullanmak	wählen gehen; abstimmen
oynamak	1. spielen, 2. tanzen, 3. laufen *(Film)*
oyuncakla oynamak	mit Spielzeug spielen
rol oynamak	eine Rolle spielen
bir rolü oynamak	die Rolle (von ...) spielen
O baba rolünü oynuyor.	Er spielt die Rolle des Vaters.
kâğıt oynamak	Karten spielen
oyun oynamak	ein Spiel spielen
Bu hafta hangi film oynuyor?	Welcher Film läuft diese Woche?

oysa	indessen, aber, jedoch
oyun	Spiel; Theaterstück, Schauspiel; Tanz
halk oyunu	Volkstanz
oyuncak, -ğı	Spielzeug
ozan (→ şair)	Dichter

Ö

öbür (→ öteki)	anderer
öbür taraf	die andere Seite
öbür çocuklar	die anderen Kinder
öbürü	der andere *(von zweien)*
öbürleri	die anderen
öbür gün	übermorgen
öbür hafta	übernächste Woche
öbür dünya	das Jenseits
ödemek	bezahlen, abzahlen
borcunu ödemek	seine Schulden bezahlen
geri ödemek	zurückzahlen
ödemeli	per Nachnahme
ödev	Aufgabe, Pflicht
ev ödevi	Hausaufgabe
ev ödevini yapmak	Hausaufgaben machen
ödül (→ mükâfat)	Belohnung; Preis
ödül kazanmak	einen Preis erhalten
ödüllendirmek	belohnen
ödünç, -cü	geliehen, auf Borg
birisinden ... -i ödünç almak	von jmdm. ... ausleihen
-i birisine ödünç vermek	jmdm. ... borgen
öfke	Zorn, Wut
öfkelenmek	zornig / wütend werden
öfkeli	zornig, wütend
öge (→ unsur)	Element
öğle / öğlen	Mittag
öğleyin	zu Mittag; mittags
bugün öğleyin / öğlen	heute mittag
öğleye doğru	gegen Mittag
öğleden önce	Vormittag
öğleden sonra	Nachmittag
öğlenleri	mittags, immer um die Mittagszeit
öğle tatili	Mittagspause
öğle yemeği	Mittagessen

öğrenci	Schüler, Student
öğrenim	Studium, Bildung, Ausbildung
öğrenmek	lernen; erfahren
okuma-yazma öğrenmek	lesen und schreiben lernen
Bunu güvenilir bir kaynaktan öğrendik.	Das haben wir aus einer zuverlässigen Quelle erfahren.
öğretim	Unterrichtswesen
ilköğretim	Grundschulwesen
ortaöğretim	Mittelschulwesen
yükseköğretim	Hochschulwesen
-e **öğretmek**	jmdn. lehren; jmdm. beibringen
birisine Türkçe öğretmek	jmdn. Türkisch lehren
Bunu bana öğretebilir misin?	Kannst du mir das beibringen?
öğretmen	Lehrer
Türkçe öğretmeni	Türkischlehrer
öğüt (→ nasihat)	Rat, Ratschläge
birisine öğüt vermek	jmdm. raten, Ratschläge geben
öksürmek	husten
ölçmek, -er	messen
ölçü	Maß, Größe, Ausmaß, Maßstab
belli bir ölçüde	zu einem gewissen Grade
bugünkü ölçülere göre	nach heutigen Maßstäben
ölmek, -ür	1. sterben, umkommen, 2. beinahe umkommen *(vor Durst, Hunger u. dgl.)*
1.: doğmak	
Babası ne zaman öldü?	Wann ist sein Vater gestorben?
Ölmüş.	Er ist tot.
Açlıktan / susuzluktan / yorgunluktan ölüyorum.	Ich bin mehr tot als lebendig vor Hunger / Durst / Müdigkeit.
öldürmek	töten, umbringen
ölü	tot
: diri, canlı	
ölü dil	eine tote Sprache
ölü mevsim	tote Saison
ölüm	Tod
„Ölüm tehlikesi!"	„Lebensgefahr!"
ömür, -mrü *ar.* (→ yaşam)	Leben, Lebensdauer
ömür boyu	lebenslang
ömrümde	in meinem ganzen Leben
ön	1. Vorderseite, der Raum vor ..., 2. der vordere ...
: arka	
öne doğru	nach vorne
öne geçmek	sich vordrängen; überholen
bir görüş öne sürmek	eine Ansicht vorbringen
önümüzdeki hafta	nächste Woche

önde olmak	einen Vorsprung haben
önde gelen	führend
öndeki	der Vordere, der vordere ...
önden gitmek	vorangehen, vorausgehen
ön taraf	die vordere Seite
ön tarafta	auf der Vorderseite
ön plan	Vordergrund
ön planda	im Vordergrund
binanın ön yüzü	die Fassade
önce (3. *postp.* + *abl.*) : sonra	1. zuerst, zunächst, 2. früher, vorher, 3. früher als ..., vor ...
ilk önce	zu allererst; in erster Linie
önceden	zuerst, zunächst
daha önce	noch früher, noch vorher
önceden haber vermek	vorab benachrichtigen
önceden hazırlamak	vorbereiten
önceden olduğu gibi	wie früher
önceki	der davor liegende, der frühere
önceki gün	vorgestern
bundan önceki olay	das vorhergehende Ereignis
bundan önce	davor, vorher
bir yıl önce	vor einem Jahr, ein Jahr zuvor
iki gün önce	vor zwei Tagen, zwei Tage vorher
ondan önce	vorher
O, senden önce geldi.	Er ist vor dir gekommen.
her şeyden önce	vor allem
(*Verbalstamm*) –meden önce	bevor ..., ehe ...
„Tren durmadan önce kapıyı açmayınız!"	„Tür nicht öffnen, bevor der Zug hält."
öncelik	Vorrang
öncelik tanımak	den Vorrang einräumen
öncelikle	vorrangig, in erster Linie
önceleri	anfangs
önem	Wichtigkeit, Bedeutung
Önemi yok.	Macht nichts! Das ist doch nicht wichtig!
-e önem vermek	große Bedeutung beimessen
önemli (→ mühim)	wichtig
O kadar önemli değil.	Das ist nicht so wichtig.
Önemli olan ...	Hauptsache ist, daß ...
önemli ölçüde	in erheblichem Maße
en önemli şey	das wichtigste
önemsiz	unwichtig
öneri (→ teklif)	Vorschlag
bir öneride bulunmak	einen Vorschlag machen
-e **önermek** (→ teklif etmek)	jmdm. ... vorschlagen

önlem (→ tedbir)	Maßnahme
önlem almak	Schritte unternehmen, Maßnahmen ergreifen
-i **önlemek**	*(einer Sache)* vorbeugen
önsöz	Vorwort
önyargı	Vorurteil
önyargılı bir insan	ein Mensch mit Vorurteilen
öpmek, -er	küssen
örmek, -er	stricken; häkeln
örgü örmek	stricken *(intr.)*
örneğin (→ mesela)	zum Beispiel
örnek, -ği	Beispiel
... örneğinde olduğu gibi	wie in / am Beispiel ...
örnek olarak	als Beispiel
örnek vermek	ein Beispiel geben
örtmek, -er	bedecken
örtü	Decke
başörtüsü	Kopftuch
masa örtüsü	Tischdecke
örtülü	bedeckt
öte	1. eine Stelle in einiger Entfernung, eine Stelle jenseits von etwas, 2. jenseitig, ander-
Biraz öteye git.	Mach ein bißchen Platz! Rück ein wenig zur Seite!
köyün ötesinde	jenseits vom Dorf
ötede	weiter vorne, weiter drüben
öteden beri	von jeher, schon immer
öteki	ander-
öteki sorun	das andere Problem
ötmek, -er	1. singen *(Vögel)*, 2. ertönen
övgü	Lob
övmek, -er	loben
(-le) övünmek	sich brüsten, mit ... prahlen, sich einer Sache rühmen
Başarınla övünebilirsin.	Du kannst stolz auf deinen Erfolg sein.
öykü (→ hikâye)	Erzählung, Geschichte
öykü anlatmak	eine Geschichte erzählen
öyle	1. so, 2. ein solcher
Öyle mi?	Tatsächlich? Wirklich?
Öyle değil!	(Das ist) nicht so!
Öyle değil mi?	Nicht wahr?
Bana öyle geldi.	Es ist mir so vorgekommen.
Öyle yoruldum ki!	Ich bin vielleicht müde!

Demek öyle!	So ist das also!
öyleyse ...	wenn das so ist, ...; in diesem Fall ...
öz	1. Kern, Wesen, wesentlicher Bestandteil, 2. eigen, 3. rein
işin özü	der eigentliche Kern der Angelegenheit
öz baba / anne	der / die leibliche Vater / Mutter
öz kardeş	der / die leibliche Bruder / Schwester
öz Türkçe	reines Türkisch
özgeçmiş	Lebenslauf
özel (→ hususi)	1. privat, persönlich, 2. Sonder-, Extra-
özel araba	Privatfahrzeug
özel mülkiyet	Privateigentum
özel hastane	Privatkrankenhaus
özel klinik	Privatklinik
özel ders	Privatunterricht
özellik, -ği	Eigenschaft, Eigentümlichkeit
özellikle (→ bilhassa)	insbesondere, namentlich
özet	Resümee, Zusammenfassung
-in özetini çıkarmak	... resümieren
özetlemek	resümieren, zusammenfassen
-e **özgü** (→ mahsus)	(...) eigen, (...) eigentümlich
Güneydoğu Anadolu'ya özgü bir yemek	eine südostanatolische Spezialität
kendine özgü bir anlatım	eine eigene Ausdrucksweise
kendine özgü bir insan	ein eigener Mensch, ein Sonderling
özgür (→ hür)	frei
özgürlük (→ hürriyet)	Freiheit
özlem	Sehnsucht
-i **özlemek**	sich nach ... sehnen, ... vermissen
Seni çok özledim.	Ich habe dich sehr vermißt.
özür, -zrü *ar.*	Entschuldigung
-den özür dilemek	sich (bei ...) entschuldigen
„Özür dilerim."	„Entschuldigung!"
Sizden özür dilemek istiyorum.	Ich möchte mich bei Ihnen entschuldigen.
özveri (→ fedakârlık)	Opferbereitschaft, Selbstlosigkeit
özverili (→ fedakâr)	opferfreudig
özverili bir insan	ein selbstloser Mensch

P

pahalı *pe. tü.*	teuer
: ucuz	
paket *fr.*	Paket

bir paket sigara	eine Schachtel Zigaretten
paket yapmak	ein Paket machen
paketlemek	packen, einpacken
palto *fr.*	Herrenmantel
pamuk, -ğu	Baumwolle; Watte
pamuklu	baumwollen, Baumwoll-
pamuklu kumaş	Baumwollstoff
pantolon *fr.*	Hose
pantolon giymek	Hosen tragen
para *pe.*	Geld
Yanımda para yok.	Ich habe kein Geld dabei.
Bundan başka param yok.	Ich habe sonst kein Geld.
paranın üstü	Restgeld
bozuk para	Kleingeld
kâğıt para	Papiergeld
para kazanmak	Geld verdienen
para biriktirmek	sparen *(intr.)*
para kaybetmek	Geld verlieren
para harcamak	Geld ausgeben
para bozmak	Geld wechseln
para bozdurmak	Geld wechseln lassen, Geld eintauschen
bankadan para çekmek	Geld abheben
bankaya para yatırmak	Geld einlegen
paralı	1. kostenpflichtig, 2. reich
parasız	1. kostenlos, unbezahlt, 2. arm
parça *pe.*	Stück
parça parça	in Stücke gerissen; stückweise
küçük parçalara ayırmak	in kleine Stücke zerlegen
parçalamak	in Stücke zerlegen
„**Pardon!**" *fr.* ('..)	„Verzeihung!"
park *fr.*	Park; das Parken
çocuk parkı	Kinderspielplatz
park yeri	Parkplatz
park etmek	parken
„Park yapılmaz!"	„Parken verboten!"
parlak, -ğı	glänzend, leuchtend, strahlend
parlamak	glänzen, leuchten
Güneş pırıl pırıl parlıyor.	Die Sonne lacht.
parmak, -ğı	Finger
ayak parmağı	Zehe
başparmak	Daumen
işaret parmağı	Zeigefinger
pasaport *fr.*	Reisepaß
pasaport kontrolü	Paßkontrolle

pasta *it.*		Torte
pastane (.−.)		Konditorei
patates *eng.*		Kartoffel
patlamak		platzen, explodieren
Lastik patladı.		Der Reifen ist geplatzt.
Can sıkıntısından patlıyorum.		Ich komme vor Langeweile fast um.
pazar *pe.*		Wochenmarkt
pazar / pazar günü		Sonntag
pazaryeri		Marktplatz
Cumartesi günleri pazar kurulur.		Samstags ist hier Markt.
pazarlık etmek		*(einen Preis)* aushandeln
pek		sehr, recht
pek çok		sehr viel
pek güzel		sehr schön
„**Pekâlâ!**" *(l)* (.'− −)		„Einverstanden!"
„**Peki!**"		„Gut!" „In Ordnung!"
Peki, ama ...		Ja, aber ...
pembe *pe.*		rosa
pencere		Fenster
pencereden bakmak		aus dem Fenster schauen
pencere camı		Fensterscheibe
perde *pe.*		Gardine, Vorhang
perişan *pe.* (.−'−)		zerstreut, verstört
perişan olmak		ganz verstört sein; fix und fertig / völlig erschöpft sein
peşin *pe.*		in bar, vorausbezahlt
peşin para		bares Geld
peşin ödeme		Barzahlung
parayı peşin ödemek		bar bezahlen
peşin fiyatına		gegen Bargeld
petrol, -lü *fr.*		Erdöl
peynir *pe.*		Käse
piknik, -ği *engl.*		Picknick
pikniğe gitmek		picknicken gehen
piknik yapmak		ein Picknick machen
pilav *pe.*		Reis *(in zubereitetem Zustand)*
pirinç *pe.*		Reis *(im Rohzustand)*
pis		schmutzig
: temiz		
pislik		Schmutz, Dreck
pişman *pe.* ((.−))		reumütig
-e pişman olmak		... bereuen
pişmek, -er		gar werden
Yemek pişti.		Das Essen ist gar.

pişmiş	gar
pişirmek	kochen *(tr.)*, zubereiten
yemek pişirmek	ein Essen kochen
piyango *it.*	Lotterie
piyango bileti	Lotterielos
piyano *fr.*	Klavier
piyano çalmak	Klavier spielen
plaj *fr. (l)*	Strand, Badestrand
plak, -ğı *fr. (l)*	Schallplatte
bir plak çalmak	eine Platte spielen
plağı değiştirmek	eine andere Platte auflegen
plan *fr. (l)*	Plan, Vorhaben
şehir planı	Stadtplan
planlamak	planen
planlı	planmäßig, systematisch
planlı bir biçimde	auf wohlüberlegte Art
plastik, -ği *(l) fr.*	Plastik, Kunststoff; aus Plastik
polis *fr.*	Polizei; Polizist
polis çağırmak	die Polizei rufen
polise başvurmak	sich an die Polizei wenden
polis memuru	Polizist
trafik polisi	Verkehrspolizist
politik *fr.* (→ siyasi, siyasal)	politisch
politika *it.* (→ siyaset)	Politik
politika yapmak	Politik treiben
politikacı	Politiker
portakal	Orange, Apfelsine
posta *it.*	Post
postayla göndermek	mit der Post senden
postaya vermek / atmak	zur Post bringen, abschicken
posta kutusu	Briefkasten; Postfach
posta havalesi	Postanweisung, Überweisung per Post
posta kartı	Postkarte
postacı	Briefträger
postane	Postamt
pratik, -ği *fr.*	praktisch
pratikte	in der Praxis
prensip, -bi *fr.* (→ ilke)	Prinzip, Grundsatz
prensip olarak	prinzipiell
-i prensip edinmek	sich ... zum Grundsatz machen
problem *fr.*	Problem, Aufgabe
problem çözmek	ein Problem lösen
problemli	problematisch
program *fr.* (→ izlence)	Programm

günlük program	Tagesprogramm
program izlemek	eine Sendung sehen / hören
programlı	programmatisch, systematisch, methodisch
pul *pe.*	Briefmarke

R

radyo *fr.*	Radio, Radioapparat; Hörfunk, Rundfunk
radyoyu açmak / kapatmak	das Radio anstellen / abstellen
radyo dinlemek	Radio hören
(bir haberi) radyodan duymak	(eine Nachricht) aus dem Radio erfahren
raf *pe.*	Regal
rağmen *ar.* (→ karşın) (*postp.* + *dat.*; 1. -e, 2. -masına)	1. trotz ...; 2. obwohl ...
buna rağmen	dennoch, trotzdem
her şeye rağmen	trotz allem
anlamamamıza rağmen ...	obwohl wir nicht verstanden hatten ...
rahat *ar.*	1. bequem, gemütlich, ruhig, 2. Ruhe
Burası çok rahat.	Hier ist es sehr bequem. Hier ist es gemütlich.
rahat bir ayakkabı	ein bequemer Schuh
Rahat oturun lütfen.	Bitte, machen Sie es sich bequem.
rahat bir insan	ein gemütlicher Mensch
rahat olmak	es bequem / behaglich / gemütlich haben; seine Ruhe haben
Burada çok rahatım.	Ich fühle mich hier sehr wohl.
Beni rahat bırak!	Laß mich in Ruhe!
rahatlamak	sich wohler fühlen, sich entspannen, zur Ruhe kommen
rahatsız	unbequem, ungemütlich; unwohl, etwas krank; gestört, belästigt
Bugün biraz rahatsızım.	Heute fühle ich mich nicht recht wohl.
Rahatsız olmayın lütfen!	Bitte lassen Sie sich nicht stören!
birisini rahatsız etmek	jmdn. stören, jmdn. belästigen
„Affedersiniz sizi rahatsız ettim."	„Entschuldigen Sie, wenn ich Sie gestört habe."
„Lütfen rahatsız etmeyin!"	„Bitte nicht stören!"
randevu *fr.*	Verabredung, Termin
-den randevu almak	sich bei ... anmelden, sich bei ... vormerken lassen

Yarın için doktordan randevu aldım.	Ich habe mich für morgen beim Arzt vormerken lassen.
-e randevu vermek	jmdm. einen Termin geben
rapor *fr.*	Bericht, Nachricht, Meldung
doktor raporu	ärztliche Bescheinigung
rapor vermek	Bericht erstatten
doktordan rapor almak	sich krank schreiben lassen
Arkadaşım 15 gün raporlu.	Mein Kollege ist 15 Tage krank geschrieben.
-e **rastlamak** *pe. tü.* (→ tesadüf etmek)	jmdm. begegnen, jmdn. (zufällig) treffen
Dün yolda ona rastladım.	Ich habe ihn gestern unterwegs getroffen.
rastlantı (→ tesadüf)	Zufall, (zufälliges) Zusammentreffen, (zufällige) Begegnung
reddetmek *ar. tü.*	ablehnen
rehber *pe.* (→ kılavuz)	Führer, Reiseführer
telefon rehberi	Telefonbuch
birisine rehberlik etmek	jmdn. geleiten, jmdn. führen
reklam *fr. (l)*	Reklame, Werbung; Anzeige
renk, -gi *pe.*	Farbe
Elbisesi ne renk?	Welche Farbe hat ihr Kleid?
renkli	farbig, bunt
renkli film	Farbfilm
renkli televizyon	Farbfernsehen
renksiz	farblos
resim, -smi *ar.*	Bild, Zeichnung; Foto
resim yapmak	malen *(intr.)*
resim çizmek	zeichnen *(intr.)*
resim çekmek	fotografieren
resim çektirmek	sich fotografieren lassen
resimli	illustriert
resimli kitap	ein Buch mit Illustrationen
resimlemek	illustrieren
resmi *ar.* (.−)	offiziell, amtlich, dienstlich, behördlich
resmi daire	Amt, Behörde
ressam *ar.*	(Kunst-) Maler
rica etmek *ar. tü.*	bitten
: teşekkür etmek	
„Rica ederim."	1. „Bitte schön!", „Bitte!", „Bitte sehr!",
	2. „Aber ich bitte Sie!"
„Rica ederim, bir şey değil."	„Gern geschehen."
-den bir şey(i) rica etmek	jmdn. um ... bitten
Sizden yardım(ınızı) rica edebilir miyim?	Darf ich um (Ihre) Hilfe bitten?
Adınızı rica edebilir miyim?	Darf ich um Ihren Namen bitten?
„... -i rica edebilir miyim."	„Darf ich um ... bitten?"

Bu dansı sizden rica edebilir miyim?	Darf ich um diesen Tanz bitten?
Sizi mikrofona rica edebilir miyim!	Darf ich Sie ans Mikrofon bitten!
Sizden bir ricam var.	Ich hätte eine Bitte an Sie.
Sizden bir şey rica edeceğim.	Ich möchte Sie um etwas bitten.
rol, -lü *fr.*	Rolle
bir rolü / rolde oynamak	eine Rolle spielen *(in einem Schauspiel)*
Onun bu işte büyük rolü var.	Er ist in dieser Angelegenheit maßgeblich.
rol oynamak	eine Rolle spielen
roman *fr.*	Roman
romancı / roman yazarı	Romanschriftsteller
ruh *ar.* ((−))	Seele, Geist
ruhsal	psychisch, geistig
rüya *ar.* (.−)	Traum
rüya görmek	träumen *(intr.)*
rüyadan uyanmak	aus dem Traum erwachen
-in rüyasını görmek	von ... träumen
rüzgâr *pe.*	Wind
Rüzgâr esiyor.	Der Wind weht.
rüzgârlı bir hava	windiges Wetter

S

saat, -ti *ar.* (−)	1. Uhr, 2. Stunde; Uhrzeit
Bu saat doğru mu?	Geht diese Uhr richtig?
Saat durmuş.	Die Uhr ist stehengeblieben.
saati kurmak	die Uhr aufziehen
Saat kaç?	Wie spät ist es?
„Affedersiniz, saatiniz kaç acaba?"	„Entschuldigen Sie, wie spät haben Sie?"
Saat kaçta?	Um wieviel Uhr?
Saat kaça kadar?	Bis wieviel Uhr?
Saat kaçtan kaça kadar?	Von wann bis wann?
Hangi saatlerde otobüs var?	Wie sind die Busabfahrtszeiten?
Tren saat kaçta geliyor?	Um wieviel Uhr kommt der Zug an?
saat tam onda	um Punkt 10 Uhr
Saat tam yedi.	Es ist Punkt 7 Uhr.
haftada dört saat	4 Stunden in der Woche
saatte bir	einmal pro Stunde
her saat başı	zu jeder vollen Stunde
yemek saati	Essenszeit
görüşme saatleri	Sprechstunden
çalışma / iş saatleri	Arbeitszeiten, Betriebszeiten
saatlerce (−'..)	stundenlang

iki saatlik yol	zwei Wegstunden
sabah *ar.*	Morgen, Vormittag; am Morgen, morgens
bu sabah	heute morgen, heute früh
yarın sabah	morgen früh
dün sabah	gestern morgen
sabah saat altıda	um 6 Uhr morgens
sabaha kadar	bis zum Morgen
sabahtan akşama kadar	von morgens bis abends, von früh bis spät
sabah erkenden	früh am Morgen
sabahları	morgens
sabahleyin	am Morgen, morgens
sabır, -brı *ar.*	Geduld
Sabrım kalmadı.	Ich habe keine Geduld mehr.
Artık sabrım tükeniyor!	Meine Geduld geht zu Ende!
sabretmek	sich gedulden
Biraz sabredin, lütfen!	Gedulden Sie sich einen Augenblick!
sabırlı	geduldig
sabırsız	ungeduldig
sabun *ar.*	Seife
bir kalıp sabun	ein Stück Seife
ellerini sabunlamak	sich die Hände einseifen
saç	Haar
saçını kestirmek	sich die Haare schneiden lassen
saçını uzatmak	sich die Haare wachsen lassen
saçını taramak	sich die Haare kämmen
saçını yaptırmak	sich eine Frisur machen lassen
saç tokası	Haarnadel
saçma	blöde, unsinnig, komisch
saçmalamak	dummes Zeug reden
sadece *ar.* (−..) (→ yalnızca)	nur, lediglich
saf *ar.*	rein; naiv
sağ	1. der rechte; die rechte Seite, rechts; 2. wohlauf, noch am Leben
1.: sol	
sağ el	die rechte Hand
sağ taraf	die rechte Seite
sağ taraftan / sağdan	rechts, von rechts
bir sağa bir sola	hierhin und dorthin, überallhin
sağdan sola	von rechts nach links
sağımda	rechts von mir, zu meiner Rechten
sağda	rechts
„Sağda durun."	„Rechts halten."
sağa yanaşmak	rechts heranfahren
sağa dönmek	rechts abbiegen
„Sağ ol!"	„Danke! Vielen Dank!"

sağlam		sakin

sağduyu — der gesunde Menschenverstand
sağlam — 1. stabil, fest, stark; dauerhaft, 2. gut gebaut und kräftig
sağlamlaştırmak — festigen, stärken
sağlamak (→ temin etmek) — besorgen, liefern, verschaffen
sağlık, -ğı (→ sıhhat) — Gesundheit
: hastalık
sağlığa yararlı — der Gesundheit förderlich
sağlığa zararlı — gesundheitsschädlich
Sigara sağlığa zararlıdır. — Rauchen schädigt die Gesundheit.
sağlığına dikkat etmek — auf seine Gesundheit achtgeben
„Sağlık olsun!" — „Hauptsache, man ist gesund!"
„Elinize sağlık!" — *(Redewendung: Dank oder Lob ob einer gelungenen Handarbeit, eines feinen Essens...)*

„Sağlığınıza!" — „Auf Ihr Wohl!"
sağlıklı — gesund
: hasta
sağlıklı olmak — gesund werden, gesund sein
sağlıklı kalmak — gesund bleiben
sahi *ar.* (−.) (→ gerçek) — wirklich, tatsächlich
Sahi mi? — Tatsächlich? Wirklich?
sahiden — tatsächlich, wahrhaftig
sahici (→ hakiki, gerçek) — echt *(attr.)*
: sahte
sahil *ar.* (−.) (→ kıyı) — Küste, Strand
sahip, -bi *ar.* (−.) — Eigentümer, Besitzer
Bu evin sahibi kim? — Wem gehört dieses Haus?
ev sahibi — Hausbesitzer, Hausherr, Gastgeber
-e sahip olmak — ... besitzen
sahne *ar.* — Bühne
sahneye koymak — auf die Bühne bringen, inszenieren
sahte *pe.* — unecht, imitiert
: sahici, hakiki
sakın *(+ neg. imper.)* — ja nicht, nur nicht
Sana dün söylediğim şeyi sakın unutma! — Vergiß ja nicht, was ich dir gestern gesagt habe!

sakınca (→ mahzur) — bestehende Bedenken, eventuell zu erhebender Einwand
Bunun hiçbir sakıncası yok. — Das ist ganz unbedenklich.
Sizce bir sakıncası yoksa... — Wenn Sie keine Bedenken haben,...
sakıncalı — bedenklich
sakin *ar.* (−.) — ruhig, still
sakin bir ev — ein ruhiges Haus, eine ruhige Wohnung

sakin bir hafta sonu	ein ruhiges Wochenende
sakin bir insan	ein ruhiger Mensch
sakin olmak	ruhig sein, Ruhe bewahren
Biraz sakin ol!	Nur die Ruhe! Sei ruhig!
(bir işi) sakin sakin yapmak	etwas in aller Ruhe machen
saklamak	verstecken; aufheben, aufbewahren
salata *it.*	Salat
-e saldırmak	... angreifen, ... überfallen
birisinin üstüne saldırmak	jmdn. überfallen
salgın	epidemisch
salgın hastalık	epidemische Krankheit
-e salık vermek (→ tavsiye etmek)	jmdm. ... empfehlen, raten
sallamak	schaukeln *(tr.)*, schütteln
birisine el sallamak	jmdm. zuwinken
sallanmak	wackeln, pendeln, schaukeln *(tr.)*
salıncakta sallanmak	schaukeln *(intr.)*
salon *fr.*	Saal, Salon; Wohnzimmer
samimi *ar.* (. – –) (→ içten)	aufrichtig, ehrlich, herzlich
samimi bir arkadaş	ein herzlicher / naher Freund
birisiyle samimi olmak	mit jmdm. eng befreundet sein
samimiyet (.–.'.) (→ içtenlik, yakınlık)	Herzlichkeit, Aufrichtigkeit; vertrautes Verhältnis, enge Freundschaft
sanat *ar.*	Kunst
sanat eseri / yapıtı	Kunstwerk
güzel sanatlar	die schönen Künste
sanatsever	Kunstfreund
sanatçı	Künstler; Schauspieler
sanatkâr (→ sanatçı)	Künstler
sanayi, -i *ar.* (.–.)	Industrie
demir-çelik sanayii	die Eisenindustrie
ağır sanayi	Schwerindustrie
sanayi bölgesi	Industriegebiet
sanayileşme	Industrialisierung
sandalye *ar.*	Stuhl
saniye *ar.* (–..)	Sekunde
„Bir saniye lütfen!"	„Moment bitte!"
„Bir saniye bakar mısınız!"	„Haben Sie einen Augenblick Zeit für mich!"
sanki	gewissermaßen, als ob
sanmak, -ır (→ zannetmek)	glauben, meinen, annehmen, für ... halten
Sanırım ...	Ich meine ...
Sanırım öyle.	Ich glaube, so ist es.
Evet, sanıyorum öyle.	Ja, denke ich schon.

Hiç sanmam.	Ich glaube kaum.
santimetre / santim *fr.*	Zentimeter
Kaç santimetre / santim?	Wieviel Zentimeter?
onbeş santimlik	15 cm lang
santral *fr.*	1. Zentrale, 2. Kraftwerk
telefon santralı	Telefonzentrale, Vermittlung
Santraldan iki yüz on dördü isteyin.	Sie müssen sich mit dem Anschluß 214 verbinden lassen.
sap	Stengel; Griff; Henkel
çantanın sapı	Henkel der Tasche
bavulun sapı	Griff des Koffers
bıçağın sapı	Griff des Messers
sapmak, -ar	abbiegen, einbiegen
sağa / sola sapmak	rechts / links abbiegen
sokağa sapmak	in die Straße einbiegen
saptamak (→ tespit etmek)	feststellen
saray *pe.*	Schloß, Palast
sarhoş *pe.*	betrunken
sarhoş olmak	betrunken sein
sarı	1. gelb, 2. blaß
sarışın	blond
sarkmak, -ar	hinunterhängen, herabhängen; sich hinausbeugen, sich hinauslehnen
„Pencereden dışarı sarkmayınız!"	„Aus dem Fenster lehnen verboten!"
aşağıya sarkmak	sich hinauslehnen, hinunterhängen
satın almak	kaufen, käuflich erwerben
satır	Zeile
satırbaşı	neue Zeile
satırbaşı yapmak	eine neue Zeile anfangen
satış	Verkauf
satmak, -ar	verkaufen
satıcı	Verkäufer
satılık	zu verkaufen
satılmak	verkauft werden
Bu nerede satılıyor / satılır?	Wo wird das verkauft? Wo kann man das kaufen?
savaş (→ harp)	Krieg
: barış	
Birinci Dünya Savaşı	der Erste Weltkrieg
İkinci Dünya Savaşı	der Zweite Weltkrieg
Kurtuluş Savaşı	der Türkische Befreiungskrieg
savaştan önce / sonra	vor / nach dem Krieg
savaşa girmek	in den Krieg eintreten
Savaş çıktı.	Der Krieg brach aus.

bir ülkeye savaş açmak	einem Lande den Krieg erklären
savaşta ve barışta	in Krieg und Frieden
savaşmak	Krieg führen, kämpfen
savaşım (→ mücadele)	Kampf
-e karşı savaşım vermek (→ mücadele etmek)	gegen ... / mit ... kämpfen
savunmak	verteidigen
kendini savunmak	sich verteidigen
bir görüşü savunmak	eine Meinung vertreten
sayfa *ar.*	Seite
sayfa on üçte	auf Seite 13
Beşinci sayfadayız.	Wir sind auf Seite 5.
sayfayı çevirmek	umblättern
üç sayfalık bir yazı	ein dreiseitiges Schreiben
saygı	Achtung, Hochachtung
„En derin saygılarımla."	„Hochachtungsvoll." „Mit dem Ausdruck meiner vorzüglichen Hochachtung."
„Size saygılar sunarım."	„Mit dem Ausdruck meiner vorzüglichen Hochachtung."
birisine saygı göstermek	jmdm. Achtung erweisen, jmdn. ehren, jmdn. ehrerbietig behandeln
saygılı	höflich
saygısız	unhöflich
birisine saygısızlık etmek	zu ... / gegen ... unhöflich sein
sayı	Zahl, Nummer
sayı saymak	zählen *(intr.)*
sayılı	abgezählt; zahlenmäßig beschränkt; nur wenige
çok sayıda	in großer Zahl
sayısız	unzählig, zahllos
sayın	geehrt, verehrt; Sehr geehrter ...
Sayın Bayanlar, Baylar	Meine Damen und Herren ...
Sayın A. Atasoy	Herr A. Atasoy
çok sayın	sehr geehrter
saymak, -ar	1. zahlen; rechnen, 2. für ... halten
sayılmak	1. gezahlt werden, 2. gelten
Bu, sayılmaz.	Das zählt nicht.
Bu, doğru sayılmaz.	Das wird nicht für richtig gehalten.
geçerli sayılmak	gelten, Geltung haben
sebep, -bi *ar.* (→ neden)	Grund, Ursache
bu sebepten	aus diesem Grund, deshalb
-e sebep olmak	... verursachen, ... verschulden
sebze *pe.*	Gemüse
seçenek	Alternative, Auswahlmöglichkeit

seçim		Wahl
seçmek, -er		wählen, auswählen
sefer *ar.* (→ kez, defa, kere)		Mal
bir sefer		einmal
bu sefer		dieses Mal
her sefer		jedesmal
her seferinde		bei jedem Mal
Kaç sefer?		Wieviele Male?
gelecek sefer		das nächste Mal
geçen sefer		voriges Mal
sehpa *pe.*		Couchtisch
selam *ar. (l)*		Gruß, Begrüßung
„Selam!"		„Grüß dich!"
„Inge'ye selamlar!"		„Schöne Grüße an Inge!"
Selam ve sevgilerimle ...		Mit besten Grüßen ... *(vertraulich)*
En içten selam ve sevgilerimle ...		Mit bestem Gruß! Herzliche Grüße!
birisine selam söylemek		jmdm. schöne Grüße bestellen
Ona benden çok selam söyleyin.		Grüßen Sie ihn herzlich von mir.
Onun sana çok selamı var.		Er läßt dich herzlich grüßen.
birisine selam vermek		jmdn. grüßen
birisiyle selamlaşmak		einander begrüßen
semt *ar.*		Gegend, Wohnviertel
Hangi semtte oturuyorsunuz?		In welchem Viertel wohnen Sie?
Çankaya semtinde		im Viertel Çankaya
sen (*dat.* sana)		du
Sen misin?		Bist du es?
Sen kimsin?		Wer bist du?
sene *ar.* (→ yıl)		Jahr
1988 senesinde		im Jahr 1988
seneye		nächstes Jahr
sepet *pe.*		Korb
serbest *pe.*		frei
„Giriş serbest!"		„Eintritt frei!"
serbest bırakmak		loslassen, freilassen
sergi		Ausstellung
sergi açmak		eine Ausstellung veranstalten
Resim ve heykel sergisi açılıyor.		Eine Bilder- und Skulpturenausstellung wird eröffnet.
sergilemek		ausstellen
seri *fr.* (→ dizi)		Serie, Reihe, Folge
seri olarak / halinde		als Serie
... serisi tam / eksik.		... ist komplett / unvollständig.
seriyi tamamlamak		die Reihe komplettieren
serin		kühl, frisch, angenehm kühl

serin hava	kühle Luft, kühles Wetter
Dışarısı biraz serin.	Es ist draußen etwas kühl.
serinlemek	sich abkühlen, kühler werden
Havalar serinledi.	Es ist kühler geworden.
serinlik	Kühle
sermaye *pe. (.−.)*	Kapital
sert	hart, heftig
: yumuşak	
sert bir insan	ein harter Mensch
sert bir yanıt	eine harte Antwort
sert konuşmak	schroff reden, beleidigend sprechen
birisine sert davranmak	sich (gegen ...) reserviert verhalten
ses	Stimme; Klang; Geräusch
alçak ses	leise Stimme
alçak sesle konuşmak	mit leiser Stimme sprechen
yüksek ses	laute Stimme
yüksek sesle konuşmak	mit lauter Stimme sprechen
Yüksek sesle söyleyin lütfen!	Bitte, sagen Sie (das) lauter!
ses çıkarmak	einen Ton geben, klingen
sesini çıkarmamak	etwas ohne Widerrede geschehen lassen
sesini yükseltmek	seine Stimme erheben
sesli	laut
sesli okumak	laut lesen
sessiz	leise, ruhig, still
sessiz sakin	ganz still und leise
Biraz sessiz olun.	Ruhe! Seid ruhig!
sessizce	schweigend, geräuschlos *(adv.)*
sessizlik	Ruhe, Stille
birisine seslenmek	jmdm. zurufen
sevgi	Liebe
: nefret	
sevgi dolu	liebevoll
anne sevgisi	Mutterliebe
yurt sevgisi	Vaterlandsliebe
doğa sevgisi	Liebe zur Natur
„Selam ve sevgilerimle"	„Mit herzlichen Grüßen"
sevgili	lieb, geliebt, Geliebte(r)
Sevgili ...,	Liebe(r) ...! *(Briefanrede)*
sevgilim	mein Lieber, meine Liebe
sevinç, -ci	Freude
yaşama sevinci	Lebensfreude
-den sevinç duymak	sich über ... freuen, über ... Freude empfinden
sevinçle	mit Freuden

büyük bir sevinçle	mit großer Freude
sevinçli	froh, freudig
sevinçli bir haber	eine gute Nachricht, eine frohe Botschaft
sevmek, -er	lieben, gern haben; mögen
: nefret etmek	
Ahmet bu kızı seviyor.	Ahmet liebt dieses Mädchen. Ahmet ist in dieses Mädchen verliebt.
Ahmet annesini çok sever.	Ahmet hat seine Mutter sehr gern.
Ahmet çikolatayı çok sever.	Ahmet mag Schokolade sehr.
en sevdiğim yemek	mein Lieblingsgericht
en sevdiğim kitap	mein Lieblingsbuch
birbirini sevmek	einander lieben; einander gern haben, einander mögen
bira sevmek	Bier mögen
rahatını sevmek	bequem sein *(Mensch)*
yaşamayı / hayatı sevmek	das Leben lieben
özgürlüğü sevmek	freiheitsliebend sein
çiçekleri sevmek	ein Blumenfreund sein
doğayı sevmek	die Natur lieben
yurdunu sevmek	sein Vaterland lieben
seve seve	gern, von Herzen gern
Seve seve yaparım.	Ich mache es gern.
sanatsever	Kunstliebhaber
sporsever	Sportfreund
yardımsever	hilfsbereit
yurtsever	Patriot, patriotisch
sevilmek	geliebt werden
sevilen bir öğrenci	ein beliebter Schüler
-e sevinmek	sich über ... freuen
Buna çok sevindim.	Darüber freue ich mich sehr.
Seni gördüğüme çok sevindim.	Es hat mich sehr gefreut dich zu sehen.
birisini sevindirmek	jmdm. eine Freude machen
sevindirici bir haber	eine freudige Nachricht
sevindirici bir olay	ein freudiges Ereignis
sevimli	sympathisch, liebenswürdig, nett
sevimli bir insan	ein netter Mensch
sevimli bir çocuk	ein liebes Kind
seviye *ar.* (→ düzey)	Niveau
seyahat, -i *ar.* (→ yolculuk)	Reise
seyahat etmek	reisen
seyahate çıkmak	verreisen
yurt dışına seyahat etmek	ins Ausland reisen
seyahatte olmak	auf Reisen sein
seyahat bürosu	Reisebüro

seyirci (→ izleyici)	Zuschauer
seyirciler	Publikum
seyretmek *ar. tü.* (→ izlemek)	ansehen, betrachten
sıcak, -ğı	1. warm, heiß, 2. Wärme, Hitze, 3. sympathisch
: soğuk	
Bugün hava çok sıcak.	Heute ist es sehr heiß.
müthiş bir sıcak	eine unheimliche Hitze
sıcağa dayanıklı	wärmebeständig, hitzebeständig
hava sıcaklığı	(Luft)temperatur
sıcakkanlı	zugänglich, sympathisch *(Mensch)*
sıçramak	springen
sıfır *ar.*	Null
sıfırın altında / üstünde	unter / über Null
-e **sığmak,** -ar	in ... hineinpassen, in ... Platz finden
Paket çantaya sığmıyor.	Das Paket paßt nicht in die Tasche hinein.
sıhhat, -ti *ar.* (→ sağlık)	Gesundheit
„Sıhhatinize!"	„Zum Wohl!" „Auf Ihre Gesundheit!"
sık	1. häufig, oft, 2. dicht
: seyrek	
sık sık	oft
sık görülen / rastlanan bir ...	ein häufiger ...
oldukça sık	ziemlich oft
sık bir orman	ein dichter Wald
O kadar sık yazma!	Schreib nicht so eng!
sıkı	fest; streng, straff
: gevşek	
sıkı bir ayakkabı	Schuhe, die zu klein sind
sıkı bir perhiz yapmak	eine strenge Diät einhalten
sıkı disiplin	strenge Disziplin
sıkı giyinmek	sich warm anziehen
sıkı tutmak	festhalten
bir yere sıkı tutunmak	sich an ... gut festhalten
sıkı sıkı tembih etmek	ganz besonders einschärfen
sıkıntı	1. unbehagliches Gefühl, 2. Notlage, Verknappung
Bugün içimde bir sıkıntı var.	Heute habe ich ein unbehagliches Gefühl.
Yazın burada su sıkıntısı olur.	Im Sommer herrscht hier Wassermangel.
para sıkıntısı	Geldnot
can sıkıntısı	Langeweile
-in sıkıntısını çekmek	Mangel an ... haben, mit ... knapp sein
-den sıkıntı çekmek	an ... leiden, unter ... leiden
sıkıntıda olmak	in Schwierigkeiten sein, in Bedrängnis sein
sıkıntılı	beklemmend, drückend; langweilig
sıkıntısız	ohne Schwierigkeit

sıkmak, -ar	1. drücken, pressen; ausdrücken, auswringen, 2. drängen, unter Druck setzen
Kemerini iyice sıktı.	Er zog seinen Gürtel fest.
Ayakkabılar ayağımı sıkıyor.	Die Schuhe drücken mich.
limon (portakal vb.) sıkmak	Zitronen (Orangen usw.) ausquetschen
canını sıkmak	sich über etwas Sorgen machen
Bu haber canımı sıktı.	Diese Nachricht hat mich sehr getroffen.
Canını sıkma!	Nimm's doch nicht so tragisch.
sıkıcı	langweilig
sıkıcı bir film	ein langweiliger Film
can sıkıcı	1. langweilig, 2. Verstimmung bereitend; ärgerlich
(-den) sıkılmak	sich (ob …) langweilen
Yalnızlıktan sıkılıyorum.	Die Einsamkeit bedrückt mich.
Canım sıkılıyor.	Ich langweile mich.
sınav (→ imtihan)	Prüfung, Examen
sınav yapmak	eine Prüfung abhalten
sınava girmek	eine Prüfung machen
sınavı geçmek / başarmak	die Prüfung bestehen
sınavı kazanmak	die (bedeutende, außergewöhnliche) Prüfung mit Erfolg ablegen
sınıf *ar.*	1. Klasse, 2. Schulklasse, 3. Klassenzimmer
O, birinci sınıf bir sanatçıdır.	Er ist ein Künstler von Rang.
sınıf farkı	Klassenunterschied
Oğlun kaçıncı sınıfa gidiyor?	In welche Klasse geht dein Sohn?
sınıfı geçmek	versetzt werden
Çocuk sınıfını geçti.	Das Kind ist versetzt worden.
sınıfta kalmak	sitzenbleiben, die Klasse wiederholen müssen
sınıf arkadaşı	Klassenkamerad
sınır *gr.*	Grenze
sınırı geçmek	über die Grenze fahren
sır, -rrı *ar.*	Geheimnis
sıra	1. Reihe, 2. Zeitpunkt, 3. Sitzbank
Sıra kimde?	Wer ist daran? Wer ist an der Reihe?
Sıra bende. / Sıra benim.	Ich bin an der Reihe.
Sıranız gelince …	Sobald Sie an der Reihe sind, …
sıraya girmek	sich anstellen
Lütfen sıraya girin!	Bitte stellen Sie sich an!
sıra olmak	eine Reihe bilden, sich in einer Reihe aufstellen
sırayı bozmak	die Reihenfolge nicht einhalten
sıraya koymak	in Reihen aufstellen; in Ordnung bringen

sıralı	in einer Reihe, reihenweise geordnet
sırayla	der Reihe nach, einer nach dem anderen
bu sırada	zur Zeit, zu diesem Zeitpunkt
o sırada	unterdessen
tam şu sırada	im Augenblick
şu sırada / şu sıralarda	zur Zeit, in diesen Tagen
Şimdi bunun sırası mı?	Ist das der richtige Zeitpunkt dafür?
sırt	Rücken
sıvı	flüssig; Flüssigkeit
sicim	Schnur, Bindfaden
sigara *it.*	Zigarette
bir paket sigara	eine Schachtel Zigaretten
sigara içmek	Zigaretten rauchen
„Sigara içilmez!"	„Rauchen verboten."
sigarayı bırakmak	sich das Rauchen abgewöhnen
sigorta *it.*	Versicherung
sigorta etmek	versichern
sigorta ettirmek	versichern lassen
sigortalı	versichert
silah *ar. (l)*	Waffe
silahlı	bewaffnet
silgi	1. Radiergummi, 2. Abwischlappen
silmek, -er	1. abwischen, auswischen, 2. ausradieren
sinema *fr.*	Kino
sinir	Nerv
sinirine dokunmak	jmdm. auf die Nerven gehen / fallen
Bu adam sinirime dokunuyor.	Dieser Mann geht mir auf die Nerven.
siniri / sinirleri bozulmak	die Nerven verlieren
-e sinirlenmek	über … nervös werden
-i sinirlendirmek	jmdn. nervös machen, jmdm. auf die Nerven gehen
sinirli	nervös
sis	Nebel
sisli	neblig
sivri	spitz
sivri uç	scharfe Spitze
siyah *pe.* (→ kara)	schwarz
siyah-beyaz	schwarzweiß
siyasal (→ siyasi, politik)	politisch
siyasal görüş	politische Einstellung
siyasal tartışma	politische Diskussion
siyaset *ar.* (. – .) (→ politika)	Politik
siyasi *ar.* (. – –) (→ siyasal, politik)	politisch
siz	ihr; Sie

Siz bilirsiniz.	Das hängt ganz von Ihnen ab. Wie Sie wollen. / Wie ihr wollt.
size göre	nach eurer / Ihrer Ansicht
sizinki	das eurige
soba *it.*	Ofen
sofra *ar.*	der gedeckte Tisch
sofrada	bei Tisch, beim Essen
Sofra hazır!	Der Tisch ist gedeckt!
Sofraya buyrun!	Bitte, zu Tisch!
sofrayı kurmak	den Tisch decken
sofraya oturmak	sich zu Tisch setzen
sofrayı toplamak	den Tisch abräumen
soğan	Zwiebel
soğuk, -ğu	1. kalt; Kälte, 2. zurückhaltend, unsympathisch
: sıcak	
soğuktan titremek	vor Kälte zittern
soğuktan donmak	vor Kälte einfrieren
soğukkanlı	kaltblütig; wohlüberlegt
soğukkanlı bir insan	ein überlegter Mensch, ein Mensch, der nichts unbedacht läßt
soğukkanlı davranmak	sich gleichmütig verhalten
soğumak	kalt werden, erkalten
: ısınmak	
Hava soğudu.	Es ist kalt geworden.
sohbet *ar.*	Unterhaltung
birisiyle sohbet etmek	sich mit jmdm. unterhalten
sokak, -ğı *ar.*	Gasse
sokağa çıkmak	nach draußen gehen
sokmak, -ar	(hinein)stecken, hineintun
: çıkarmak	
ellerini cebine sokmak	die Hände in die Taschen stecken
sol	links, linke Seite
: sağ	
sol el	die linke Hand
solda	auf der linken Seite
sol taraf	die linke Seite
soldan sağa	von links nach rechts
sola dönmek / sapmak	links abbiegen
solmak, -ar	1. verwelken, 2. die Farbe verlieren
soluk, -ğu (→ nefes)	Atem
soluk almak	atmen
soluk soluğa	keuchend, außer Atem
somut	konkret
: soyut	

somut bir örnek	ein konkretes Beispiel
son	1. der letzte, 2. Ende, Schluß
1.: ilk, 2.: baş 3.	
son derece	im höchsten Maße, äußerst
son derece önemli	äußerst wichtig
son derece güzel	unheimlich schön
son kez / defa	das letztemal, zum letzten Mal
son anda	im letzten Augenblick
sondan bir önceki ev	das vorletzte Haus
son süratle	mit Höchstgeschwindigkeit
son zamanlarda	in letzter Zeit
sonuncu	der letzte
sonuncu kez	das letzte Mal
son olarak	zum letzten Mal; als letztes
ilk ve son olarak	ein für allemal
-e son vermek	(einer Sache) ein Ende setzen, ... beenden
sona ermek	zu Ende gehen
Mayıs sonunda	Ende Mai
sonsuz	unendlich, unermeßlich
sonsuzluk	Ewigkeit, Endlosigkeit
sonunda (→ nihayet)	schließlich, endlich, zum Schluß
en sonunda	schließlich
sonbahar	Herbst
: ilkbahar	
sonbahar gelince	wenn es Herbst wird
sonra (2. *postp.* + *abl.*)	1. später, nachher, dann, und dann, danach, 2. nach
: önce	
Sonra ne oldu?	Was ist dann weiter geschehen?
bundan iki gün sonra	zwei Tage danach
iki gün sonra	in zwei Tagen, nach zwei Tagen
yemekten sonra	nach dem Essen
daha sonra	nachher, später
sonradan	daraufhin, im nachhinein
bir sonraki	danach kommend, später folgend, weiter- (*attr.*)
sonraları	später, in der Folgezeit
bundan sonra	darauf, später; von jetzt an
ondan sonra	danach
sonuç, -cu (→ netice)	Ergebnis, Resultat; Folge
Sonuç henüz belli değil.	Das Ergebnis steht noch nicht fest.
bir sonuca varmak	zu einem Ergebnis kommen
(-den) sonuç elde etmek	(...) zu einem Ergebnis bringen, (durch ...) greifbare Resultate erreichen

sonuç olarak	als Resultat
sonuçta	letztlich
sonuçlanmak	abgeschlossen werden, erledigt werden
sonuçlandırmak	beenden, abschließen
sopa	Stock, Stab
sormak, -ar	fragen
birisine bir şey sormak	jmdn. nach etwas fragen
Size bir şey sormak istiyorum.	Ich möchte Sie etwas fragen.
Bir şey sorabilir miyim?	Darf ich etwas fragen?
Bunu kime / nereye sorabilirim?	An wen soll ich mich damit wenden?
sormaca (→ anket)	Umfrage
soru	Frage
birisine soru sormak	jmdm. eine Frage stellen
birisine soru yöneltmek	eine Frage an jmdn. richten
bir soruyu yanıtlamak / cevaplandırmak	eine Frage beantworten
sorumlu	verantwortlich
-den sorumlu olmak	für … verantwortlich sein
sorun (→ mesele, problem)	Problem, Angelegenheit, Sache
Sorun nedir?	Wo liegt das Problem?
Sorun değil!	Das ist kein Problem!
temel sorun	Hauptproblem, Hauptsache
Bu başka bir sorun.	Das ist eine andere Frage.
sorun çıkarmak	Schwierigkeiten bereiten, etwas zum Problem werden lassen
sorunu çözmek	das Problem lösen
Sorun çözümlendi.	Die Sache ist erledigt.
sosyal, -i *fr.* (→ toplumsal)	sozial, gesellschaftlich
sosyal yaşam	das Gesellschaftsleben
sosyal çevre	das soziale Umfeld
soyadı, -nı	Familienname
„Soyadınız ne(dir)?"	Wie heißen Sie?
„Adı: … Soyadı: …"	„Vorname: … Familienname: …" *(in Formularen u.ä.)*
soymak, -ar	1. ausziehen, 2. schälen, 3. ausrauben
-in kabuğunu soymak	… schälen
soyunmak	sich ausziehen
: giyinmek	
soyut	abstrakt
: somut	
sökmek, -er	1. wegreißen, ausreißen; heraustrennen, 2. zerlegen
sömestr *fr.* (→ yarıyıl)	Semester
sönmek, -er	erlöschen, verlöschen
söndürmek	auslöschen, ablöschen, ausmachen

söylemek	sagen
Söylesene!	Sag schon!
Söyle bakalım!	Sag mal!
Bu nasıl söylenir?	Wie sagt man das? Wie drückt man das aus?
hiçbir şey söylememek	nichts sagen
masal söylemek	Märchen erzählen
söyleniş (→ telaffuz)	Aussprache
söz	Wort; Worte
söz almak	das Wort ergreifen
-den söz etmek	... erwähnen, über ... sprechen
yukarıda sözü geçen / edilen	das oben erwähnte
birisinden söz istemek	jmdn. um das Wort bitten
birisinin sözünü kesmek	jmdn. unterbrechen, jmdm. ins Wort fallen
birisine söz vermek	1. jmdm. das Wort erteilen, 2. jmdm. ein Versprechen geben
Size söz veriyorum.	Ich verspreche es Ihnen.
namus sözü	Ehrenwort
sözünde durmak	sein Versprechen halten
sözünü tutmak	sein Wort halten
söz tutmak	gehorchen
birisinin sözüne inanmak	jmdm. glauben
birisinin sözüne güvenmek	jmdm. vertrauen
sözüne güvenilir bir insan	ein zuverlässiger Mensch
söz konusu *(attr.)*	in Frage kommend / stehend
sözlü	mündlich
sözlü sınav	mündliche Prüfung
sözcük, -ğü (→ kelime)	Wort, Vokabel
sözleşmek	etwas abmachen, eine Verabredung treffen
sözleşme	Vertrag
... ile sözleşme yapmak	mit jmdm. einen Vertrag schließen
sözlük, -ğü	Wörterbuch
sözlüğe bakmak	im Wörterbuch nachschlagen *(intr.)*
spor *fr.*	Sport
spor yapmak	Sport treiben
sporcu	Sportler
su *(mit possiv.:* suyum, suyun, suyu)	Wasser
Su kaynıyor.	Das Wasser kocht.
meyve suyu	Fruchtsaft
et suyu	Fleischbrühe
maden suyu	Mineralwasser
su geçirmez	wasserdicht

sulamak	gießen, bewässern
sulu	wasserhaltig; dünnflüssig; saftig
suluboya	Wasserfarbe
susuz	ohne Wasser, wasserarm; durstig
susuzluk	Wassermangel; Durst
subay	Offizier
suç	1. Schuld, 2. Straftat, strafbare Handlung
Suç kimde?	Wer ist schuld?
Suç bende değil.	Ich bin nicht schuld.
Bu kimin suçu?	Wessen Schuld ist das?
Bu benim suçum.	Das ist meine Schuld. Ich bin daran schuld.
suç işlemek	sich gegen gesetzliche Vorschriften vergehen, straffällig werden
birisini suçlamak	jmdn. beschuldigen, verdächtigen, anklagen
suçu başkasının üstüne atmak	die Schuld auf einen anderen schieben
suçlu	der Schuldige, schuldig; Täter, Verbrecher
suçsuz	schuldlos, unschuldig
suçüstü yakalanmak	auf frischer Tat ertappt werden
suni *ar.* (.'−) (→ yapay)	künstlich; synthetisch
sunmak, -ar	geben *(gerichtet an einen Höhergestellten)*, darbringen, anbieten
„Saygılarımı sunarım."	„Hochachtungsvoll."
Yazar yeni romanından parçalar sunacak.	Der Autor wird Teile seines neuen Romans vorstellen.
surat *ar.* (→ yüz)	Gesicht
asık suratlı	brummig, mürrisch
surat asmak	ein langes Gesicht machen
suret *ar.* (−'.)	Art und Weise
bu suretle	auf diese Weise
susamak	Durst haben, durstig werden
Çok susadım.	Ich bin sehr durstig.
susmak, -ar	schweigen; verstummen
Sus!	Sei still!
Susun lütfen!	Ruhe bitte!
Lütfen herkes sussun!	Ich bitte um Ruhe!
sünger	Schwamm
süpürge	Besen
elektrik süpürgesi	Staubsauger
süpürmek	kehren
sürat, -ti *ar.* (.'.) (→ hız)	Geschwindigkeit
süratini artırmak / azaltmak	das Tempo steigern / reduzieren
süratle yapmak	rasch erledigen

son süratle	mit Höchstgeschwindigkeit; äußerst schnell
süre (→ müddet)	Zeitspanne
bir süre önce	vor einiger Zeit
bir süre sonra	etwas später
bir süreden beri / bir süredir	seit einiger Zeit
kısa bir süre önce	kurze Zeit vorher
uzun bir süreden beri	seit langem
belli bir süre	eine bestimmte Zeitspanne
süre vermek	eine Frist einräumen
(-in) süresi bitmek / dolmak / geçmek	die Frist (von ...) ablaufen, auslaufen
Kayıt süresi bitti.	Die Einschreibefrist ist abgelaufen.
başvuru süresi	Bewerbungsfrist
bu süre içerisinde	innerhalb dieser Zeitspanne
üç gün süreyle	für die Dauer von drei Tagen
tatil süresince	während des Urlaubs
sürekli	dauernd, ununterbrochen
sürekli olarak	in einem fort
sürmek, -er	1. dauern, 2. *(ein Fahrzeug)* fahren, lenken, 3. auftragen
Buradan İstanbul'a trenle kaç saat sürer?	Wie lange dauert die Fahrt mit dem Zug von hier bis nach Istanbul?
Bu iş ne kadar sürer?	Wie lange dauert diese Arbeit?
uzun / kısa sürmek	lange / nicht lange dauern
araba sürmek	ein Auto fahren
hızlı sürmek	schnell fahren
yavaş sürmek	langsam fahren
koku / krem sürmek	Parfüm / Hautcreme auftragen
ekmeğe tereyağ sürmek	Butter auf das Brot streichen
-e el sürmek	... berühren, ... anfassen
„Lütfen eşyalara el sürmeyiniz!"	„Bitte nicht berühren!"
sürücü (→ şoför)	Fahrer, Kraftfahrer
sürpriz *fr.*	Überraschung
Size bir sürprizim var.	Ich habe eine Überraschung für Sie.
birisine sürpriz yapmak	jmdm. eine angenehme Überraschung bereiten
süs	Schmuck, Verzierung
süslemek	schmücken, verzieren
süslenmek	sich schmücken, sich zurechtmachen
süslü	geschmückt, verziert, sorgfältig gekleidet und zurechtgemacht
süt	Milch
sütlü	Milch enthaltend; mit Milch hergestellt
süzmek, -er	filtrieren
suyunu süzmek	abtropfen lassen

Ş

şahane *pe* (− −ʼ.)	1. königlich, kaiserlich, 2. prächtig, wunderbar
şahıs, -hsı *ar.* (→ kişi)	Person
şahsi (.ʼ−) (→ kişisel)	persönlich
şahsiyet *ar.* (→ kişilik)	Persönlichkeit; Charakter
şahsiyetli (→ kişilikli)	von ausgeprägter Persönlichkeit
şahsiyetsiz (→ kişiliksiz)	ohne Persönlichkeit
şair *ar.* (→ ozan)	Dichter
şaka	Scherz, Spaß, Spott
şaka söylemek	einen Scherz machen, scherzen, Spaß machen
şaka yapmak	… zum Scherz tun / sagen / machen
birisiyle şaka etmek	sich mit jmdm. einen Scherz erlauben; einander necken
Şaka ediyorsun / söylüyorsun!	Du machst Scherze! Das ist nicht dein Ernst!
şaka (olsun) diye	zum Scherz, aus Spaß
şaka / şakadan söylemek	zum Scherz sagen, spaßeshalber sagen
Şaka bir yana!	Spaß beiseite!
O, şakadan anlamaz.	Er versteht keinen Spaß.
Sen benimle şaka ediyorsun!	Du willst mich wohl zum besten halten!
Sadece şaka yaptım.	Ich habe doch nur Spaß gemacht.
Bu sadece şakaydı.	Das war doch nur Spaß.
şakacı	Spaßmacher, Spaßvogel
şans *fr.*	Glück, Chance; günstige Gelegenheit
şansına	auf gut Glück
Ne şans!	Was für ein Glück!
„Bol şanslar!"	„Viel Glück!"
„Şansın açık olsun!"	„Mach's gut!" „Viel Glück!"
şans getirmek	Glück bringen
şans dilemek	Glück wünschen
şansını denemek	sein Glück versuchen
işi şansa bırakmak	sich auf sein Glück verlassen
Bugün şansım açıldı.	Ich habe heute einen Glückstag.
Bugün hiç şansım yok.	Ich habe heute gar kein Glück.
şanslı	vom Glück begünstigt, Glückspilz
şanssız	glücklos; Pechvogel
şapka	Hut
şapka giymek	einen Hut tragen
şapkayı giymek	den Hut aufsetzen
şapkayı çıkarmak	den Hut abnehmen
şarap, -bı *ar.*	Wein

şarap kadehi	Weinglas
bir kadeh şarap	ein Glas Wein
şarkı	Lied
şarkı söylemek	singen *(intr.)*
bir şarkı söylemek	ein Lied singen
şarkıcı	Sänger
şart *ar.* (→ koşul)	Bedingung
Bu şart!	Das muß sein!
Bu şart mı?	Muß das sein?
Bunu şu şartla yapabilirsin ...	Das kannst du unter folgenden Bedingungen machen ...
şaşırmak	verwirren, durcheinander kommen, nicht mehr weiter wissen; irren
Şaşırdım.	Ich bin verwirrt.
Ne yapacağını şaşırdı.	Er wußte nicht, was er tun sollte.
Bu habere çok şaşırdım.	Diese Nachricht hat mich erstaunt und verwirrt.
Beni görünce çok şaşırdı.	Er war (angenehm / unangenehm) überrascht mich zu sehen.
Bunda şaşılacak bir şey yok!	Kein Wunder!
-i şaşırtmak	jmdn. durcheinanderbringen, irremachen
Bu haber beni çok şaşırttı.	Diese Nachricht hat mich ganz durcheinandergebracht / verwirrt.
şaşırtıcı	erstaunlich, verwirrend
şaşkın	verwirrt
şaşkınlık	Verwirrung
şaşkınlıkla	in/aus Verwirrung
şehir, -hri *pe.* (→ kent)	Stadt
şehirlerarası	interurban
şehirlerarası konuşma / görüşme	Ferngespräch
şeker *ar.*	Zucker; Süßigkeit, Bonbon; lieb, süß
(çaya / kahveye) şeker koymak	(zum Tee / Kaffee) Zucker nehmen
şekerli	mit Zucker
şekersiz	ohne Zucker
çayı şekerli / şekersiz içmek	den Tee mit / ohne Zucker trinken
şekerlik	Zuckerdose, Zuckerschälchen
şekerci	Süßwarengeschäft
şeker bayramı	*das Fest zum Abschluß des Fastenmonats Ramazan*
kesmeşeker	Würfelzucker
tozşeker	Kristallzucker
şekil, -kli *ar.* (→ biçim)	1. Form, Gestalt, 2. Zeichnung, Abbildung
bu şekilde	so, in dieser Art, auf diese Weise

Bu şekilde konuşamazsın!	So kannst du das nicht sagen!
... şeklinde	in Gestalt von, in Form von ...
ne şekilde olursa olsun	egal wie, wie auch immer
her ne şekilde olursa olsun	auf jeden Fall
şekillendirmek	formen, gestalten
-in şeklini değiştirmek	... umformen, ... umwandeln
şemsiye *ar.*	Regenschirm
şenlik, -ği	Fest, Festveranstaltung
şenlik düzenlemek	eine Fete organisieren / veranstalten
(bayram u. ä.) şenliklerle kutlamak	(ein Fest *u. ä.*) mit Feierlichkeiten begehen
şeref *ar.* (→ onur)	Ehre, Ehrenhaftigkeit
„Şerefe!"	„Zum Wohl!" „Prost!" „Prosit!"
„Şerefinize!"	„Auf Ihr Wohl!"
şerit, di *ar.*	Band, Streifen
daktilo şeridi	Farbband
şey *ar.*	Ding, Gegenstand, Sache
Şey! ...	Äh ...
bir şey	etwas
„Bir şey değil!"	„Bitte!" „Nichts zu danken!" „Gern geschehen!"
Bir şey diyecektim ...	Ja, was ich sagen wollte ...
Nasıl bir şey istiyorsunuz?	Was wollten Sie doch eben (haben)?
İstediğiniz bir şey var mı?	Möchten / suchen Sie etwas Bestimmtes?
Başka bir şey istiyor musunuz?	Möchten Sie noch etwas?
şık *fr.*	schick, elegant
şımarık, -ğı	verwöhnt, ungezogen
şımarıklık	Ungezogenheit
şımarmak	verwöhnt sein, verzogen sein
şiddet *ar.*	Heftigkeit, Stärke
şiddetli	stark
şiddetli bir rüzgâr	ein starker Wind
şiddetli bir soğuk	bittere Kälte
Şiddetli bir yağmur yağıyor.	Es regnet in Strömen.
şiddetle yasak etmek	streng verbieten
şiddetlenmek	heftiger werden, strenger werden, sich verstärken, schlimmer werden
Yağmur birden şiddetlendi.	Es regnete auf einmal heftiger.
şiir *ar.*	Gedicht
şikâyet *ar.*	Klage, Beschwerde
Bir şikâyetiniz mi var?	Haben Sie Anlaß zu einer Klage?
Şikâyetiniz nedir?	Was gibt Ihnen Grund zur Beschwerde?
şikâyet etmek	klagen, sich beschweren
birisine -i / -den şikâyet etmek	sich bei jmdm. über ... beklagen, beschweren

şimdi	1. jetzt, 2. soeben, gerade eben, 3. gleich
Şimdi hemen!	Sofort!
Şimdi (hemen) geliyorum.	Ich komme gleich.
Şimdi ne olacak!?	Und was soll jetzt werden? Was nun?
Peki şimdi!	Nun gut!
tam şimdi	gerade jetzt
Şimdi tam (onun) zamanı.	Jetzt ist genau der richtige Zeitpunkt (dafür).
şimdiye dek / değin	bis jetzt, bisher
şimdiden / daha şimdiden	bereits, schon jetzt
şimdiki	gegenwärtig *(attr.)*
şimdilik	vorläufig
Şimdilik allahaısmarladık!	Einstweilen auf Wiedersehen!
şimşek, -ği	Blitz
Şimşek çakıyor.	Es blitzt.
şirket *ar.*	Handelsgesellschaft, Gesellschaft, Firma
şişe *pe.*	Flasche
şişman	dick, fett
şişmanlamak	dick / dicker werden
şoför *fr.* (→ sürücü)	Fahrer, Kraftfahrer
şöyle	1. solch ein, so ein, 2. auf solche Weise, folgendermaßen
şöyle bir şey	so etwas
Gazeteye şöyle bir baktı.	Er hat die Zeitung nur so durchgeblättert. Er warf einen Blick in die Zeitung.
Ona şöyle bir baktı.	Er blickte ihn mit leiser Drohung an.
Ben bunu şöyle düşündüm: ...	Ich habe mir das folgendermaßen gedacht: ...
Bunu şöyle yapmalı: ...	Das müßte man folgendermaßen machen: ...
İsterseniz şöyle yapalım: ...	Wenn es Ihnen recht ist, machen wir es so: ...
şöyle böyle	leidlich, mittelmäßig
şu	1. dieser (...) hier (auf den ich weise), 2. folgende(r, -s), 3. dies hier (auf das ich weise)
şu anda	in diesem Augenblick, gerade jetzt
tam şu sırada	eben jetzt
şu sıralarda	gegenwärtig
şu günlerde	in diesen Tagen
şube *ar.* (−.)	Abteilung; Filiale
banka şubesi	Filiale einer Bank
***şura-**	*(In der Hochsprache sind nur Formen mit Suffix gebräuchlich.)*

şurada	an dieser Stelle hier / dort
Şurada ne var?	Was gibt es dort?
şurada burada	hier und da
şuraya	hierher, hierhin
şuraya kadar	bis dahin
şurası	diese Stelle da, dieser Ort da
şüphe *ar.* (→ kuşku)	Zweifel; Unsicherheit, Ungewißheit; Verdacht
Buna hiç şüphe yok!	Daran ist nicht zu zweifeln! Das ist ganz gewiß!
-den şüphe etmek	an ... zweifeln; hinsichtlich ... einen Verdacht haben
-den şüphelenmek	an ... zweifeln, ... bezweifeln
şüpheli	zweifelhaft, unsicher, ungewiß; verdächtig
Şüphesiz!	Zweifellos! Ganz gewiß!

T

tabak, -ğı *ar.*	Teller
taban	1. Fußsohle; Schuhsohle, 2. Fußboden
2.: tavan	
tabela *it. (l)*	Firmenschild, Ladenschild
tabiat *ar.* (→ doğa)	Natur
tabii (.−) (→ doğal)	natürlich
Tabii! (.'−)	Freilich! Natürlich!
Gayet tabii!	Selbstverständlich!
tahammül *ar.*	Aushalten, Erdulden
-e tahammül etmek (→ dayanmak)	... aushalten, ... ertragen, ... erdulden
tahlil *ar.* ((.−))	Analyse
tahlil sonucu	Testergebnis
kan tahlili	Blutanalyse, Blutuntersuchung
tahlil yaptırmak	einen Test machen lassen
tahmin *ar.* ((.−))	Vermutung, Mutmaßung; Schätzung
tahminime göre	wie ich vermute
tahmin etmek	vermuten; voraussagen; raten; schätzen
Tahmin et bakalım!	Rate mal!
tahminen (.−.) (→ yaklaşık)	schätzungsweise
tahmini (.−−) (→ yaklaşık)	geschätzt *(attr.)*
tahmini olarak	schätzungsweise
tahrip etmek *ar. tü.* ((.−))	zerstören, ruinieren
tahta *pe.*	1. Holz, 2. hölzern, 3. Wandtafel
tahta parçası	ein Stück Holz

tahta masa	hölzerner Tisch
tahtaya kalkmak	an die Tafel gehen *(Schüler)*
takdim etmek *ar. tü.* (.−)	vorstellen
takdir etmek *ar. tü.* (.−)	anerkennen; schätzen; hochachten
Onu çok takdir ediyorum.	Ich schätze ihn sehr.
takım	Garnitur, Satz
takım elbise	Anzug
bir takım ansiklopedi	ein komplettes Lexikon
servis takımı	ein komplettes Service; eine Garnitur Besteck
birtakım	manche, einige; so gewisse
takip *ar.* (−.) ((−−))	Verfolgung
-i takip etmek (→ izlemek)	auf … folgen, … nachfolgen, hinter … her kommen, sich nach … richten
taklit, -di *ar.* ((.−))	Nachahmung
Bu, onun taklidi.	Das ist eine Nachahmung davon.
taklit etmek	nachahmen, reproduzieren
birisinin taklidini yapmak	jmdn. nachahmen
takmak, -ar	anhängen, befestigen, einsetzen, montieren; aufsetzen
gözlük takmak	die Brille aufsetzen
parmağına yüzük takmak	einen Ring anstecken
takma	künstlich, unecht; angebracht
takma ad	Pseudonym
takma diş	künstliches Gebiß
-e takılmak	sich an … heften, an … hängenbleiben
Aklıma bir soru takıldı.	Eine Frage geht mir nicht aus dem Kopf.
taksi *fr.*	Taxi
taksi çağırmak	ein Taxi rufen
taksit, -di *ar.*	Rate
taksitle almak	auf Teilzahlung / Raten kaufen
taksitle ödemek	in Raten zahlen / abzahlen
takvim *ar.*	Kalender
talep *ar.* (→ istek)	Forderung, Anspruch, Nachfrage
talep etmek (→ istemek)	verlangen, fordern, beanspruchen
tam *ar.*	genau; vollständig, total
Tam öyle!	Genau so ist es!
tam o anda	genau zu dieser Zeit, gerade da
Tam o anda aklıma geldi.	Gerade in dem Augenblick fiel es mir ein.
tam zamanında	gerade zur rechten Zeit
Saat tam beş.	Es ist genau 5 Uhr.
Saat tam yarım.	Es ist Punkt halb eins.
saat tam beşte	um Punkt 5 Uhr
tam üç gün sonra	genau 3 Tage danach

tam karşıda	genau gegenüber
Bunu tam olarak bilmiyorum.	Das weiß ich nicht ganz genau.
Bu bana tam geldi.	Das *(Kleidungsstück u. ä.)* paßt mir ganz genau.
Tam dilimin ucunda.	Es liegt mir auf der Zunge.
tamam *ar.* ((.−))	1. fertig, vollendet, vollständig, 2. Gesamtheit
Tamam!	In Ordnung! Alles klar! Fertig!
Tamam mı?	Ist es fertig? Geht das in Ordnung?
-in tamamı	ein komplettes ... / das komplette ...
Ansiklopedinin tamamı on cilt.	Die gesamte Enzyklopädie umfaßt 10 Bände.
tamamlamak	vervollständigen, ergänzen; zum Abschluß bringen
tamamen (.−.) (→ bütünüyle)	gänzlich, ganz und gar
Tamamen doğru!	Vollkommen richtig!
Tamamen haklısınız.	Sie haben vollkommen recht.
tamir *ar.* (−.) (→ onarım)	Reparatur
tamir etmek (→ onarmak)	reparieren
tamir ettirmek	reparieren lassen
tamire vermek	zur Reparatur geben
tamirci	jmd., der berufsmäßig repariert, z. B. Flickschuster, Mechaniker, Installateur
tamirhane	Reparaturwerkstätte
tamirat ((−−−)) (→ onarım)	Reparaturarbeiten
tane *pe.* (−.)	Stück
Kaç tane?	Wieviele? Wieviel Stück?
İki tane daha.	Noch zwei Stück.
Bir tane bile yok.	Es gibt nicht einen einzigen.
tanıdık, -ğı	Bekannter
: yabancı	
yakın bir tanıdığım	ein guter Bekannter von mir
tanık, -ğı	Zeuge
-e tanık olmak	Zeuge sein von / bei ...
tanım (→ tarif)	Definition
-in tanımını yapmak	*(einen Sachverhalt)* definieren
tanımlamak	definieren
tanımak	kennen, erkennen; anerkennen
birisini uzaktan / yakından tanımak	jmdn. flüchtig / gut kennen
Onu tanıyor musunuz?	Kennen Sie ihn?
Sizi bir yerden tanıyorum.	Sie kommen mir bekannt vor.
bir iş için süre tanımak	in einer Angelegenheit Frist geben
tanınmak	bekannt werden
tanınmış (→ meşhur)	berühmt, bekannt

-le **tanışmak**	... kennenlernen, mit ... Bekanntschaft schließen
Onunla üniversiteden tanışıyoruz.	Wir kennen uns von der Universität.
Onunla eskiden beri tanışıyoruz.	Wir kennen uns von früher.
Sizinle tanıştığıma memnun oldum.	Es freut mich, Ihre Bekanntschaft zu machen.
tanışma toplantısı	Begrüßungstreffen
birisini birisiyle tanıştırmak	... und ... miteinander bekannt machen, ... und ... einander vorstellen
Sizi arkadaşımla tanıştırayım.	Ich möchte Sie mit meinem Freund bekannt machen.
Tanrı (→ Allah)	Gott
taraf *ar.* (→ yan)	Seite, Richtung
sağ / sol taraf	rechte / linke Seite
ön / arka taraf	vordere / hintere Seite
yan taraf	Seite
karşı taraf	die gegenüberliegende Seite
Bu tarafa gitti.	Er ist in diese Richtung gegangen.
Ne tarafa doğru gitti?	In welche Richtung ist er gegangen?
bu tarafa doğru	hier lang, in diese Richtung
her tarafa	nach allen Seiten
her iki taraftan	von beiden Seiten
bir taraftan	einerseits
bir taraftan ... öte taraftan ...	einerseits ... andererseits ...
taraf tutmak	Partei ergreifen
birisi tarafından	seitens ..., von jmdm.
benim tarafımdan	von mir
tarafsız	unparteiisch, neutral
tarak, -ğı	Kamm
tarakla taramak	kämmen *(tr.)*
taramak	kämmen
Saçını tarıyor.	Er kämmt sich.
taranmak	sich kämmen
tarım (→ ziraat)	Landwirtschaft
tarımla uğraşmak	Landwirtschaft betreiben
tarımsal	landwirtschaftlich
tarif *ar.* (−.) (→ tanım)	Erklärung, Beschreibung, Definition
tarif etmek (→ tanımlamak)	erklären, beschreiben, definieren
tarife	Fahrplan
tren tarifesi	Zugfahrplan
vapur tarifesi	Schiffsfahrplan
fiyat tarifesi	Preisliste
tarih *ar.* (−.)	1. Geschichte, Historie, 2. Datum
Hangi tarihte?	An welchem Datum?

2. 5. 1985 tarihinde	am 2. 5. 1985
Toplantının tarihi belli değil.	Der Termin für das Treffen steht noch nicht fest.
-in tarihini belirlemek	einen Termin für ... festsetzen
mektuba tarih koymak / atmak	den Brief datieren
tarihi (−.−)	historisch
tarihi yerler	historische Stätten
tarihsel	historisch
tarihsel gelişim	die historische Entwicklung
tarla	Feld, Ackerfeld
tarla sürmek	das Feld bestellen
tartışmak	diskutieren, debattieren
bir konu üzerinde tartışmak	über ein Thema diskutieren
... konusunu tartışmak	das Thema ... diskutieren
tartışma	Diskussion, Auseinandersetzung
Aramızda tartışma çıktı.	Es entstand ein Streitgespräch zwischen uns.
tartmak, -ar	wiegen, abwiegen
tartı	Waage
tartılmak	sich wiegen; gewogen werden
tarz *ar.* (→ biçim)	Art und Weise, Stil
konuşma tarzı	Sprechweise
tasarruf *ar.*	das Sparen; Ersparnis
tasarruf etmek	sparen
tasarruflu (→ tutumlu)	sparsam
tasdik *ar.* ((.−)) (→ onay)	1. Bestätigung, 2. Einwilligung
tasdik etmek (→ onaylamak)	1. bestätigen, bescheinigen, 2. Einwilligung
taş	Stein
taşlamak	steinigen
taşımak	tragen; transportieren
taşımacılık (→ nakliyat)	Transportwesen
taşıyıcı (→ hamal)	Gepäckträger, Lastenträger
taşınmak	umziehen, übersiedeln
-den taşınmak	aus ... ausziehen
-e taşınmak	in ... einziehen
taşıt (→ vasıta)	Kraftfahrzeug, Fahrzeug, Verkehrsmittel
„Taşıt giremez."	„Für alle Fahrzeuge gesperrt."
tat, -dı	Geschmack, Wohlgeschmack
Bunun tadını beğendiniz mi?	Schmeckt Ihnen das?
-in tadına bakmak	*(die Speise)* kosten, probieren
tatlı	1. süß, 2. Süßspeise, 3. sympathisch, lieblich
tatmak, -dar (*pr.* − dıyor)	kosten, probieren

tatil *ar.* (−.) (→ dinlence)	Arbeitspause, Ferien; Urlaub
öğle tatili	Mittagspause
okul tatili	Schulferien
yaz tatili	Sommerferien
bayram tatili	Feiertag(e)
hafta sonu tatili	das freie Wochenende
tatil günü	Ruhetag
Okul ne zaman tatil oluyor?	Wann sind die Schulferien?
tatilde olmak	Ferien haben, auf Urlaub sein
tatile girmek	in die Ferien gehen
tatile gitmek	auf Urlaub fahren
tatil yapmak	Ferien machen
tatil geçirmek	Ferien verbringen
tatmin *ar.* ((.−)) (→ doyum)	Befriedigung
tatmin etmek	befriedigen
-den tatmin olmak	durch ... befriedigt sein / werden
tavan	Decke, Zimmerdecke
: taban 2.	
tavsiye *ar.*	Empfehlung
tavsiye etmek	empfehlen, raten
tavsiyede bulunmak	einen Rat erteilen
tavuk, -ğu	Huhn
taze *pe.* (−.)	frisch
: bayat, kuru 2.	
taze ekmek	frisches Brot
taze sebze	frisches Gemüse
tebeşir *pe.*	Kreide
tebrik, -ği *ar.* (.−) (→ kutlama)	Glückwunsch, Gratulation
birisini tebrik etmek (→ kutlamak)	jmdm. gratulieren
tecrübe *ar.* (1. → deneme, 2. → deneyim)	1. Versuch, Probe, 2. Erfahrung versuchen, probieren
tecrübe etmek (→ denemek)	Erfahrung haben in ...
-de tecrübesi olmak	Ich habe auf diesem Gebiet Erfahrung.
Bu konuda tecrübem var.	Darin habe ich Erfahrung.
tecrübeli (→ deneyimli)	erfahren
tecrübesiz (→ deneyimsiz)	unerfahren
tedavi *ar.* (.−−)	(medizinische) Behandlung
tedavi etmek	behandeln
tedavi olmak	behandelt werden
tedbir *ar.* ((.−)) (→ önlem)	Maßnahme
tedbir almak (→ önlem almak)	Maßnahmen ergreifen
tedbirli	umsichtig, vorsorgend
tedbirli olmak / davranmak	umsichtig handeln
teferruat *ar.* (→ ayrıntı)	Einzelheit(en)

teferruatlı (→ ayrıntılı)	detailliert
tehlike *ar.*	Gefahr
tehlike anında / karşısında	bei Gefahr
„Dikkat tehlike!"	„Vorsicht! Gefahr!"
„Ölüm tehlikesi!"	„Lebensgefahr!"
tehlikeli	gefährlich
çok tehlikeli	höchst gefährlich
„Tehlikeli madde"	„Gefährliche Ladung"
tehlikeli durumlarda	in Gefahrensituationen
tehlike geçirmek / atlatmak	eine Gefahr überstehen
tehlikeyi göze almak	riskieren
tek	einzeln, Einzel-, einzig; ungerade
: çift	
tek başına	ganz allein
tek bir	ein einziger
tek kişilik	für eine einzige Person, Einzel-
tek yönlü yol	Einbahnstraße
tek tek / teker teker	einzeln, einzeln nacheinander, eins nach dem anderen
tek sayılar	die ungeraden Zahlen
tekerlek, -ği	Rad
teklif *ar.* ((.−)) (→ öneri)	Angebot, Vorschlag
Size bir teklifim var.	Ich möchte Ihnen ein Angebot machen.
birisine ... (-i) teklif etmek (→ önermek)	jmdm. ... vorschlagen
teklifi geri çevirmek	einen Vorschlag zurückweisen
teknik, -ği *fr.*	Technik
teknik okul	technische Schule
tekrar *ar.* ((.−)) (→ yine, gene)	wieder, noch einmal, von neuem
tekrar etmek	wiederholen
tekrarlamak (→ yinelemek)	wiederholen
tekrar tekrar	immer wieder
telaffuz *ar. (l)* (→ söyleniş)	Aussprache
telaffuz etmek	aussprechen
telaş *pe. (l)*	Hast, Aufregung, Panik
telaşa kapılmak / telaşlanmak	in Panik geraten
telaşlı	hastig
telefon *fr.*	1. Telefon, 2. Anruf
telefon görüşmesi / konuşması	Telefongespräch
şehiriçi telefon görüşmesi	Ortsgespräch
şehirlerarası telefon görüşmesi	Inlandsgespräch
uluslararası telefon görüşmesi	Auslandsgespräch
telefon kabini / kulübesi	Telefonzelle
telefon numarası	Telefonnummer
telefon rehberi	Telefonbuch

umumi telefon	öffentlicher Fernsprecher
jetonlu telefon	Wertmünzfernsprecher
-e telefon etmek	jmdn. anrufen
telefonla	telefonisch
telefonla aramak	telefonisch zu erreichen suchen
-le telefonla görüşmek	mit ... telefonieren, sich mit ... am Telefon unterhalten
Telefon meşgul.	Die Leitung ist besetzt.
televizyon *fr.*	das Fernsehen; Fernsehapparat
televizyon izlemek / seyretmek	fernsehen
telgraf *fr.*	Telegramm
(-e) telgraf çekmek	(jmdm.) ein Telegramm senden, telegrafieren
temas *ar.* ((.−)) (→ ilişki)	Kontakt, Berührung
-le temasa geçmek (→ ilişki kurmak)	mit ... in Kontakt treten
tembel *pe.*	faul
: çalışkan	
tembellik	Faulheit
tembellik etmek	faulenzen
temel *gr.* (→ esas)	1. Fundament, Basis, 2. fundamental, Grund-, Haupt-
temel atmak	den Grundstein legen
temel düşünce	Grundgedanke
temel sorun	Hauptproblem
temelli	dauernd, ständig, für immer
temin etmek *ar. tü.* (− −) (→ sağlamak)	besorgen, beschaffen, verschaffen
Bunu nereden temin edebilirim?	Wo kann ich das beschaffen?
temiz *pe. ar.*	rein, sauber; frisch
: pis, kirli	
temiz hava	frische Luft
temiz tutmak	sauberhalten
temize çekmek / geçirmek	ins reine schreiben
tertemiz	ganz rein, ganz frisch
temizlemek	putzen, reinigen
kuru temizleme	chemische Reinigung
temizleyici	Kleiderreinigung
temizlik	Sauberkeit, Reinlichkeit
temizlik yapmak	aufräumen; Hausputz halten
tencere	Kochtopf, Topf
teneffüs *ar.* (→ ara 2.)	Pause
tenha *pe.* (.−) (→ ıssız)	einsam, verlassen, unbelebt
tenha bir sokak	eine stille Gasse
tenzilat *ar. (l)* (.−'.) (→ indirim)	Rabatt, Preisermäßigung
tenzilat yapmak (→ indirim yapmak)	Rabatt gewähren

tepe		Hügel; Gipfel
tepki		Reaktion, Gegenwirkung, Gegendruck
-e tepki göstermek		auf ... reagieren
tepsi		Tablett, Servierbrett
ter		Schweiß
terlemek		schwitzen
terazi *pe.* (.−.)		Waage
terbiye *ar.*		Erziehung
aile terbiyesi		Erziehung in der Familie
terbiye etmek		erziehen
terbiyeli		wohlerzogen
terbiyeli davranmak		sich anständig benehmen
terbiyesiz		unerzogen; ungezogen; unverschämt
terbiyesizlik etmek		sich ungezogen / unverschämt benehmen
tercih *ar.* ((.−))		Vorzug
tercih etmek (→ yeğlemek)		bevorzugen
Hangisini tercih edersiniz?		Welchen davon bevorzugen Sie? Welchen wollen Sie lieber haben?
Çayı tercih ederim.		Ich trinke lieber Tee.
Bunu ötekine tercih ederim.		Ich ziehe diesen dem anderen vor.
tercüman *ar.* (→ çevirmen)		Dolmetscher
yeminli tercüman		vereidigter Dolmetscher
tercüme *ar.* (→ çeviri)		Übersetzung
tercüme etmek (→ çevirmek)		übersetzen
tereddüt, -dü *ar.* (→ kararsızlık)		Unschlüssigkeit, Zögern
-de tereddüt etmek		in einer Sache unschlüssig sein, zögern, im Zweifel sein
terk etmek *ar. tü.*		verlassen, im Stich lassen
terlik, -ği		Hausschuh
terminal, -i *fr.*		Busbahnhof; Terminal
ters		umgekehrt, verkehrt herum, entgegengesetzt
ters yönde		in der entgegengesetzten Richtung
ters bir cevap		eine grobe Antwort
-in tersi		das Gegenteil von ...
tam tersine		ganz im Gegenteil
ters / tersine çevirmek		umkrempeln, das innerste nach außen kehren
-e / -le ters düşmek		nicht zu ... passen
Bu görüş bana ters düşüyor.		Diese Ansicht widerstrebt mir.
terslik		Mißgeschick, Pech, Unglück
Bir terslik çıktı.		Es ist etwas dazwischen gekommen. Ein Mißgeschick ist passiert.
tertip, -bi *ar.* ((.−)) (→ düzen)		Ordnung, Reihenfolge

tertip etmek / tertiplemek (→ düzenlemek)	1. ordnen, 2. organisieren
terzi *pe.*	Schneider
tesadüf *ar.* (.−.) (→ raslantı)	Zufall
-e tesadüf etmek (→ rastlamak)	jmdm. zufällig begegnen
tesadüfen	zufällig
tesadüfen karşılaşmak	zufällig zusammentreffen
tesir *ar.* ('− −) (→ etki)	Eindruck, Wirkung
-e tesir etmek (→ etki etmek)	auf ... Eindruck machen, ... beeindrukken, ... seelisch ergreifen, auf ... wirken
tesirli (→ etkili)	wirksam, eindrucksvoll, ergreifend
tesis *ar.* ('−.) (→ kuruluş)	Anlage, Einrichtung
tesis etmek	errichten, aufbauen
teslim etmek *ar. tü.* (.−)	übergeben
teslim olmak	sich stellen
tesbit etmek *ar. tü.* ((.−)) (→ belirlemek, saptamak)	festlegen, festsetzen, bestimmen
teşekkür *ar.*	Dank
Çok teşekkürler.	Vielen Dank.
Yardımınıza teşekkürler.	Vielen Dank für Ihre Hilfe.
teşekkür etmek	danken, sich bedanken
„Teşekkür ederim."	„Danke schön."
Evet, teşekkür ederim.	Ja, danke.
Hayır, teşekkür ederim.	Nein, danke.
Çok teşekkür ederim.	Danke sehr. Vielen Dank.
Ben de teşekkür ederim.	Auch ich habe zu danken.
teyze	Tante *(Schwester der Mutter)*
tıp, -bbı *ar.*	Medizin, Heilkunde
tıbbi (.−)	medizinisch
tıp fakültesi	medizinische Fakultät
tıpkı *ar. tü.*	genauso, genau gleich
tıpkı onun gibi	genau wie er
-in tıpkısı	das Ebenbild von ...
tıraş *pe.*	Rasur
tıraş makinesi	Rasierapparat
tıraş olmak	sich rasieren
tıraş etmek	rasieren
-e **tırmanmak**	klettern
ağaca tırmanmak	auf einen Baum klettern
tırnak, -ğı	Fingernagel
ticaret *ar.* (.−'.)	Handel
ticaret yapmak	handeln, Geschäfte machen
ticaretle uğraşmak	Handel treiben
tip *fr.*	Typ
bu tip ...	... von dieser Art

bu tip insanlar	solche Menschen
üç ayrı tipte	in drei verschiedenen Ausführungen
tipik	typisch
tiyatro *it.*	Theater
tiyatro oyunu	Theaterstück
tiyatro oyuncusu	Schauspieler
tiyatro topluluğu	Ensemble
tiyatro oynamak	Theater spielen
titiz	1. sorgfältig, 2. pedantisch
titiz bir insan	ein sorgfältiger Mensch
titremek	zittern
soğuktan titremek	vor Kälte zittern
korkudan titremek	vor Angst zittern
Elleri titriyordu.	Die Hände zitterten ihm.
tok	satt
: aç	
Tokum.	Ich bin satt.
tok karnına	mit vollem Magen, auf vollen Magen
top	Ball
top oynamak	Ball spielen
toplamak	1. aufsammeln; versammeln, 2. addieren, 3. in Ordnung bringen, aufräumen
toplama (işlemi)	Addition
toplam	1. insgesamt, 2. Gesamtsumme
toplam olarak	zusammengerechnet, insgesamt
toplanmak	zusammenkommen, sich versammeln
toplantı	Versammlung, Konferenz, Tagung
bir toplantı düzenlemek	eine Tagung veranstalten
basın toplantısı	Pressekonferenz
yuvarlak masa toplantısı	Roundtable-Konferenz
toplantı yapmak	eine Konferenz abhalten
toplantıya katılmak	an einer Konferenz teilnehmen
topluluk, -ğu	Gemeinschaft; Gruppe
toplum	Gesellschaft
toplumsal (→ sosyal)	sozial
toprak, -ğı	Erde, Erdboden, Land
torba	Sack, Beutel
torun	Enkel
toz	1. Staub, 2. Pulver
toz almak	Staub wischen
tozlu	staubig
tozlanmak	staubig werden
çamaşırtozu	Waschpulver
süttozu	Milchpulver

tozşeker	Kristallzucker
tören	Zeremonie, Feierlichkeit
tören yapmak	eine Zeremonie abhalten
geçit töreni	Parade
trafik, -ği *fr.*	Verkehr
trafik polisi	Verkehrspolizist
trafik işareti	Verkehrszeichen
trafik kazası	Verkehrsunfall
trafik lambası	Verkehrsampel
şehir / kent trafiği	Stadtverkehr
trafiğe dikkat etmek	auf den Verkehr achtgeben
Yol trafiğe kapalı.	Die Straße ist für den Verkehr gesperrt.
Trafik çok sıkışık.	Der Verkehr ist sehr dicht.
Trafik tıkanmış.	Es gibt Stau.
tren *fr.*	Zug
trenle gitmek	mit dem Zug fahren
treni kaçırmak	den Zug verpassen
trene yetişmek	den Zug erreichen
tuhaf *ar.*	merkwürdig, eigenartig
Tuhaf!	Seltsam!
Bu benim tuhafıma gidiyor.	Das kommt mir sonderbar vor.
turist *fr.*	Tourist
turistik	touristisch, Reise-
turistik eşya	Souvenir
turizm *fr.*	Fremdenverkehr
turizm bürosu	Fremdenverkehrsbüro
turizm derneği	Verkehrsverein
tutar	Betrag
„Tutarı alınmıştır."	„Betrag erhalten."
tutarlı	konsequent
tutarlı bir davranış	eine konsequente Haltung
tutarlılık	Konsequenz
tutarsız	inkonsequent
tutarsızlık	Inkonsequenz, inkonsequentes Vorgehen
tutku	Leidenschaft
tutmak, -ar	1. fassen, 2. halten; behalten, 3. betragen, ausmachen
Polis hırsızı tuttu.	Der Polizist faßte den Dieb.
Annesi çocuğu elinden tuttu.	Seine Mutter faßte das Kind bei der Hand.
Beni kolumdan tuttu.	Er faßte mich am Arm.
ev tutmak	eine Wohnung / ein Haus anmieten
temiz tutmak	sauberhalten
sözünü tutmak	sein Wort halten
birisine mantosunu tutmak	jmdm. in den Mantel helfen

-i aklında tutmak		... im Gedächtnis behalten, sich ... merken
Hepsi ne kadar tutuyor?		Wieviel macht das zusammen?
tutucu		konservativ
tutuklamak		verhaften
tutuklu		verhaftet
tutum		Haltung
Sizin tutumunuzu doğru bulmuyorum.		Ich finde Ihre Haltung nicht richtig.
tutumlu (→ tasarruflu)		sparsam
tutumluluk		Sparsamkeit
tutumsuz		verschwenderisch, vergeudend
-e **tutunmak**		sich an ... festhalten
Şuraya sıkıca tutun!		Halte dich hier fest!
tuvalet *fr.*		Toilette
tuvalete gitmek		auf die Toilette gehen
tuz		Salz
Yemeğin tuzu az.		Das Essen ist nicht genug gesalzen.
tuz serpmek		Salz streuen
tuz koymak		Salz zufügen
tuzlu		salzig, gesalzen
tuzsuz		ungesalzen, salzlos
tuzluk		Salzstreuer
tuzak, -ğı		Falle
tuzak kurmak		eine Falle aufstellen
birisine tuzak hazırlamak		jmdm. eine Falle stellen
tuzağa düşmek		in die Falle gehen
tüccar *ar.*		Kaufmann, Händler
tüfek, -ği		Gewehr
tükenmek		zu Ende gehen, alle werden, vollständig aufgebraucht werden
tükenmez (kalem)		Kugelschreiber
tüketim		Konsum
: üretim		
tüketim malı		Konsumgut
tüketmek		vollständig verbrauchen; konsumieren
: üretmek		
tüketici		Verbraucher
tüm		vollständig, gesamt, total
tümüyle		gänzlich, vollkommen
tümce (→ cümle)		Satz
tümce kurmak		einen Satz bilden
tür (→ çeşit)		Art
bu tür ...		... von dieser Art
bu tür kitaplar		solcherlei Bücher

türlü	verschiedenartig
iki türlü	zweierlei
her türlü	allerlei
üç türlü yemek	drei verschiedene Gerichte
türlü türlü	ganz verschiedenartig
Türk	Türke; türkisch
Türk kahvesi	türkischer Kaffee
Türk müziği	türkische Musik
Türkçe	Türkisch, in türkischer Sprache
Türkçe öğrenmek	Türkisch lernen
Türkçe konuşmak	türkisch sprechen
Türkçeye çevirmek	ins Türkische übersetzen
Türkçeden Almancaya çevirmek	vom Türkischen ins Deutsche übersetzen
Türkçe biliyor musunuz?	Können Sie Türkisch?
Türkiye	Türkei
Türkiye Cumhuriyeti (*Abk.* TC)	die Republik Türkei
türkü	Volkslied
türkü söylemek	ein Volkslied singen
tütün	Tabak
tütüncü	Tabakwarenhändler
tüy	1. Feder, 2. Körperhaar, Flaumhaar

U

ucuz	billig
: pahalı	
daha ucuz	billiger
ucuzlamak	billiger werden, im Preis fallen
ucuzlatılmış (fiyat)	reduziert(er Preis)
ucuzluk	Preissenkung; Ausverkauf
ucuzluk yapmak	zu Sonderpreisen verkaufen
uç, -cu	Spitze
iğnenin ucu	Nadelspitze
bıçağın ucu	Messerspitze
kalemin ucunu açmak	den Bleistift spitzen
uçak, -ğı	Flugzeug
uçağa binmek	an Bord gehen
„uçakla"	„per Luftpost"
uçakla gitmek	mit dem Flugzeug fliegen
Uçak indi.	Das Flugzeug ist gelandet.
Uçak kalktı.	Das Flugzeug ist gestartet.
uçmak, -ar	fliegen

havaya uçmak	in die Luft gehen, explodieren
ufak, -ğı	relativ klein, winzig
: iri	
-e **uğramak**	bei ... vorbeikommen, ... kurz besuchen
felakete uğramak	einem Mißgeschick zum Opfer fallen
kazaya uğramak	einem Unfall zum Opfer fallen
uğraş	Beschäftigung
uğraşmak (→ meşgul olmak)	sich anstrengen, sich große Mühe geben
-le uğraşmak	sich mit ... beschäftigen
Neyle uğraşıyorsunuz?	Womit beschäftigen Sie sich?
uğur	gutes Vorzeichen, gute Vorbedeutung
uğur getirmek	Glück bringen
uğurlu	glückbringend
ukala *ar.* (l) (..−)	arrogant
ukalanın biri	ein Besserwisser
ukalalık etmek	arrogant sein
Bu, tam bir ukalalık.	Das ist reine Besserwisserei.
ulaşım	Verbindung, Kontakt
Ulaşım kesildi.	Die Verbindung wurde unterbrochen.
Kar yüzünden köylerle ulaşım kesildi.	Wegen der Schneefälle sind die Dörfer abgeschnitten.
Ulaşım sağlandı.	Die Verbindung wurde hergestellt.
-e **ulaşmak**	zu ... gelangen, ... erreichen, bei ... ankommen
amaca ulaşmak	das Ziel erreichen
ulus (→ millet)	Nation
Türk ulusu	die türkische Nation
uluslararası (→ milletlerarası)	international
uluslararası ilişkiler	internationale Beziehungen
ulusal (→ milli)	national; National-
ummak, -ar	erwarten, auf ... hoffen, mit ... rechnen
Umarım, her şey iyi olur.	Ich hoffe, daß alles in Ordnung geht.
Bunu hiç ummuyorum.	Ich rechne gar nicht damit.
Bunu sizden hiç ummazdım.	Das hatte ich nicht von Ihnen erwartet.
umumi *ar.* (.−'−) (→ genel)	allgemein, generell; öffentlich
umumiyetle (.−.'..) (→ genellikle)	im allgemeinen
umut, -du (→ ümit)	Hoffnung, Erwartung
-i umut etmek	auf ... hoffen, ... erwarten, ... annehmen
-den umudunu yitirmek / kesmek	seine Hoffnung auf ... aufgeben
umudunu yitirmeden beklemek	unverdrossen warten
umutla beklemek	erhoffen, hoffnungsvoll erwarten
umutlu	hoffnungsvoll, erwartungsvoll
-den umutlu olmak	in der Hoffnung sein, daß ...
... umuduyla	in der Hoffnung auf ...

umutsuz	hoffnungslos
umutsuzluğa düşmek / kapılmak	alle Hoffnung verlieren
un	Mehl
un elemek	Mehl sieben
unsur *ar.* (→ öge)	Grundstoff, Bestandteil; Element
unutkan	vergeßlich
unutkanlık	Vergeßlichkeit
unutmak	vergessen
: anımsamak, hatırlamak	
uslu	brav, artig
: yaramaz	
Uslu dur!	Sei brav!
uslu uslu oturmak	still sitzen, sich artig verhalten
usta *pe.*	Meister
usta bir yazar	ein meisterlicher Schriftsteller
ustalık	Meisterschaft; Kunstfertigkeit
ustalık isteyen bir iş	eine Arbeit, die einen Meister erfordert
ustalıkla / ustaca	meisterhaft
usul, -lü *ar.* ((.−)) (→ yöntem)	Methode, Verfahren
utanç, -cı	Scham
utanç verici	beschämend
Utancımdan ne söyleyeceğimi bilemedim.	Ich wußte vor Scham nicht, was ich sagen sollte.
-den **utanmak**	sich wegen / vor ... schämen
Yaptığımdan utanıyorum.	Ich schäme mich meines Betragens. Ich schäme mich dessen was ich getan habe.
Kendimden utanıyorum.	Ich schäme mich vor mir selbst.
-e utanmak	sich schämen zu ...
Size söylemeye utanıyorum.	Ich schäme mich, es Ihnen zu sagen.
utanmaz	schamlos
utanmazlık	Unverschämtheit
uyanık, -ğı	wach, rege; klug
uyanmak	aufwachen
erken uyanmak	früh aufwachen
uyandırmak	aufwecken
uyarı (→ ikaz)	Warnung, Hinweis
-i **uyarmak** (→ ikaz etmek)	jmdn. warnen; jmdm. einen Hinweis geben
Sizi uyarıyorum.	Ich warne Sie.
uyarıcı bilgi	Hinweis
uydurmak	1. anpassen, 2. frei erfinden
-e ayak uydurmak	mit ... Schritt halten
uydurma	aus der Luft gegriffen, erfunden
uygar (→ medeni)	zivilisiert, kultiviert

uygar bir insan	ein zivilisierter / kultivierter Mensch
uygarlık (→ medeniyet)	Zivilisation
çağdaş uygarlık	die moderne Zivilisation
uygulamak	anwenden, in die Praxis umsetzen
uygulama	Anwendung, praktische Durchführung, Praxis
uygulama yapmak	in die Praxis umsetzen *(intr.)*
uygulamalı	angewandt; mit praktischen Übungen
uygun	geeignet, günstig
uygun bir fırsat	eine günstige Gelegenheit
uygun fiyat	ein günstiger Preis
-e uygun	zu ... / für ... passend, entsprechend, angemessen
kurala uygun	vorschriftsmäßig
İkisi birbirine uygun.	Die beiden passen zusammen.
uyku	Schlaf
„İyi uykular."	„Schlafen Sie gut."
uykusu gelmek	schläfrig sein, schläfrig werden
Uykum geldi.	Ich bin schläfrig.
uykusu kaçmak	nicht (wieder) einschlafen können
Uykum kaçtı.	Ich konnte nicht einschlafen.
uykusunu almak	sich tüchtig ausschlafen
Uykumu alamadım.	Ich habe nicht genug geschlafen.
uykuya dalmak	einschlafen
derin bir uykuya dalmak	in tiefen Schlaf fallen
rahat bir uyku uyumak	ruhig schlafen
uykusuz kalmak	unausgeschlafen sein
-e **uymak,** -ar	zu ... passen, ... entsprechen, sich für ... schicken; sich anpassen, sich nach ... richten
İkisi birbirine uyuyor.	Die zwei passen zusammen.
Bu, benim anlayışıma uymuyor.	Das entspricht nicht meiner Auffassung.
Trafik kurallarına uyunuz.	Befolgen Sie die Verkehrsregeln!
uyruk, -ğu	Staatsangehörigkeit
Uyruğunuz (nedir)?	Welche Staatsangehörigkeit haben Sie?
Türk uyruklu	türkischer Staatsbürger
uyum	Übereinstimmung, Harmonie
-e uyum göstermek	Übereinstimmung mit ... zeigen
-e / -le uyum sağlamak	zwischen ... und ... Integration schaffen, Übereinstimmung zwischen ... und ... bewirken
-le uyumlu	mit ... in Übereinstimmung, zu ... passend
uyumak	schlafen, einschlafen

uzak, -ğı	weit, entfernt, fern
: yakın	
Okul çok uzak.	Die Schule ist sehr weit weg.
Uzakta oturuyorum.	Ich wohne weit weg.
uzaktan	von fern
uzaktan tanımak	nur oberflächlich kennen
uzaklaşmak	weggehen, sich entfernen
uzaklık (→ mesafe)	Entfernung
Okulun uzaklığı ne kadar?	Wie weit ist die Schule entfernt?
bir kilometre uzaklıkta	in einer Entfernung von 1 km
uzamak	1. länger werden, 2. lange dauern, sich in die Länge ziehen
saç / tırnak uzamak	Haare / Nägel wachsen
Saçların uzamış.	Dein Haar ist lang geworden.
uzanmak	1. sich erstrecken, 2. sich ausstrecken, sich hinlegen
uzatmak	lang werden lassen, verlängern
işi uzatmak	die Sache hinausziehen
Meseleyi uzatmayın!	Ziehen Sie die Angelegenheit nicht in die Länge!
süreyi uzatmak	die Frist verlängern
elini uzatmak	seine Hand ausstrecken
Lütfen tuzluğu uzatır mısınız?	Würden Sie mir bitte den Salzstreuer reichen?
saçını uzatmak	sich das Haar lang wachsen lassen
uzay	Weltraum
uzay adamı	Astronaut
uzay gemisi	Raumschiff
uzman	Spezialist, Experte
uzmanlık alanı	Fachgebiet
uzun	lang
uzun hikâye	eine lange Geschichte
uzun ömürlü	langlebig
uzun boylu	groß gewachsen
uzun süre / zaman	lange Zeit
uzun süreden / zamandan beri	seit langem
uzun süredir / zamandır	seit langer Zeit, schon lange
uzun süre önce	vor langer Zeit
Bunun üzerinden uzun zaman geçti.	Darüber verging eine lange Zeit. Seit damals ist viel Zeit vergangen.
uzun uzun konuşmak / anlatmak	lang und breit reden / erzählen
uzun uzadıya anlatmak	lang und breit / umständlich erzählen
uzunlamasına	längelang, der Länge nach
uzunluk	Länge

Uzunluğu ne kadar? — Wie lang ist es?
on beş metre uzunluğunda — von 15 Meter Länge

Ü

ücret *ar.* — Lohn, Preis
belli bir ücret — eine feste Gebühr
giriş ücreti — Eintrittsgebühr
aylık ücret — Monatslohn
asgari ücret — Mindestlohn
„Giriş ücretsizdir." — „Eintritt frei."
ücretsiz — kostenlos, gratis
üflemek — blasen, pusten
ülke (→ memleket) — Land, Staatsgebiet
yabancı ülke — Ausland
ümit, -di *pe.* ((.−)) (→ umut) — Hoffnung, Erwartung
-i ümit etmek — ... erhoffen, ... erwarten
-den ümidi olmak — auf ... Hoffnung haben, sich auf ... Hoffnungen machen
Bu işten çok ümidim var. — Ich erhoffe mir viel von dieser Sache.
-den ümidini kesmek / yitirmek — die Hoffnung auf ... verlieren / aufgeben
Bu işten ümidimi kestim. — Ich verspreche mir nichts mehr von dieser Sache.

ümitli — hoffnungsvoll, erwartungsvoll
-den ümitli olmak — sich Hoffnungen auf ... machen
Gelecekten ümitliyim. — Ich bin für die Zukunft optimistisch.
ümitsiz — hoffnungslos, verzweifelt
ümitsizlik — Hoffnungslosigkeit
ün — Ruhm
ün kazanmak — sich Ruhm erwerben
ünlü (→ meşhur) — berühmt
ünlü bir yazar — ein berühmter Schriftsteller
-le ünlü olmak — für ... berühmt sein
üniversite *fr.* — Universität
üniversite öğrencisi — Student
üniversiteye gitmek — die Universität besuchen, auf die Universität gehen
üniversitede okumak — an der Universität studieren
üniversiteyi bitirmek — das Universitätsstudium abschließen
üretim — Produktion
  : tüketim
petrol üretimi — Erdölförderung

üretim araçları	Produktionsmittel
üretime geçmek	in die Produktion gehen
üretmek	produzieren
: tüketmek	
üretici	Produzent
ürün	Erzeugnis, Produkt; Ernte
ürün elde etmek	ernten *(intr.)*
üst	1. oberer, Ober-, über-, 2. Oberseite, Oberfläche; was darauf ist
: alt	
üst kat	oberes Stockwerk, Obergeschoß
üst üste	aufeinander, übereinander
üst üste koymak	aufeinander legen
-in üstünde	über ..., auf ...
bir konu üstünde durmak	sich mit einem Thema eingehend befassen
paranın üstü	Restgeld
Üstü kalsın!	Der Rest ist für Sie. *(beim Trinkgeldgeben)*
bir işi üstüne almak	eine Arbeit übernehmen / auf sich nehmen
birisinin üstünü aramak	jmdn. durchsuchen
üstünü değiştirmek	sich umziehen
Şimdi üstümü değiştirip işe gideceğim.	Jetzt werde ich mich umziehen und zur Arbeit gehen.
üstünü örtmek	abdecken, bedecken, zudecken
Çocuğun üstünü ört!	Deck das Kind zu!
üstgeçit	Überführung
üstelik	darüber hinaus, noch dazu, außerdem noch
üstün	überragend, überlegen
üstün yetenekli	besonders begabt, von überragender Fähigkeit
üstün zekâlı	überdurchschnittlich intelligent
üstünlük	Überlegenheit
üşümek	frieren
üşütmek	sich erkälten
ütü	Bügeleisen
ütü yapmak	bügeln *(intr.)*
-i ütülemek	bügeln *(tr.)*
ütücü	Bügler
ütülü	gebügelt
ütüsüz	ungebügelt, zerknittert
üye	Mitglied
-e üye olmak	Mitglied in ... sein
-in üyesi olmak	Mitglied von ... sein
***üzer-**	*(nur mit Possessiv- und Kasusendungen)*

Üzerimde hiç para yok.	Ich habe kein Geld bei mir.
Üzerine bir ceket giy.	Zieh dir eine Jacke an.
Masanın üzerine koy.	Tue es auf den Tisch.
Masanın üzerinde bir çanta var.	Auf dem Tisch liegt eine Tasche.
Üzerimize doğru geldi.	Er kam auf uns zu.
Ankara üzerinde uçuyoruz.	Wir fliegen über Ankara.
bir konu üzerinde durmak	auf ein Thema eingehen
bir konu üzerinde konuşmak	über ein Thema sprechen
Ankara üzerinden Erzurum'a gittik.	Wir fuhren über Ankara nach Erzurum.
bunun üzerine	darauf hin
bu haber üzerine	auf diese Nachricht hin
üzerine sorumluluk almak	Verantwortung auf sich nehmen
Üzerime sorumluluk almak istemiyorum.	Ich will keine Verantwortung auf mich nehmen.
üzere	1. um zu ..., mit der Absicht zu ..., 2. wie
Onu görmek üzere Adana'ya gideceğim.	Um ihn zu sehen werde ich nach Adana fahren.
bilindiği üzere	wie man weiß, bekanntlich
belirtildiği üzere	wie gesagt wird, wie verlautet
-mek üzere olmak	dabei sein zu ..., drauf und dran sein
Tren kalkmak üzere.	Der Zug fährt gleich ab.
ölmek üzere olmak	im Sterben liegen
üzgün	traurig, bekümmert
Üzgün görünüyorsunuz.	Sie sehen so traurig aus.
üzgün olmak	bekümmert / traurig sein
üzmek, -er	traurig machen; kränken; bekümmern, verdrießen
Bu, beni çok üzüyor.	Das macht mir Sorgen.
Sizi üzmek istemiyorum, ama ...	Ich möchte Sie nicht traurig machen, aber ...
üzücü	peinlich, bedauerlich
üzücü bir olay	ein bedauerlicher Vorfall
-e üzülmek	wegen ... / über ... betrübt sein, sich Sorgen wegen ... machen
Buna çok üzüldüm.	Das tut mir sehr leid.
Üzülürek söylüyorum ki ...	Es tut mir leid sagen zu müssen, daß ...
Bunda üzülecek bir şey yok.	Das ist kein Grund, betrübt zu sein.
üzüntü	Sorge, Kummer
Bir üzüntünüz mü var?	Gibt es etwas, das Sie bedrückt?
-den üzüntü duymak	wegen ... bekümmert sein
üzüntülü	betrüblich, traurig

V

vagon *engl.*	Eisenbahnwagen
yemekli vagon	Speisewagen
yataklı vagon	Schlafwagen
kuşetli vagon	Liegewagen
vahşi *ar.* (.−)	wild, Wilder
vahşi hayvan	Wildtier
vahşi orman	Urwald
vakit, -kti *ar.* (→ zaman)	Zeit
Şimdi vaktim yok.	Ich habe jetzt keine Zeit.
Hiç vaktim yok.	Ich habe gar keine Zeit.
Eğer vaktiniz olursa ...	Wenn Sie Zeit haben ...
yemek vakti	Essenszeit
Vakit geç oldu.	Es ist schon spät.
boş vakit	freie Zeit
vaktinde	zur rechten Zeit
Hiç vakit kalmadı.	Es ist keine Zeit mehr.
Bu iş çok vaktimi aldı.	Diese Angelegenheit hat mir viel Zeit geraubt.
vakit geçirmek	die Zeit verbringen
vakit kaybetmek / kazanmak	Zeit verlieren / gewinnen
vapur *fr.*	Dampfschiff, Schiff
vapura binmek	an Bord gehen
vapurla gitmek	per Schiff reisen, mit dem Schiff fahren
(karşıya) vapurla geçmek	mit dem Schiff (ans andere Ufer) übersetzen
var	es gibt, (es) ist anwesend / existierend / vorhanden
: yok	
Kalemin var mı?	Hast du einen Stift?
Yeni bir şey var mı?	Gibt es etwas Neues?
Ne var, ne yok?	Was gibt's?
Sende para var mı?	Hast du Geld bei dir?
İçeride kim var?	Wer ist drinnen?
varlık, -ğı	1. Besitz, Reichtum, 2. Geschöpf, Wesen
: yokluk	
varlıklı	wohlhabend
canlı varlık	Lebewesen
(-e) **varmak**, -ır	hinkommen, (in ... / bei ...) ankommen, ... erreichen
varış (saati)	Ankunft(szeit)
vasıta *ar.* (−..) (→ taşıt)	1. Kraftfahrzeug, Verkehrsmittel, 2. Mittel
-nin vasıtasıyla	vermittels ...; durch ...s Vermittlung

vatan *ar.* (→ yurt)	Heimat
anavatan	Vaterland
vatandaş (→ yurttaş)	Mitbürger; Staatsbürger
vatandaşlık (→ yurttaşlık)	Staatsbürgerschaft
-den **vazgeçmek**	auf ... verzichten, von ... Abstand nehmen, ... aufgeben
Tiyatroya gitmekten vazgeçtim.	Ich ließ es bleiben, ins Theater zu gehen.
vazife *ar.* (.−'.) (→ görev, ödev)	Pflicht, Dienst
vazifesini yapmak	seinen Dienst tun
vazifesini yerine getirmek	seine Pflicht erfüllen
vaziyet *ar.* (→ durum)	Lage, Zustand
ve	und
ve benzeri (*Abk.* vb.)	und so weiter
ve bunun gibi şeyler	und andere mehr, und ähnliche
veda *ar.* (.−)	Abschied
-e veda etmek	von ... Abschied nehmen, sich von ... verabschieden
-le vedalaşmak	sich von ... verabschieden
vefat *ar.* (.−)	das Ableben, der Tod *(höfl.)*
vefat etmek	ableben, verscheiden
vergi	Steuer
vergi vermek / ödemek	Steuer zahlen
vermek, -ir	geben
ders vermek	Unterricht geben, unterrichten
bilgi vermek	Auskunft erteilen
zevk vermek	Vergnügen bereiten
yemek vermek	ein Essen geben
parti vermek	eine Party geben
kokteyl vermek	einen Cocktail geben
konser vermek	ein Konzert geben
korku vermek	Angst einjagen
sonuç vermek	ein Ergebnis erbringen
umut vermek	Hoffnung geben
yetki vermek	eine Vollmacht geben
randevu vermek	einen Termin geben
-e emek vermek	sich mit ... Mühe geben
vakit / zaman vermek	Zeit opfern
süre vermek	eine Frist geben
veya *pe.* (→ ya da)	oder
vezne *ar.*	Kasse, Schalter
vicdan *ar.* ((.−))	Gewissen
Benim vicdanım rahat.	Ich habe ein reines Gewissen.
Vicdanım sızlıyor.	Mein Gewissen läßt mir keine Ruhe.
vicdansız	gewissenlos

vicdansızlık	Gewissenlosigkeit
viraj *fr.*	Kurve
virajı almak / dönmek	die Kurve nehmen
virajlı yol	kurvenreiche Straße
tehlikeli viraj	gefährliche Kurve
keskin viraj	scharfe Kurve
vitrin *fr.*	Schaufenster
vize *fr.* ('..)	Visum
vize almak	ein Visum bekommen
vurmak, -ur	1. schlagen, 2. (an)klopfen, 3. erschießen
ayağıyla topa vurmak	den Ball mit dem Fuß lostreten
kapıyı vurmak	an die Tür klopfen
masaya vurmak	auf den Tisch klopfen
-e damga vurmak	... stempeln
İki kişiyi vurmuşlar.	Zwei Menschen sind erschossen worden.
vücut, -du *ar.* ((.−))	Körper, Leib

Y

ya (−)	Na! Na also! Ach!
Ya, demek öyle!	Ja, so ist das!
Ya, gerçekten öyle!	Ja, wirklich!
ya ... ya ...	enweder ... oder ...
ya ... ya da ...	entweder ... oder auch ...
ya da (→ veya)	oder
yabancı	1. fremd, Fremder, 2. Ausländer
1.: tanıdık, 2.: yerli	
Buranın yabancısıyım.	Ich bin hier fremd.
Bana hiç yabancı gelmiyorsunuz.	Sie kommen mir nicht unbekannt vor.
Yabancı değil.	Er ist kein Fremder.
yabancı dil	Fremdsprache
yabancı dil konuşmak	eine Fremdsprache sprechen
yabancı ülke	Ausland
yabancılık duymak	sich fremd fühlen
yabancılık çekmek	sich in einer neuen Umgebung fremd fühlen
-i **yadırgamak**	... als fremd / ungewohnt empfinden
Çocuk okulu yadırgadı.	Das Kind fühlte sich in der Schule nicht zu Hause.
yağ	Fett; Öl
ekmeğe yağ sürmek	Butter aufs Brot streichen
yağda pişirmek	in Fett garen

yağda kızartmak	in Öl braten
yağlı	fett, fettig; mit viel Fett
yağsız	fettfrei; mager
yağ lekesi	Fettfleck
tereyağ	Butter
zeytinyağ	Olivenöl
yağış	Niederschlag
yağışlı	regnerisch
yağışlı / yağışsız hava	nasses / trockenes Wetter
yağmak, -ar	regnen, schneien
Yağmur yağıyor.	Es regnet.
Kar yağıyor.	Es schneit.
Dolu yağıyor.	Es hagelt.
yağmur	Regen
yağmurlu (hava)	regnerisch(es Wetter)
yağmurlu havalarda	bei Regenwetter
yağmurluk	Regenmantel
yaka	Kragen
yakalamak	ergreifen, fassen, erwischen
Polis hırsızı yakaladı.	Die Polizei faßte den Dieb.
-e yakalanmak	von … gefaßt werden, von … erwischt werden
yakın	nahe; naher Angehöriger, Verwandter
: uzak	
yakın akraba	naher Verwandter
yakın arkadaş / dost	vertrauter Freund
en yakın durak	die nächste Haltestelle
yakında	1. in der Nähe, 2. bald, in Kürze; vor kurzem
Yakında iyi bir restoran var mı?	Gibt es in der Nähe ein gutes Restaurant?
çok yakında	1. ganz in der Nähe, 2. vor kurzem, neuerdings
„Yakında görüşmek üzere!"	„Bis bald!"
yakından	aus der Nähe, von ganz nahe
birisiyle yakından görüşmek	mit … eng befreundet sein
birisini yakından tanımak	jmdn. genau kennen
-le yakından ilgilenmek	sich sehr für interessieren
-in yakınında	in der Nähe von …, nahe bei …
yakınlarda	1. in der Nähe, 2. in letzter Zeit
Yakınlarda onu hiç görmedim.	Ich habe ihn in letzter Zeit gar nicht gesehen.
yakınlık	Vertrautheit
birisine yakınlık göstermek	jmdm. Freundlichkeit erweisen
-den yakınmak	sich über … beklagen, sich über … beschweren

-e **yakışmak**	zu ... passen, sich für ... schicken, jmdm. gut stehen
Bu elbise size çok yakıştı.	Diese Kleidung steht Ihnen sehr gut.
yakışıklı	gut aussehend *(nur von Männern)*
yakıt	Brennmaterial
yaklaşmak	näher kommen, sich nähern
Tatil yaklaşıyor.	Der Urlaub rückt näher.
Ankara'ya yaklaşıyoruz.	Wir nähern uns Ankara.
yaklaşık, -ğı (→ tahminen, tahmini)	ungefähr, annähernd; schätzungsweise
yaklaşık olarak	etwa, ungefähr *(adv.)*
yakmak, -ar	anzünden
: söndürmek	
bir sigara yakmak	eine Zigarette anzünden
elektriği / ışığı yakmak	das elektrische Licht einschalten
Güneş yakıyor.	Die Sonne sticht.
yalan	Lüge; unwahr
: doğru	
yalan söylemek	lügen
Bana yalan söyleme.	Lüg mich nicht an.
yalancı	Lügner
yalnız	1. nur, 2. allein
yalnız ... değil, aynı zamanda ...	nicht nur ..., sondern auch ...
yalnız başına	ganz allein
yapayalnız	ganz einsam und verlassen
yalnızca (→ sadece)	einzig und allein
yalnızlık	Einsamkeit
yalnızlık duymak	sich einsam fühlen
-e **yalvarmak**	zu ... flehen, ... anflehen
Sana yalvarıyorum.	Ich flehe dich an.
yan (→ taraf)	Seite; Richtung
sağ yan	die rechte Seite
sol yan	die linke Seite
evin yanında	neben dem Haus
evin iki yanında	zu beiden Seiten des Hauses
bir yandan	einerseits
her iki yandan	von beiden Seiten
öte yandan	andererseits
-in yanında	neben, bei ...
arkadaşımın yanında	bei meinem Freund
Pasaportunuz yanınızda mı?	Haben Sie Ihren Paß dabei?
(benim) yanımda	bei mir
Yanıma otur.	Setz dich neben mich!
-den yana olmak	auf ...s Seite sein, zu ... halten
yanına almak	zu sich nehmen; bei sich aufnehmen

yanında götürmek	mit sich nehmen
yan yana	nebeneinander
yan yana oturmak / durmak	nebeneinander sitzen / stehen
-in yanı sıra	zugleich mit ..., im Gefolge von ...
yangın	Brand
„Yangın var!"	„Feuer!"
Yangın çıktı.	Ein Brand ist ausgebrochen.
Yangın söndü.	Der Brand ist erloschen.
yangın söndürme aracı	Feuerlöscher
yanılmak	sich irren, einen Fehler machen; im Irrtum sein
Siz bunda yanılıyorsunuz.	Da irren Sie sich.
Yanılmıyorsam, ...	Wenn ich nicht irre ...
yanıltıcı	irreführend
yanıt (→ cevap)	Antwort
: soru	
birisine yanıt vermek	jmdm. eine Antwort geben
-i yanıtlamak	... beantworten
yani *ar.* (−'.)	das heißt
yanlış	Fehler; falsch
: doğru	
-i yanlış bilmek	über ... falsch unterrichtet sein
-i yanlış anlamak	... falsch verstehen, mißverstehen
Beni yanlış anlamayın.	Verstehen Sie mich nicht falsch.
-in yanlışını bulmak	einen Fehler an ... entdecken
-in yanlışını düzeltmek	... verbessern
yanlış yapmak	einen Fehler machen; falsch machen
yanlış numara	eine falsche Verbindung *(am Telefon)*
yanlışlık	Irrtum, Versehen
Bunda bir yanlışlık var.	Da stimmt was nicht. Da ist etwas verkehrt.
yanlışlıkla	versehentlich; irrtümlich
hiç yanlışsız	vollkommen fehlerfrei
yanmak, -ar	brennen; in Brand geraten
Ev yanıyor.	Das Haus brennt.
Işık yanıyor.	Das Licht brennt.
güneşte yanmak	in der Sonne bräunen
güneşten yanmak	von der Sonne gebräunt werden
yapay (→ suni)	künstlich
yapı (→ bina)	Bau; Gebäude; Struktur
yapısı bakımından	hinsichtlich seiner Struktur
yapısı sağlam bir ev	ein solide gebautes Haus
-e **yapışmak**	an ... kleben *(intr.)*
yapıştırmak	ankleben, aufkleben

yapıştırıcı	Kleber, Klebstoff
yapıt (→ eser)	Werk
yapmak, -ar	machen, tun, herstellen
Ne yapıyorsun?	Was machst du?
Ödevini yaptın mı?	Hast du deine Aufgabe gemacht?
Ne yapayım?	Was soll ich tun?
Sakın bunu yapmayın!	Tun Sie das ja nicht!
Yaptım!	Ich habe es geschafft!
Ne iş yapıyorsunuz?	Was sind Sie von Beruf?
yapılmak	gemacht werden; gebaut werden
Bu nasıl yapılır?	Wie macht man das?
Bu neden yapılır?	Woraus macht man das?
Yapılacak bir şey yok.	Es ist nichts zu machen.
Burada bir ev yapılacak.	Hier wird ein Haus gebaut.
yapılış	Machart, Herstellungsweise
Bunun yapılışını anlatır mısınız?	Würden Sie erklären, wie man das macht?
yaptırmak	machen lassen, anfertigen lassen
ev yaptırmak	ein Haus bauen lassen
yaprak, -ğı	Blatt
Ağacın yaprakları döküldü.	Die Blätter des Baumes sind abgefallen.
bir yaprak kâğıt	ein Blatt Papier
yirmi yapraklı bir defter	ein Heft mit 20 Blatt
yara *pe.*	Wunde
yaralanmak	verwundet werden, sich verletzen
yaralı	verwundet; Verletzter
-e **yaramak**	sich für ... eignen, zu ... taugen
Bu neye yarar?	Wozu nützt es?
bir işe yaramak	für ... brauchbar / nützlich sein
Bu işime yarıyor.	Das kann ich gut gebrauchen. Das kommt mir sehr zustatten.
Hiçbir işe yaramıyor.	Es taugt zu überhaupt nichts. Es ist nicht zu gebrauchen.
yarar (→ fayda)	Nutzen, Vorteil; Gewinn, Profit
Bunun bana çok yararı oldu.	Das hat mir sehr genützt.
Bunun kime yararı olur?	Wem soll das nützen?
birisinin yararına olmak	zu jmds. Vorteil sein
Bu senin kendi yararınadır.	Es ist zu deinem eigenen Vorteil.
-den yararlanmak	aus ... Nutzen ziehen, ... benutzen
Hangi kaynaklardan yararlandınız?	Welche Quellen haben Sie benutzt?
-den yarar sağlamak	sich durch ... einen Gewinn / Vorteil verschaffen
yararlı	nützlich, vorteilhaft
yararlı olmak	nützlich sein
yararsız	nutzlos, unnütz

yaramaz	unartig, ungezogen, schlimm
: uslu	
yaramazlık	Unart, Ungezogenheit
yaramazlık etmek / yapmak	ungezogen sein, sich unartig benehmen
yaratmak	hervorbringen, schaffen
yaratıcı	schöpferisch
yaratıcılık	Kreativität
yardım	Hilfe
-e yardım etmek	jmdm. helfen
Size yardım edeyim.	Ich möchte Ihnen helfen.
Yardıma ihtiyacınız var mı?	Brauchen Sie Hilfe?
ilk yardım	Erste Hilfe
yardımcı	Helfer, Hilfs-
yardımcı olmak	behilflich sein
Size yardımcı olabilir miyim?	Darf ich Ihnen behilflich sein?
Size nasıl yardımcı olabilirim?	Womit kann ich Ihnen dienen?
yardımcı ders	Nebenfach
yardımsever	hilfsbereit
yargı (→ hüküm)	Urteil
kesin yargı	rechtskräftiges Urteil
değer yargısı	Werturteil
bir yargıya varmak	sich ein Urteil bilden
yargılamak	vor Gericht stellen, verurteilen
önyargı	Vorurteil
yargıç, -cı (→ hakim)	Richter
yarı	Hälfte; ein halber ..., der halbe
yarı yolda	auf halbem Weg
yarı yarıya	halb und halb
yarıya bölmek	in zwei Hälften teilen
gece yarısı	Mitternacht
ilk yarı	die erste Halbzeit
ikinci yarı	die zweite Halbzeit
yirminci yüzyılın ikinci yarısı	die zweite Hälfte des 20. Jahrhunderts
yarıyıl (→ sömestr)	Semester, Halbjahr
yarıyıl tatili	Semesterferien
yarım	halb
yarım saat	eine halbe Stunde
yarım kilo	ein halbes Kilo
Saat yarım.	Es ist halb eins.
yarım kalmak	unvollendet bleiben, nicht fertig werden
işi yarım bırakmak	die Arbeit nicht fertig machen
yarın	morgen
yarın sabah	morgen früh, morgen vormittag
yarın öğleyin	morgen mittag

yarın akşam	morgen abend
„Yarın görüşmek üzere!"	„Bis morgen!"
yarış	Wettkampf, Wettspiel, Wettrennen
yarışa katılmak	an einem Wettkampf teilnehmen
yarışa girmek	sich an einem Wettkampf beteiligen; den Wettkampf aufnehmen
yarışçı	Wettkämpfer, Rennfahrer
-le **yarışmak**	einen Wettkampf mit ... austragen, mit ... konkurrieren
yarışma	Wettkampf, Wettspiel
bir yarışma düzenlemek	ein Wettspiel organisieren
yarışmaya katılmak	an einem Wettspiel teilnehmen
bilgi yarışması	Quiz
yarışmacı	Konkurrent
yasa (→ kanun)	Gesetz
yasalara uymak	sich an die Gesetze halten
yasaya aykırı	ungesetzlich
yasadışı	illegal
anayasa	Verfassung
yasak, -ğı	Verbot; verboten
„Girmek yasaktır."	„Eintritt verboten."
birisine bir şeyi yasak etmek / yasaklamak	jmdm. etwas verbieten
sokağa çıkma yasağı	Ausgehverbot
yasal	gesetzlich
yasal yollara başvurmak	den Gesetzesweg einschlagen
yaş (→ ıslak)	naß, feucht
: kuru	
yaş	Lebensjahr, Lebensalter
Yaşınız (kaç)? / Kaç yaşındasınız?	Wie alt sind Sie?
Yaşım yirmi beş.	Ich bin 25 Jahre alt.
Yirmi beş yaşındayım.	Ich bin 25 Jahre alt.
beş yaşında bir çocuk	ein Kind von 5 Jahren
O, daha on yedi yaşında.	Er ist erst 17 Jahre alt.
Sen benim yaşımdasın.	Du bist in meinem Alter. Du bist so alt wie ich.
İkimiz aynı yaştayız.	Wir beide sind gleich alt.
O, altı yaşına bastı.	Er hat das 5. Lebensjahr vollendet.
O, bu yıl on beş yaşına basıyor.	Er wird dieses Jahr 15 Jahre alt.
yaşgünü	Geburtstag
yaşlanmak (→ ihtiyarlamak)	alt werden, altern
yaşlı (→ ihtiyar)	alt; alter Mensch, Alte(r)
yaşlılık	das hohe Alter
yaşam (→ hayat)	Leben, Lebenszeit
yaşamı boyunca	sein ganzes Leben lang

yaşamını yitirmek	ums Leben kommen
yaşamöyküsü	Lebensgeschichte
yaşamak	1. leben, am Leben sein, 2. ... erleben
Annen nerede yaşıyor?	Wo lebt deine Mutter?
Baban yaşıyor mu?	Ist dein Vater am Leben? Lebt dein Vater noch?
Hayatımda bu kadar güzel bir gün yaşamadım.	Ich habe nie einen so schönen Tag erlebt.
„Yaşa!"	„Bravo!" *(Zuruf an 2. Pers.)*
„Çok yaşa!"	„Gesundheit!"
„Yaşasın!"	„Hurra! Bravo!"
„Yaşasın ...!"	„Es lebe ...!"
yaşantı	Erlebnis
Bu benim için güzel bir yaşantı oldu.	Das war ein schönes Erlebnis für mich.
yatak, -ğı	Bett
yatağa gitmek	ins Bett gehen
yatağa uzanmak	sich auf das Bett hinlegen
yatak odası	Schlafzimmer
çift yataklı oda	Zweibettzimmer
yataklı (vagon)	Schlafwagen
yatmak, -ar	1. sich hinlegen; liegen, 2. zu Bett gehen, schlafen gehen
hasta yatmak	krank zu Bett liegen
yatakta yatmak	im Bett liegen
sırtüstü yatmak	auf dem Rücken liegen
yüzüstü yatmak	auf dem Bauch liegen
hapiste yatmak	im Knast sitzen
yatırmak	zu Bett bringen, hinlegen
bankaya para yatırmak	auf der Bank Geld einzahlen
yavaş	1. langsam, 2. leise
Yavaş!	Langsam!
Yavaş gidiniz!	Fahren Sie langsamer!
Lütfen biraz yavaş konuşun.	Bitte sprechen Sie etwas langsamer / leiser.
yavaş yavaş	langsam, allmählich, nach und nach
yavaşça	ganz langsam, ganz leise
yavaşlamak	langsamer werden
yaya	zu Fuß; Fußgänger
yayageçidi	Fußgängerübergang, Zebrastreifen
yayakaldırımı	Bürgersteig
yaya bölgesi	Fußgängerzone
yayan	zu Fuß
yayan yürümek / gitmek	zu Fuß gehen
yaygın	verbreitet; geläufig, viel verwendet
yaygın bir söz	ein gebräuchliches Wort

Ahmet çok yaygın bir addır.	Ahmet ist ein sehr verbreiteter Name.
yaygınlaşmak	Verbreitung finden, sich verbreiten
yayın	1. Veröffentlichung, Publikation, 2. Sendung *(im Radio, TV)*
yayın yapmak	senden *(intr.)*
yayınevi	Verlag
yayınlamak	veröffentlichen, publizieren, herausgeben; senden
kitap yayınlamak	ein Buch herausbringen
program yayınlamak	ein Programm senden
yaymak, -ar	verbreiten; ausbreiten
bir haberi yaymak	eine Nachricht verbreiten
yayılmak	sich verbreiten; sich ausbreiten
Yeni bir haber yayıldı.	Eine neue Nachricht hat sich verbreitet.
yaz	Sommer
: kış	
Artık yaz geldi.	Der Sommer ist da.
yazın	im Sommer
yazlık	sommerlich, Sommer-
yazlık elbise	Sommerkleid
yazlık ev	Sommerhaus
yazlığa gitmek	ins Ferienhaus übersiedeln
yazar	Schriftsteller
yazı	1. Schrift, 2. Schriftstück, Artikel, Aufsatz
yazı yazmak	ein Schriftstück / einen Artikel verfassen
yazı makinesi (→ daktilo)	Schreibmaschine
yazılı	schriftlich
yazıhane (..–.)	Büro
yazık	schade
-e yazık	um / für ... schade
Ona çok yazık oldu.	Das ist sehr bedauerlich für ihn.
Onun emeğine yazık oldu.	Schade um seine Mühe.
Ne kadar yazık!	Wie schade!
Ne yazık ki, ...	Leider ...
yazın (→ edebiyat)	Literatur
yazmak, -ar	schreiben
kitap yazmak	ein Buch schreiben
dilekçe yazmak	einen schriftlichen Antrag stellen
mektup yazmak	einen Brief schreiben
şiir yazmak	dichten, ein Gedicht schreiben
çek yazmak	einen Scheck schreiben
daktilo yazmak	Maschine schreiben
yedek, -ği	Reserve, Ersatz-
yedek parça	Ersatzteil

yedek olarak saklamak / bulundurmak	in Reserve halten
yeğlemek (→ tercih etmek)	bevorzugen, vorziehen
yemek (*pr.:* yiyor)	essen
Ne yiyorsun?	Was ißt du?
Daha hiçbir şey yemedim.	Ich habe noch nichts gegessen.
yiyip içmek	essen und trinken, tafeln
yiyip bitirmek	aufessen
yenmek	gegessen werden
Bu yenir mi?	Ist das eßbar? Kann man das essen?
Bu meyve yenmez.	Diese Frucht kann man nicht essen / ist nicht eßbar.
yemek, -ği	Essen, Speise; Mahlzeit
yemek yemek	essen *(intr.)*
günde üç öğün yemek yemek	drei Mahlzeiten pro Tag essen
yemek zamanı / saati	Essenszeit
en sevdiğim yemek	mein Lieblingsgericht
yemek listesi	Speisekarte
yemek kitabı	Kochbuch
öğle / akşam yemeği	Mittagessen / Abendessen
yeni	1. neu, 2. vor kurzem
Yeni bir şey var mı?	Gibt es etwas Neues?
Odama yeni geldim.	Ich bin erst vor kurzem in mein Zimmer gekommen.
Buraya yeni geldik.	Wir sind erst seit kurzem hier.
Burası yeni boyanmış.	Hier ist frisch gestrichen.
yeni çıkmış	erst vor kurzem erschienen
yeni moda	die neue Mode; modisch
yeni yıl	Neujahr
yeni baştan	von neuem, noch einmal, von Anfang
yeniden	noch einmal
yepyeni	ganz neu, funkelnagelneu
yenilik	Neuheit, Neuigkeit; Neuerung, Reform
en son yenilikler	die allerneusten Neuheiten
yenilik getirmek	eine Reform bringen
yenmek, -er	besiegen
-e yenilmek	gegen ... verlieren
Sana yenildim.	Ich habe gegen dich verloren.
yer	Platz, Ort; Stelle; Boden, Erde
Hiç yer yok.	Es gibt keine freien Plätze mehr.
buralarda bir yerde	hier irgendwo
her yerde	überall
yer yer	stellenweise; teilweise
yerde	auf dem Boden, am Boden
bir yerden başka yere	von einem Platz zum anderen

yere düşmek	zu Boden fallen
yere düşürmek	fallen lassen
yerinde	am rechten Ort, angebracht, passend
Bu yerinde bir sözdü.	Das zu sagen war sehr angebracht.
-in yerinde olmak	an ...s Stelle sein
Sizin yerinizde olsam ...	Wenn ich an Ihrer Stelle wäre ...
-in yerine	anstatt ..., an ...s Stelle
-i yerine koymak	an seinen Platz legen
-i yerine getirmek	... erfüllen
Görevini yerine getirdi.	Er erfüllte seine Aufgabe.
Sözümü yerine getiremedim.	Ich konnte mein Versprechen nicht erfüllen.
birisinin yerine geçmek	jmds. Platz einnehmen
-e yer açmak	Platz machen für ...
-de yer almak	seinen Platz in / bei ... einnehmen; an ... mitwirken, an ... teilnehmen
yere atmak	auf den Boden werfen
yeraltı, -nı	das Innere der Erde; unterirdisch
yeraltı zenginlikleri	Bodenschätze
yerleşmek	sich auf Dauer niederlassen
-e yerleşmek	sich in ... niederlassen
bir eve yerleşmek	sich in einer Wohnung einrichten
-i ...-e yerleştirmek	an seinen Platz in ... stellen
çekmeceyi yerleştirmek	die Schublade aufräumen
yeryüzü, -nü	Erdoberfläche; die ganze Welt
bütün yeryüzünde	auf der ganzen Welt
yeşermek	grün werden, grünen
Bütün ağaçlar yeşerdi.	Alle Bäume sind grün geworden.
yeşil	grün
yeşillik	das Grüne, die grüne Flur
yemyeşil	grasgrün, ganz mit Grün bedeckt, mit üppigem Grün bewachsen
yetenek (→ kabiliyet)	Fähigkeit, Begabung, Talent
yetenekli	fähig, begabt, talentiert
yetişkin	herangewachsen, erwachsen; Erwachsener
yetişmek	heranwachsen, groß werden
... olarak yetişmek	als ... ausgebildet werden
iyi yetişmiş	gebildet, mit guter Ausbildung
-e yetişmek	... erreichen, rechtzeitig kommen
trene yetişmek	den Zug erreichen
derse yetişmek	zum Unterricht zurechtkommen
„Yetişin!" (→ imdat)	„Hilfe!"
yetiştirmek	1. anbauen, züchten, 2. mit ... rechtzeitig fertig werden, 3. ausbilden

bitki yetiştirmek	Pflanzen züchten
hayvan yetiştirmek	Tiere züchten
işi yetiştirmek	die Arbeit rechtzeitig fertigmachen
çocuk yetiştirmek	ein Kind großziehen
kendi kendini yetiştirmek	sich bilden
yetki	Befugnis, Zuständigkeit, Kompetenz, Vollmacht
yetki vermek	bevollmächtigen, ermächtigen
yetkili	zuständig; der Zuständige
-e **yetmek,** -er	genügen, für … reichen, für … langen
Buna gücüm yetmez.	Dazu reicht meine Kraft nicht.
Yeter!	Genug! Es reicht! Jetzt reicht's!
Bu bana yeter.	Mir reicht es.
Bu kadar yeter.	Das ist genug. Das langt.
yeteri kadar	in ausreichender Zahl
yeterince	genügend
yeterli	hinreichend, genügend, ausreichend
yetersiz	ungenügend, unzulänglich, inkompetent
yığın	Haufen; Menge, Masse
bir yığın …	ein Menge …
yığınla	in großen Mengen
yıkamak	waschen
bulaşık yıkamak	Geschirr spülen
çamaşır yıkamak	Wäsche waschen
Ellerimi yıkadım.	Ich habe mir die Hände gewaschen.
Elimi yüzümü yıkadım.	Ich habe mir Hände und das Gesicht gewaschen.
yıkanmak	sich waschen, ein Bad nehmen
yıkmak, -ar	abreißen, niederreißen, umwerfen
yıkılmak	stürzen, umfallen, niederstürzen, einstürzen
yıl (→ sene)	Jahr
1988 yılında	im Jahre 1988
bu yıl	dieses Jahr, heuer
geçen yıl	voriges Jahr
gelecek yıl	nächstes Jahr
her yıl	jedes Jahr
üç yıl önce	vor drei Jahren, drei Jahre zuvor
üç yıl sonra	in drei Jahren, nach drei Jahren
yılda	pro Jahr
yılda bir	einmal im Jahr, jährlich
yıllık	jährlich
yıllık gelir	Jahreseinkommen
bir yıllık	einjährig

bir yıllık bir kurs	ein einjähriger Kurs
yeni yıl	Neujahr, das neue Jahr
yeni yıla girmek	das neue Jahr anfangen
yılbaşı, -nı	Neujahr, Neujahrstag
yılbaşı gecesi	Silvesterabend
yıldönümü, -nü	Jahrestag
yıldırım	Blitz
Yıldırım düştü.	Der Blitz hat eingeschlagen.
yıldız	1. Stern, 2. Star
yıldızlı bir gece	eine sternenklare Nacht
yırtık, -ğı	zerrissen, zerschlissen
yırtmak, -ar	zerreißen *(tr.)*
yırtılmak	zerreißen *(intr.)*, zerrissen werden
yine (→ tekrar, gene)	wieder, nochmal
yine de	und doch, gleichwohl, dennoch
yinelemek	wiederholen
yitik, -ği (→ kayıp)	Verlust
yitirmek (→ kaybetmek)	verlieren
yaşamını yitirmek	ums Leben kommen
yiyecek, -ği	Eßware, Nahrungsmittel
yo! (−)	Aber nein!
Yo, hayır olmaz!	Aber nein, das geht nicht!
yok	nicht vorhanden, es gibt nicht
: var	
Su yok.	Es ist kein Wasser da.
Burada otobüs durağı yok.	Hier gibt es keine Bushaltestelle.
Kalemim yok.	Ich habe keinen Stift.
Orada kimse yok mu?	Ist da niemand?
Yok canım!	Ach woher! Aber nein! Nicht doch!
Yok, olmaz.	Nein, das geht nicht.
Yok, öyle değil.	Ach wo, so ist das nicht.
yok olmak	verschwinden
Birden ortadan yok oldu.	Plötzlich verschwand er.
yok yere	vergeblich, unnützerweise
Yanımda gözlüğüm yok.	Ich habe meine Brille nicht dabei.
O, bugün yok mu?	Ist er heute nicht da?
yokluk	Armut, Mangel
: varlık	
yokluk çekmek	Mangel leiden
yoksa	1. ansonsten, 2. oder
Bunu bilmem gerekir, yoksa size yardım edemem.	Das muß ich wissen, sonst kann ich Ihnen nicht helfen.
Hangimiz gideceğiz, sen mi yoksa ben mi?	Wer von uns wird gehen, du oder ich?
yoksul (→ fakir)	arm

yoksulluk	Armut
yoksulluk çekmek	Armut leiden
yoksulluk içinde yaşamak	in Armut leben
yokuş	Steigung, ansteigender Weg, steile Gasse
: iniş	
yokuş aşağı	steil hinunter
yokuş yukarı	steil hinauf
yokuşu inmek / çıkmak	steil hinunter- / hinaufgehen
yokuştan (aşağı) inmek	die steile Gasse hinunter gehen
yol	1. Weg, Wegstrecke; Straße; Landstraße, 2. Art und Weise
yola çıkmak	sich auf den Weg machen, abreisen
doğru yol	der richtige Weg
yanlış yol	der falsche Weg
kestirme yol	Abkürzung *(Weg)*
Ankara — İstanbul yolu	die Straße von Ankara nach Istanbul
köye giden yol	der Weg zum Dorf
Konya üzerinden Mersin'e giden yol	der Weg nach Mersin über Konya
birisine yolu sormak	jmdn. nach dem Weg fragen
birisine yolu göstermek	jmdm. den Weg zeigen
yolu kaybetmek	vom Weg abkommen
yolu şaşırmak	sich verirren
Bu yol nereye gidiyor / çıkıyor?	Wohin führt dieser Weg?
en kısa yoldan	auf dem kürzesten Weg
başarıya giden yol	der Weg zum Erfolg
birisine yol vermek	jmdm. den Weg freimachen
(soruna) bir yol bulmak	(dem Problem) Abhilfe schaffen
işi yoluna koymak	eine Angelegenheit regeln / richtig in Gang bringen
-e yol açmak	... nach sich ziehen können, für ... Grund und Anlaß sein, möglicherweise ... bewirken
yolda	unterwegs
yolda kalmak	nicht weiterkommen, unterwegs hängenbleiben
bu yolla (→ bu suretle)	solcherart, auf diese Art und Weise
otoyol	Autobahn
yolcu	Reisender, Passagier
yolculuk -ğu (→ seyahat)	Reise
Yolculuğunuz nasıl geçti?	Wie war die Reise?
„İyi yolculuklar."	„Gute Reise!"
-e yolculuk yapmak	nach ... reisen
yolculuğa çıkmak	abreisen, auf Reisen gehen
yollamak	senden, schicken

Çocuğu eve yolladım.	Ich habe das Kind nach Hause geschickt.
selam yollamak	Grüße schicken
elden yollamak	persönlich überbringen lassen
postayla yollamak	mit der Post schicken
yorgun	müde
yorgunluk	Müdigkeit, Erschöpfung
yorgunluk duymak	sich müde fühlen
-i **yormak**, -ar	ermüden *(tr.)*
kendini yormak	sich anstrengen, sich übernehmen
Kendini boş yere yoruyorsun.	Du rackerst dich unnütz ab.
yorucu	anstrengend
yorucu bir iş	eine ermüdende Arbeit
yorulmak	müde werden
Çok yoruldum.	Ich bin erschöpft.
yön	1. Seite, Richtung; Gegend, 2. Hinsicht
bu yönde	in dieser Richtung
ters / aksi yönde	in der umgekehrten Richtung, in der entgegengesetzten Richtung
her yönden	von allen Seiten, unter allen möglichen Gesichtspunkten
... yönünde	in Richtung ..., Richtung ...
çok yönlü	vielseitig
yönetim (→ idare)	Leitung, Verwaltung
-nin yönetiminde	unter der Leitung von ...
yönetmek (→ idare etmek)	leiten, führen; regieren
yönetici	der Leiter
yöntem (→ usul)	Methode
yöre	Gebiet, Gegend, Region
Kayseri yöresinde	in der Gegend von Kayseri
yöresel	regional
yudum	Schluck
bir yudum içmek	einen Schluck trinken
yudum yudum içmek	schluckweise trinken
yukarı	1. der obere, Ober-, 2. nach oben
: aşağı	
yukarı kat	oberes Stockwerk
yukarı sınıflar	die oberen Klassen
yukarıda	oben
yukarıda adı geçen	der oben erwähnte
yukarıdaki	der oben befindliche, der oben angeführte
yukarıya	nach oben, herauf, hinauf, aufwärts
yukarı(ya) çıkmak	nach oben gehen, hinaufsteigen
yukarı(ya) kaldırmak	hochheben
aşağı yukarı	ungefähr

yumurta		Ei
yumurta kaynatmak		ein Ei kochen
yağda yumurta		Spiegelei
rafadan yumurta		weichgekochtes Ei
yumuşak, -ğı		1. weich, 2. mild, 3. sanft
: katı, sert		
yumuşak bir iklim		ein mildes Klima
yumuşacık		sehr weich, ganz weich
yurt, -du (→ vatan)		1. Heimatland, 2. Studentenheim
yurtiçi		Inland
yurtdışı		Ausland
öğrenci yurdu		Studentenheim
yurttaş (→ vatandaş)		Staatsbürger; Landsmann, Landsleute
yutmak, -ar		schlucken
yuva		1. Nest, 2. Heim
aile yuvası		ein wirkliches Zuhause
çocuk yuvası		Kindergarten
Çocuğunuz yuvaya gidiyor mu?		Geht Ihr Kind in den Kindergarten?
yuvarlak, -ğı		rund, kreisförmig
yuvarlak hesap		eine runde Summe
yük		1. Last, Ladung, 2. schwere Aufgabe
ağır bir yük		eine schwere Last
yük treni		Güterzug
yük boşaltmak		entladen *(intr.)*
birisine yük olmak		jmdm. zur Last fallen, jmdm. viel Mühe und Arbeit verursachen
yüklü		beladen, belastet
yüklemek		beladen, belasten
yüksek, -ği		1. hoch, 2. laut
: alçak		
yüksek mevki		hohe Position
yüksek fiyat		übermäßig hoher Preis
yüksek ses		laute Stimme
yüksek sesle konuşmak		laut sprechen
yükseklik		Höhe, Erhöhung
on beş metre yüksekliğinde		in / von 15 Metern Höhe
yüksekokul		Hochschule
yükseköğretim		Studium, Hochschulausbildung, Hochschulwesen
yükselmek		höher werden, sich erheben, steigen
yükseltmek		erhöhen, höher machen
yün		Wolle
yünlü kumaş		Wollstoff
yürek, -ği (→ kalp)		Herz

yürekten	von Herzen
yürümek	marschieren, gehen
yürüyerek (gitmek)	zu Fuß (gehen)
yürüyüş	Fußmarsch, Spaziergang
yürüyüşe çıkmak	spazierengehen
yürüyüş yapmak	1. spazierengehen, 2. demonstrieren
yüz	hundert
yüz kadar	etwa hundert
yüzlerce (.'..) ...	Hunderte von ..., zu Hunderten
yüzde	Prozent
Yüzde kaç?	Wieviel Prozent?
yüzde beş (%5)	5 Prozent
yüzde elli (%50)	50 Prozent
öğrencilerin yüzde ellisi	50 Prozent der Schüler
yüzde yüz	hundertprozentig; zweifellos, gewiß
yüz	1. Gesicht, 2. Außenseite, Oberfläche
yüz yüze	von Angesicht zu Angesicht
yüzüne karşı	ins Gesicht
yüzüne karşı söylemek	offen ins Gesicht sagen
yüzünü buruşturmak	ein saueres Gesicht machen, das Gesicht verziehen
birisine yüz vermek	jmdn. verwöhnen
birisine yüz vermemek	sich ... gegenüber abweisend verhalten
bu yüzden	deshalb, aus diesem Grund
... yüzünden	wegen ..., auf Grund von
senin yüzünden	deinetwegen
onun yüzünden	seinetwegen
dikkatsizlik yüzünden	aus Unvorsichtigkeit
kumaşın yüzü	die rechte Seite des Stoffes
yüzüstü	mit dem Gesicht nach unten
yüzüstü yatmak	auf dem Bauch liegen
yüzüstü bırakmak	im Stich lassen
yüzey	Oberfläche
yüzeysel	oberflächlich
yüzmek, -er	schwimmen
yüzmeye gitmek	schwimmen gehen
yüzme havuzu	Schwimmbad
yüzücü	Schwimmer
yüzük, -ğü	Ring
yüzük takmak	einen Ring tragen
yüzyıl	Jahrhundert
yirmi birinci yüzyıl	das 21. Jahrhundert

Z

zafer *ar.*	Sieg
zafer kazanmak	einen Sieg erringen, siegen
zahmet *ar.*	Bemühung, Anstrengung, Mühe, Umstände
zahmet etmek	sich bemühen
„Zahmet ettiniz!" – „Rica ederim!"	„Sie haben sich viele Umstände gemacht!" – „Aber, ich bitte Sie!"
„Lütfen zahmet etmeyin!"	„Bitte, machen Sie sich nicht so viel Mühe!"
zahmet olmak	Mühe machen, Mühe bereiten
„Size çok zahmet oldu!"	„Sie haben sich soviel Mühe gemacht!"
	„Es hat Ihnen Mühe bereitet!"
„(Size) zahmet olmazsa ..."	„Wenn es nicht zuviel Mühe macht, ..."
	„Wenn es Ihnen keine Umstände macht ..."
birisine zahmet vermek	jmdm. Mühe verursachen
(-den) zahmet çekmek	sich (in Sachen ...) sehr abmühen
zam, -mmı *ar.*	Zuschlag, Zulage; Preiserhöhung
Benzine zam geldi.	Das Benzin ist teurer geworden.
-e zam yapmak	bei ... auf den Preis aufschlagen
zamlı fiyat	erhöhter Preis
zaman ((.–)) *ar.*	Zeit
Hiç zamanım yok.	Ich habe überhaupt keine Zeit.
en kısa zamanda	in kürzestmöglicher Zeit
mümkün olduğu kadar kısa zamanda	In kürzester Zeit, so bald wie möglich
Zaman çabuk geçiyor.	Die Zeit vergeht schnell.
ne zaman	wann
ne zamandan beri	seit wann
ne kadar zamandan beri	wie lange schon
uzun zamandan beri / uzun zamandır	seit langem, schon seit langem
zaman zaman	zeitweilig, manchmal, von Zeit zu Zeit
her zaman	immer
zamanla	mit der Zeit, im Laufe der Zeit
bir zamanlar	einmal, einst
o zaman	1. zu jener Zeit, 2. dann
o zamana kadar / o zamana değin	bis dahin
o zamanlar	damals
zamanında	zur rechten Zeit, rechtzeitig, pünktlich
tam zamanında	pünktlich, im richtigen Augenblick
o zamanki	der damalige
o zamandan beri	seit damals; seither
tam (... -in) zamanı	genau die richtige Zeit (für ...)

-in zamanı gelince	wenn die Zeit für ... gekommen ist
zamanımızda	zu unserer Zeit
(-in) zamanı geçmek	die Zeit (für ... / von ...) ablaufen
zaman kaybetmek / kazanmak	Zeit verlieren / gewinnen
bir işi zaman kaybetmeden yapmak	eine Arbeit / Sache unverzüglich erledigen
zaman öldürmek	Zeit totschlagen
zamanı değerlendirmek	die Zeit nützen
zannetmek *ar. tü.* (→ sanmak)	vermuten
Zannedersem ...	Ich vermute ..., Ich nehme an, ...
Hiç zannetmiyorum.	Das meine ich keinesfalls.
zarar *ar.* ((.−))	Schaden, Nachteil, Verlust
: yarar	
Zararı yok!	Macht nichts!
-de / -den zarar etmek	bei ... Verlust
Satışta zarar etti.	Er hat beim Verkauf Verlust gemacht.
-e zarar vermek	jmdm. schaden, ... Schaden zufügen
zarara uğramak	Schaden erleiden
zarara yol açmak	einen Schaden verursachen
zararına satmak	mit Verlust verkaufen
zarar ziyan	Schaden
zararlı	schädlich
sağlığa zararlı	der Gesundheit abträglich, gesundheitsschädigend
zararsız	unschädlich, harmlos
zararsız hale getirmek	unschädlich machen
zarf *ar.*	Umschlag
zarfın üzerine adres yazmak	den Umschlag adressieren
zarfa koymak	in den Umschlag stecken
zarfı kapatmak	den Umschlag zukleben
zaruri *ar.* (.−−) (→ zorunlu)	notwendig, unvermeidlich
zaten *ar.* (−.)	sowieso; eben
zavallı	arm, bedauernswert
zavallı çocuk	das arme Kind
zayıf *ar.*	mager, schlank; schwach, kraftlos
zayıflamak	abnehmen, abmagern
zayıflık	Schwäche, Magerkeit, Schlankheit
zehir, -hri *pe.*	Gift
zehir gibi acı	überaus bitter, gallenbitter
zehirli	giftig
zehirlemek	vergiften
-den zehirlenmek	sich an ... / mit ... vergiften
zekâ *ar.* (.−)	Klugheit, Intelligenz, Verstand
zekâ oyunu	Denkspiel
üstün zekâlı	hochintelligent

geri zekâlı	geistig zurückgeblieben, doof
zeki (.–) *ar.*	intelligent, klug, scharfsinnig
zemin *pe.*	Boden, Erdboden
beyaz bir zemin üzerine	auf weißem Grund
zemin kat	Erdgeschoß
zengin *pe.*	1. reich; der Reiche, 2. reichhaltig
: fakir	
zengin olmak	reich werden / sein
zenginlik	Reichtum; Reichhaltigkeit
zevk *ar.* (1. → beğeni)	1. Geschmack (den man hat), 2. Genuß (den man verspürt)
-den zevk almak / duymak	an ... Vergnügen haben, ... genießen, sich an ... erfreuen
-in zevkine varmak	auf den Geschmack von ... kommen, allmählich Geschmack an ... finden
-in zevkini çıkarmak	... voll auskosten, ... richtig genießen
zevkli	von gutem Geschmack; vergnüglich
zevksiz	geschmacklos
zıt, -ddı *ar.* (→ karşıt)	entgegengesetzt; Gegensatz, Gegenteil
zihin, -hni *ar.*	Geist, Verstand
zihniyet (→ anlayış)	Mentalität; Denkweise, Sinnesart
zihniyet farkı	Mentalitätsunterschied
zil *pe.*	Klingel
zil çalmak	klingeln
Zil çalıyor.	Es klingelt.
zile basmak	den Klingelknopf drücken
zincir *pe.*	Kette
zincirlemek	anketten
zincirleme	Serien-, Ketten-
zincirleme kaza	Serienunfall
zincirli	angekettet
ziraat *ar.* (.–'.) (→ tarım)	Landwirtschaft
ziyafet *ar.* (.–'.)	Festessen, Gelage
ziyafet vermek	ein Festessen geben
ziyan *pe.* ((.–))	Schaden, Verlust
„Ziyanı yok!"	„Macht nichts!"
-den ziyan etmek	mit ... / bei ... Verlust machen
-i ziyan etmek	... verschwenden, ... vergeuden
Kâğıtları ziyan etti.	Er hat das Papier verschwendet.
Bütün emeği ziyan oldu.	Seine ganze Mühe ist vergeudet.
ziyaret *ar.* (.–'.)	Besuch
ziyaret saati	Besuchszeiten
birisini ziyaret etmek	jmdn. besuchen
birisinin ziyaretine gitmek	jmdm. einen Besuch abstatten

ziyaretçi	Besucher
Bir ziyaretçiniz var.	Sie haben Besuch.
zor *pe.* (→ güç)	schwierig, schwer
Bu, zor bir mesele.	Das ist ein großes Problem.
zor bir iş	eine schwierige Frage / Angelegenheit
zor durumda kalmak	in Not geraten
-mak zorunda olmak (→ mecbur olmak)	genötigt / gezwungen sein zu ..., ... müssen
Çalışmak zorundayım.	Ich muß arbeiten.
Bunu yapmak zorunda değilim.	Ich muß das nicht machen.
Bunu yapmak zorunda kaldım.	Ich komme nicht umhin, das zu tun.
zorla	mit Gewalt, gewaltsam; unter Zwang, gezwungenermaßen
zorla kabul etmek	widerwillig akzeptieren
birisine bir şeyi zorla yaptırmak	jmdn. zwingen etwas zu tun
zorlamak	zwingen, nötigen
birisini -e zorlamak	jmdn. zu ... zwingen
zorlayarak	unter Zwang setzend, mit Gewalt
zorlaşmak	schwierig / schwieriger werden, schwerer werden
Konu gittikçe zorlaşıyor.	Das Thema wird immer schwieriger.
zorluk	Schwierigkeit
Bir zorluğunuz olursa size yardım ederim.	Falls Sie Schwierigkeiten haben, werde ich Ihnen helfen.
-de / -den zorluk çekmek	mit ... Schwierigkeiten haben
birisine zorluk çıkarmak	jmdm. Schwierigkeiten machen / bereiten
zorlukla karşılaşmak	auf Schwierigkeiten stoßen
zorunlu (→ mecburi)	notwendig, dringend, zwingend
zorunlu olarak (→ mecburen)	zwangsläufig
yapılması zorunlu işler	notwendige Arbeiten
zorunluluk (→ mecburiyet)	Notwendigkeit, Zwangslage
Bunu yapmaya hiçbir zorunluluğunuz yok.	Sie sind in keiner Weise gezwungen das zu tun.